KB232857

韓國警察史

韓國警察史

이현희 지음

한국학술정보㈜

차   례

第2篇 韓國警察의 暗黑期

第3篇　美軍政下의 韓國警察

第4篇 民主警察의 發展

第5篇 民主警察의 諸施策

第1篇
韓國警察의 歷史的 背景

第1章 警察의 槪念과 意義

警察이라는 語源은 英語의 police, 佛語의 la police, 獨逸語의 Po1izei의 번역에서 나온 것)으로 그 기원을 찾아보면 希臘語의 politeia, 羅典語의 politia에서 발전한 것이다.2) 그러므로「警察」이라는 말은 그 자체가 다분히 西歐的인 의미를 내포하고 있음을 직감적으로 느낄 수 있다.

이처럼 警察이란 그 語義가 의미하다시피 國家社會의 秩序 維持 및 그 管理를 위한 權力的 行政作用을 총칭하고 있으며 그것은 어디까지나 國家나 社會를 前提로 하고 있다. 따라서 警察은 국가나 사회와는 떨어져 생각할 수 없을 정도로 긴밀한 統治權의 하나로 간주해야 할 것이다.

古代 그리스나 로마에 있어서의 警察이란 國憲 또는 理想的 狀態라는 의미를 내포하고 있었고 16세기에 와서는 국가 활동의 전체 즉 國家의 一切 作用3)을 뜻하였다. 그러나 17세기에 와서는 統一國家의 발전으로 인하여 外交·財政·軍事·司法 등의 작용이 警察에서 떨어져 나갔으며4) 絶對君主制의 확립으로 警察國家時代에는 警察을 國家目的의 遂行을 전제로 한 모든 作用의 總稱으로5) 18세기

---

1) 徐基榮, 英美警察制度의 硏究, 서울, p.6, 참조.
2) 大津英男, 警察行政, 東京, 1958. p.23.
3) 林信雄 著 監修, 警察法, 서울, p.26.
4) 林信雄 著, 前揭書, p.26, 內務行政을 의미하게 되었다.
5) 林信雄 著, 前揭書, p.27.

후반의 近代國家에서는 自由主義的 法治國家 思想의 진보로 소극적
인 치안유지를 위한 작용, 즉 夜警國家로 규정6)되고 福祉國家觀의
발달로 인하여 국가가 국민에 대한 福利增進을 위한 작용도 警察이
라고 칭하였던 것이다.

警察의 개념은 歐美에서도 이른바 大陸法系와 英美法系는 서로 相
異한 전통을 견지하고 있었으며 韓國에 있어서는 警察官職務執行法
에 의하여 實定法上의 개념을 터득할 수 있다.

警察이라는 용어가 우리나라에서 近代的으로 사용되기 시작한 것
은 高宗 23年(1886) 10월 3일 前同知 朴琪琮을 釜山港 警察官, 金炳
澈을 同書記官에 差下함으로부터였으며7) 高宗 31(1894) 7월에 제정
한 新官制中에 內務衙門 산하에 警務廳이 警察事務를 掌理한다는 句
節에서 본격적으로 그 업무가 개시되어 오늘날에 이른 것으로 보인
다.8)

한편 18세기 이전까지 絶對主義的 警察國家시대에서는 政治體制
가 그러하듯이 國民의 公共 福利를 위한다는 이름 아래 개인생활까
지 간섭하는 警察萬能의 시대를 연출한 것이다.

그 후 市民社會의 세력 신장에 따라 個人主義的 自然法論에 입각
한 國家目的 限定說에 의해 본다면 國家라는 것은 개인의 권리의 보
호와 共同生活의 안전의 유지를 그 주요 임무로 하는 것이며 國家作
用의 目的이 될 수 없다는 것이다.

現代 國家는 경제적·사회적 문제를 처리하기 위하여 公共福利의

---

6) 林信雄 著 監修, 警察法, p.27.
7) 承政院日記 高宗 23年 10月 3日, 日省錄 高宗 23年 10月 3日, 統理交涉通商事
　務衙門日記 高宗 23年 10月 2日字 各 參照.
8) 高宗實錄 高宗 31年.
　承政院日記 高宗 23年(1886), 10月 初 3日字.
　閔泳憲以統理交涉通商事務衙門言啓曰, 釜山港警察官, 向以釜山僉使兼帶矣, 港口
　警察, 須責專管可辦, 而該僉使職務相妨, 警察之任, 姑爲減下, 以前同知朴琪琮差下,
　使之察任何如, 傳曰允.
　統理交涉通商事務衙門日記 高宗 31年 (1894), 7月 8·9·16日.
　蔡元植 著, 警察行政學, 三亞出版社, 1971. 6. p.8.

증진을 위한 기능과 역할을 맡게 된 것이다. 그러면서도 현대국가의 광범위한 적극적 목적 달성을 위한 임무 遂行에 있어서는 命令이나 强制라는 權力 發動이 不可避한 전제 조건이 되는 것이다.

따라서 現代 警察이란 소극적인 질서유지의 일이거나 적극적인 福利增進이거나를 不問하고 널리 社會的 目的의 실현을 위하여 一般統治權으로서 國民에게 命令 强制하고 그 自然的 자유를 제한하는 國家作用이라고 표명함이 타당할 것이다.9)

---

9) 愼道晟 著, 民主主義政治學, 豊文社. 1953. p.155.

第2章 三國時代의 警察

第1節 高句麗

1. 高句麗의 發展

三國 중에서 가장 먼저 古代國家를 형성한 高句麗는 對漢투쟁 과정에서 部族聯盟體를 형성하고 1세기 후반 太祖王(47~165) 때에 이르러 土地의 占有, 王室의 治安유지, 父子相續制의 시행, 5部 개편 정리 등 일련의 시책을 통해 主權을 확립[1]하고 專制君主 정치체제를 갖추면서 실질적인 建國을 도모하였다.

그 뒤 東川王(?~248) 때는 영토확장을 계속하여 樂浪帶方郡을 고립시키기 위한 西安平 점령의 西進策을 성공시켰다. 그러나 한때 魏의 冊丘儉이 來侵 하였으나, 國難을 극복하였으며[2] 美川王(?~331) 14年(313) 樂浪을 구축하여 漢나라의 잔재를 불식하여 大同江 유역 일대의 지역을 확보하였다[3]. 4세기 중엽 小獸林王 이후 高句麗는 國家制度를 개편하고 전성시대를 맞이하였는데 그는 前秦과 通交한 뒤 佛敎의 傳來, 大學의 設立, 法令의 頒布, 관료체제와 국가 조직 정비에 헌신적으로 노력하였으며[4], 廣開土王(391~413) 때에는 서쪽으로

---

1) 三國史記 卷第15 高句麗本紀 第3太祖大王 4年 20年.
2) 三國史記 卷第17 高句麗本紀 第5 東川王條.
3) 前揭書 美川王條.
4) 三國史記 卷第18 高句麗本紀 第6 小獸林王 3年.

遼河 以東과 玄菟郡의 땅을 확보하고, 肅愼을 쳐 松花江 유역 일대를 장악하여 滿洲의 주인공이 되었다.5)

또한 남으로는 百濟와 경계하고 漢江 이북의 땅을 차지하였다. 그의 불후의 민족적 과업은 滿洲에 있는 陵碑에 명료히 나타나 있다.

다음에 즉위한 長壽王(413~491)은 南下政策에 따라 通溝에서 平壤으로 옮기고(472), 百濟를 공격하여 도읍지인 漢城을 占領하였으니, 南으로는 南陽灣에서 竹嶺을 연결하는 넓은 영토를 확보하여 高句麗는 미증유의 大帝國으로 발전하였다.6)

이때 頒布된 律令 즉 法律은 唐律의 모방으로 간주되고 있으며 高句麗의 法은 대단히 엄격하였던 것으로 武斷國家의 治安狀況을 보였다.

특히 高句麗의 大陸的이며 진취적이고 남성적인 기풍은 對漢 鬪爭 과정에서 싹텄으며 軍事社會로 化한 것도 이 같은 엄격 준엄한 준법정신의 철저에서 나왔다. 따라서 길에서 遺失物마저 줍는 자가 적었다는 舊唐書의 기록에서 이를 더욱 확인할 수 있다.7)

2. 高句麗의 政治와 社會

高句麗는 太祖王 이후부터 비로소 中央集權的 古代國家 體制를 갖추었으며, 首都를 平壤으로 옮긴 뒤부터 政治社會 面에 비약적인 발전을 가져왔다.

넓은 지역을 능률적으로 통솔하기 위하여 中央에는 首相格인 莫離支, 大對盧 등 12等級의 관리를 두어 내외의 정치를 분담 처리하였다. 그런데 12등급은 太大兄, 大兄, 小兄, 對盧, 意侯奢, 烏拙, 太大使者, 大使者, 小使者, 褥奢, 翳屬, 仙人 등으로 알려져 있다.8)

지방은 5部로 나누어 褥薩이라는 長官이 다스렸고, 部 밑에는 여

---

5) 前揭書 廣開土王條.
6) 前揭書 長壽王條.
7) 舊唐書 高麗傳.
8) 三國史記 職官條.

러 城이 소속되어 處閭近支라는 長官이 城主로서 統治하였다.

또한 사회의 다원화로 平壤城, 國內城, 漢城(지금의 載寧) 등의 3京制를 구비하여 地方을 철저히 다스리게 하였다. 이와 같은 地方制度는 그대로 軍事組織으로 편성되어 군대가 常駐하고 被支配 民族과 外敵을 掌理 방어하였다. 또한 國民皆兵原則에 따라 15세 이상의 남자는 兵役義務를 이행해야 했다.

高句麗의 지배계급은 귀족들이었기에 그들의 生活은 호화스러웠다. 반면 피지배자 계급은 平民, 奴婢로서 이들의 구성은 戰爭捕虜, 罪人, 叛逆者 債務者들이며, 생산 활동으로 貴族階級과 主從 관계를 맺었다.

法律은 엄하였고 牢獄制度가 있었다. 叛逆者나 적에 항복한 者는 잔인하게 처벌하여 軍國的이고 대륙적인 기질과 氣像을 보였다.9) 도둑질한 자는 그 물건의 12배를 배상하고 殺人者는 死刑, 債務者는 子女를 노비로 삼았으며 소(牛)나 말(馬)을 죽인 자도 동일하게 처벌하였다.10)

第2節 百　濟

1. 百濟의 發展

高句麗 다음으로 일어난 百濟는 B. C 1세기경 지금의 廣州 地方에서 흥기한 古代國家이다. 그러나 실질적인 건국 시기는 3세기 후반 仇台와 同一人物로 보고 始祖로 추대한다는 古爾王(?~286) 때부터였다.11) 古爾王은 王 27年(260)에 6명의 佐平과 16등의 官品을 정하고 각기 政務를 분담 처리케 하였고, 同 29年(262)에 탐관오리를

---

9) 周書 異域傳, 高句麗의 刑律.
10) 隋書 高句麗傳.
11) 三國史記 卷24 百濟本紀 第2 古爾王條.

근절시키는 의미로서 法令을 반포하여 古代國家 체제를 갖추었다. 4세기 중엽의 父子相續制를 확립한 近肖古王(346〜375) 때에는 北으로 漢의 郡縣인 帶方郡을 攻擊하여 高句麗와 경계하게 되었으며, 同 24년(369)에 南으로 馬韓을 완전 병합하여 强盛해지기 시작하였다.12)

2. 百濟의 政治와 社會

王은 高句麗와 같이 世襲이 원칙이었으며 그 밑에 다음과 같은 6佐平이 있어 政務를 분담 처리하였다.

1. 內臣佐平(王命 出納)
2. 內頭佐平(財政 會計)
3. 內法佐平(儀禮 祭祀)
4. 衛士佐平(王宮 宿衛, 守衛)
5. 兵官佐平(地方 軍事)
6. 朝廷佐平(刑獄 警察)

官階는 16등급이 있었으니 그것은

① 佐平 ② 達率 ③ 恩率 ④ 德率 ⑤ 扞率 ⑥ 奈率 ⑦ 將德 ⑧ 施德 ⑨ 固德 ⑩ 季德 ⑪ 對德 ⑫ 文督 ⑬ 武督 ⑭ 佐軍 ⑮ 振武 ⑯ 剋虞이다.13)

그런데 百濟는 南遷 이후 中央의 官署는 內官 12부와 外官 10부로 구성하였으며 서울은 上, 下, 前, 後, 中 5부의 行政 구역으로 나누고 達率이 다스렸다. 그 아래 각 부에는 500명의 군사와 5港을 두어 治安을 담당케 하였다.

地方은 5方으로 나누고 각 万에는 方領 郡에는 德率이라는 책임자가 治安을 담당하였다. 또한 方 밑에는 700〜1000명의 常駐軍이 있었

---

12) 前揭書, 近肖古王條.
13) 三國史紀 職官條.

고 擔魯라는 22개의 도시가 전국에 있었는데, 이것은 中央貴族이 王權을 확립하기 위하여 직접 다스렸다.

軍事組織은 國民皆兵制가 원칙이며 15세 이상의 남자는 兵役의 의무를 이행해야 했다. 法律은 高句麗와 비슷하여 犯法者는 殺人에 처하고, 뇌물을 받은 官吏와 도둑질한 자는 3배의 배상을 물게 하였으며,14) 음란한 女人도 처벌의 대상이 되어 사회적인 모순을 제거할 철저한 制度가 뒷받침되어 있었다.15)

第3節 新　羅

1. 新羅의 發展

3國 中에서 가장 크게 흥기한 新羅는 BC 1세기경 弁辰 지방을 근거로 발전하였는데 慶州의 6村이 모여 성립되었다는 斯盧가 중심이 되어 朴赫居世를 6村 통솔의 임금으로 추대하고 통치권을 맡겼다는 民主主義的 방식에 의한 興起를 엿보게 한다.

이 회의를 和白이라고 하는데 南堂에서 행하였으며16) 우리나라 議會制度의 원시적 기원을 이루게 되었다.17) 王은 聖骨이 獨占하였으나 統一新羅 이후는 眞骨이 독점하다시피 하였다. 新羅는 지역적으로 편재되어 있어 4세기 후반 奈勿王(356~402) 때부터 文明지역과의 交流를 통해 실질적인 건국을 도모하였다.18)

洛東江 유역에 자리 잡은 弁韓 지방의 6伽倻는 金官伽倻, 小伽倻,

---

14) 舊唐書 百濟傳.
15) 周書 北史.
16) 李丙燾, 古代南堂考, 서울大學校 論文集 人文社會科學 1, 1954. 參照.
17) 李炫熙著, 韓國現代史研究, 同和文化社, 1972. 8. pp.70~77.
18) 三國史記 卷第 3 新羅本紀 第3 奈勿尼師今條.

大伽倻, 星山伽倻, 阿羅伽倻, 古寧伽倻 등이며 金官伽倻가 가장 강하여 盟主로 삼아, 日本, 中國과 통상도 하였다.

首露王이 1세기경 건국하였다는 金官伽倻는 여러 伽倻의 盟主가 되어 활약하였으나 뒤에 倂合되었다.19)

한편 6伽倻가 발전을 꾀하고 있을 무렵 濟州島에 있는 耽羅國은 百濟에 병합되고 鬱陵島에 있는 于山國은 新羅가 점령 흡수하였다.20) 新羅가 강성해지기 시작한 것은 6세기 초 智證王(500～514)때부터였다. 그는 발달한 中國의 文物을 받아들여 制度를 완비하고 中國式으로 王號와 國號를 王, 新羅라고 각각 呼稱케 하였으며, 지방제도를 州, 郡, 縣으로 조직하고 牛耕을 시작하여 농업도 장려하며 발전의 기틀을 마련하기 시작하였으며, 新羅가 전진하는 원동력이 되었던 것이다.21) 그 뒤 法興王(514～540)은 年號를 처음으로 建元이라 하였으며22) (536), 律令을 반포(520)함으로써 古代國家로서의 체제를 정비하였고, 官服을 제정하여 官僚儀式을 통제, 專制化하였고 兵府를 두어 軍事組織을 강화하여 국방을 견고히 하였다.23) 또한 현재까지 保守的인 성격대로 外來 宗敎라 하여 禁壓 내지 外面해 오던 佛敎를 公認하여 國論統一의 기저와 思想的, 精神的 支柱를 삼게 하였으며(527) 伽倻國을 병합하여 영토를 확장, 南海의 진출구를 확보하였다.

이렇게 국가의 기초를 공고히 구축한 뒤에 三國統一의 터전이 되게 한 인물은 眞興王(540～576)이었다. 王은 안으로 花郎徒를 승인하여 武士精神을 배양하고 인재 등용의 길을 열었으며 居柒夫로 하여금 漢江 上流의 10여개 郡을 점령하는 한편 陳나라에서 文物을 들여다 보급시켜 문화를 발전시켰다.24)

---

19) 李丙燾, 首露王考, 歷史學報, 第17, 18合輯號, 1962. 9.
20) 李弘稙, 新羅의 勃興期, 국사상의문제 제 3, 1959. 국사편찬위원회 발행.
21) 三國史記 智證王條.
22) 三國史記 法興王條.
23) 田鳳德, 新羅의 律令攷, 서울大學校 論文集 人文社會科學 4, 1956.

밖으로는 발전의 주요 토대가 되는 漢江 유역을 확보하고 北으로는 咸鏡道 지방까지, 南으로는 異斯夫로 하여금 高靈의 大伽倻를 멸하는 등 (562) 洛東江 유역의 여러 伽倻를 최후로 통합 統一의 기초를 공고히 구축하였다.25)

2. 新羅의 政治와 社會

新羅는 高句麗 百濟와는 달리 독특한 정치사회 제도인 骨品制度가 있었는데 이는 지역적인 차이로 外界의 영향을 비교적 늦게 받았기 때문일 것이다.26) 骨品制度는 血統이 높고 낮음에 따라 社會 政治的인 진출에 수반하는 특권이 부여되었으며 이에는 聖骨, 眞骨, 6頭品, 5頭品, 4頭品 등이 있었다.27) 王位 계승 자격을 眞德女王(?~654)때까지는 聖骨 出身들만이 가능하였으나 그 후는 眞骨출신 중에서도 王이 되었다. 또한 동일한 骨品이면 누구나 王位에 오를 자격이 있었으므로 新羅에는 朴, 昔, 金 등 3姓이 병렬로 왕위를 계승하였는데 和白會議에 따라 결정되었으며 그 뒤는 金氏가 세습하였다.

官等은 伊伐飡 등 17등급으로 구성되었으며 智證王 때까지는 8등급이었다가 法興王 7年(520) 이후 17등급으로 개편 확정되었으나 骨品과 頭品에 따라 왕족과 귀족의 신분이 엄격히 규정되어 있었으니 이를 骨品制度라 한다.28) 그것은 ① 伊伐飡 ② 伊飡 ③ 匝飡 ④ 波珍飡 ⑤ 大阿飡 公服은 紫色 ⑥ 阿飡 ⑦ 一吉飡 ⑧ 沙飡 ⑨ 級伐飡은 緋色 ⑩ 大奈麻 ⑪ 奈麻는 靑色 ⑫ 大舍 ⑬ 舍知 ⑭ 吉士 ⑮ 大烏 ⑯ 小烏 ⑰ 造位는 黃色 등으로 되어 있다. 실제로 정치·집행기관으로는 10개의 官府가 설치되어 있으며 그 우두머리를 上大等이라 하여 신라가 통일할 때까지 계속되었다. 10관부는 1. 執事部~

---

24) 三國史記 卷第4 新羅本記 第4 法興王條.
25) 今西龍, 新羅眞興王巡狩管境碑考, 考古學雜誌 12-1·3·11, 1921.
26) 井上秀雄, 新羅の骨品制度, 歷史學研究 304, 1965.
27) 武田幸男, 新羅の骨品體制社會, 歷史學研究 299, 1965.
28) 邊太燮, 新羅官等의 性格, 歷史教育 1, 1954.

국가기밀 2. 兵部~군사. 국방 3. 調部~貢賦 4. 禮部~외교 의례 5. 倉部~재정 6. 司正部~감찰. 탄핵 7. 例作部~영선 8. 領客部~외빈 접대 9. 位和部~관리 임명 10. 左右理方部~형옥, 법률 등으로 분담 처리케 구성되어 있었다.29)

서울은 6部의 行政 구역으로 나누었으며 地方은 5州로 나누고 그 장관을 軍主라고 하였다. 그리고 中原京, 東原京 등 2京을 두었는데 그 장관은 使臣이라 하였다. 국경지대나 군사적 요지에는 군사를 배치하였고 서울에는 獅子隊(大幢)라는 3000명의 군대를 두고 지방에는 5주에 軍團인 停을 두어 이를 합하여 6停이라 하였다. 停 안에는 誓, 幢이라는 부대를 배속시켜 국토를 방위케 하고 백성의 財産과 生命을 보호하는 등 治安을 유지하였다.30) 法律은 高句麗나 百濟와 거의 비슷하게 엄하여 반역자는 죽이고 그 가족을 奴婢로 삼았으며 監獄이 설치되어 있어 범법자는 지체 없이 투옥시켜 국가의 紀綱을 엄격히 통제하였다.31)

그런데 和白會議, 骨品制度와 함께 新羅에서만 기원한 귀족·민간의 청소년 수양단체가 있었으니 이것이 花郎制度였다. 그러나 그 기원은 原始共同體 사회 때로 소급할 수 있지만 眞興王 37年(576) 이후 국가의 공인을 받게 되었다. 이의 構成은 聖骨, 眞骨 출신의 靑少年에 한하여 뽑은 花郎과 그 밑에 郎徒로 構成되어 있는데 郎徒의 수는 花郎 한 사람이 수백 명을 통솔하였다고 한다. 이들은 宗敎團體, 社會團體, 敎育團體, 심신연마단체 및 鬪士團으로서의 기능을 발휘하여 유능한 국가적 人材를 기르고 登用하는 데 있었다.

이 花郎徒 精神의 골자는 圓光法師(542~640)의 世俗 5戒에 있으며 이것이 일반백성의 道義의 表象이 되었다. 世俗五戒는 1. 事君以忠 2. 事親以孝 3. 交友有信 4. 臨戰無退 5. 殺生有擇 등을 말하는

---

29) 신라시대(통일전) 및 경찰업무는 左右理方部에서 담당 처리하였다.
30) 三國史記 職官條 參照.
31) 井上秀雄, 新羅軍制考, 朝鮮學報 11·12, 1957~1958.

것이다. 이는 고구려의 未成年 청년단체인 扃堂과 비슷한 역할로 貴族軍의 補充을 위해 조직한 鄕土豫備軍과 같은 입장에 있었다고 할 수 있겠다.32) 花郎徒가 곧 서울이나 지방의 治安을 유지한 統一新羅 때까지 警察의 역할을 담당한 것이라 하겠다.

新羅는 반도를 통일하자 百濟, 高句麗 지역 등 광범위한 영역의 통치범위가 몇 배로 증가하게 되었으므로 종래의 地方制度를 혁신하여 全國을 9州로 나누고(658年 神文王 5) 그 밑에 郡, 縣을 두어 直割統治 형대로 혁신하였다.

한편 지방 要地에는 5小京을 두고 중앙 귀족들은 멀리 떨어진 곳에 살게 하여 문화의 중심을 이룰 뿐 아니라 능률적으로 다스리기에도 편하게 하였다. 또한 軍事制度도 개편하여 中央에 9誓幢을 조직하였으며 지방에는 10停을 두어 국방을 공고히 구축하였다. 이것은 결국 그 뒤 景德王(?~765) 때 일단 정비되었다. 景德王은 州, 郡, 縣의 명칭을 中國式으로 개칭하였고 지방과 귀족 세력을 억압하기 위하여 中央專制政治를 企圖하였다. 이와 같은 용의주도한 行政組織과 軍事組織으로서 몇 배로 넓어진 領土의 체계적인 統治을 가능하게 하였다. 中央政治 기구는 별다른 개혁을 하지 않았고 和白會議의 議長이었던 上大等은 여전히 존속되었으나33) 王 밑에 政務를 총괄하는 執事部를 두어 최고의 行政官府로서의 임무를 수행케 하였다. 그의 長인 中侍는 上大等과는 대차적인 입장에 있었다.

이때에 警察事務는 국방안보를 주관하는 兵部에, 司法警察事務는 左右理方部 속에 각기 分掌되었으며 地方警察은 9誓幢 10停 3千幢과 같은 군대 조직이 이를 담당하였을 것으로 풀이되고 있다.

---

32) 李瑄根 著, 花郎道研究, 1949. 10.
33) 李基白, 上大等 考, 歷史學報 19, 1962.

第3章 渤海時代의 警察

渤海의 各種 制度는 唐나라 것을 모방하였기에 그들과 비슷한 것이 많이 있었다. 中央에는 세습된 王 밑에 3省, 6部制가 있었으니 3省은 政堂省, 宜詔省, 中臺省이고 6部는 忠部(이부), 仁部(호부), 義部(예부), 智部(병부), 禮部(형브), 信部(공부) 등이었다.[1] 地方은 5京, 15府, 62州로 분할 통치하였는데 5京은 上京(東京城), 中京(吉林城), 東京(琿春城), 南京(咸鏡南道北靑), 西京(通溝) 등이었다.

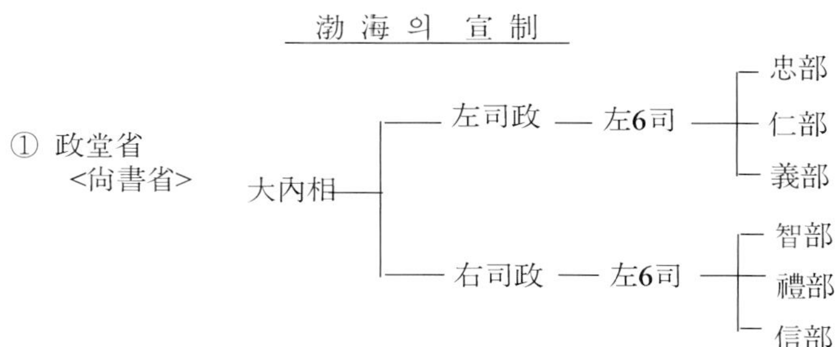

그 밖에 중앙에 소속된 特別官廳으로는 中正臺(감찰기관), 文籍院(도서편찬 · 보관), 司寶司(외교) 胄子監(교육기관) 등이 있어 王을 보

---

1) 新唐書 渤海條.

좌하였다. 官吏는 8등급으로 나누어 지도층인 고구려 귀족이 많이 占有하였다.

官制는 10衛를 두고 國民皆兵制를 원칙으로 하여 강하고 질서 있는 常備兵 10萬名을 확보하여 국가의 安保와 治安을 담당케 하였다. 이 時機의 警察의 업무는 兵部인 智部에서, 司法警察은 刑部인 禮部에서 각기 分掌 처리하였으며 中正臺라는 감찰기관이 있어 警察의 역할을 담당한 것으로 보인다.

第4章 高麗時代의 警察

第1節 官制와 軍制의 整備

1. 官制의 整備

高麗時代 역시 독립된 警察機構는 없었다. 따라서 정치 군사 제도에서 그 기능을 찾아내야 할 것이다.

4代 光宗 때 王權을 확립하기 시작하여 高麗의 국권을 공고히 한 이후 정치제도를 정비하기 시작한 成宗은 儒敎主義者로서 唐의 六典을 바탕으로 하여 정비하고 文宗 때 完備하였다. 처음에는 新羅와 泰封의 舊制度를 그대로 썼으나 모순을 발견하고 새로이 唐의 것을 본받기로 한 것이다. 정치제도는 중앙에 唐나라 제도를 본받아 最高 政府機關으로 王 밑에 中書省, 門下省, 尙書省의 3省과 그 밑에 실무 분담 부서인 吏・戶・禮・兵・刑・工部의 6部, 庶務分掌기관인 9 寺를 각각 설치하여 국가의 중요 議案을 처리하였다. 그러나 이것만으로 효율적으로 政事를 처리할 수 없어 特別官廳을 두기도 하였다. 그것은 王命의 出納과 軍機를 담당하는 中樞院(뒤에 樞密院)이 있었는데 3省(宰府)과 中樞院(樞府)을 兩部 또는 宰部라고도 하였으며 국정의 의결기관이며 國防을 주로 취급한 都兵馬使(都堂)는 뒤에 國政 전반에 관한 合坐機關으로서의 기능을 다하였다.

또한 官吏의 非行과 不正을 감찰 탄핵하는 御史臺(司憲府), 錢穀의 출납과 會計를 맡아보는 경제기관인 3司, 서적보관과 經書를 간행하는 圖書館의 역할을 담당한 寶文閣, 歷史를 편찬하는 春秋館, 王命과 敎旨를 작성하는 藝文館 등이 그것을 별도로 분담 처리하였다.

지방은 成宗 때 10道로 나누고 道 밑에는 州, 府, 郡, 縣을 두고 다시 그 밑에는 村 및 鄕, 部曲, 所를 두었다. 顯宗(992~1031) 때에는 5道, 兩界로 고쳤는데 界에는 鎭이 설치되는 면이 새로웠으며 대체로 계속 통용되었다.[1] 各道에는 按察使, 兩界에는 兵馬使를 두었고 그 밑에는 成宗 때와 같은 지방 단위가 있었다.[2] 이때 주요 도시로 風水說의 영향으로 이 지역도 이에 관련되었으므로 3京制가 있었는데 開京(開城), 西京(平壤)과 東京(慶州)를 말하며 뒤에는 東京 대신 南京(서울)을 넣어 3京을 삼았다. 5都護府는 安南, 安東, 安西, 安北, 安邊으로 군사적이고 治安의 中心的 기능을 발휘하였다.

2. 軍制의 整備

兵制는 太祖세력의 기반인 直屬軍이 전력이 되어 中央에 2軍과 6衛를 두고(995), 重房이라는 최고의 통솔기관에 의하여 지배되었다. 2軍 6衛는 모두 1000명의 軍人으로 조직된 領(45領)으로 성립되었다. 여기에서 上將軍, 大將軍, 將軍 등의 계급이 있었다.[3]

또한 府兵制를 실시하여 20세 이상에서 60세까지의 남자가 3년씩 교대로 兵役義務를 수행해야 되었다. 지방에는 州縣軍이라는 正規軍이 주요 도시와 雨界에 파견되어 국방을 보다 튼튼히 구축하였다.[4]

---

1) 河炫綱, 高麗 地方制度의 一研究, 史學研究 13 · 14, 1962.
2) 閔丙河, 高麗時代의 地方制度와 土豪勢力, 成均館大學校 論文集 8, 1963.
3) 李基白, 高麗京軍考, 李丙燾博士華甲紀念論叢, 1956. 一潮閣.
4) 李基白, 高麗二軍六衛 形成過程에 대한 再考察, 黃義敦先生回甲紀念 史學論叢, 1960.
   李基白, 高麗光軍考, 歷史學報 27, 1965.
   李基白, 高麗地方制度의 整備와 州縣軍의 成立, 趙明基博士回甲紀念 佛教史學論叢, 1965.
   李基白, 高麗州縣軍考, 歷史學報 29, 1965.

高 麗 의 官 制 表

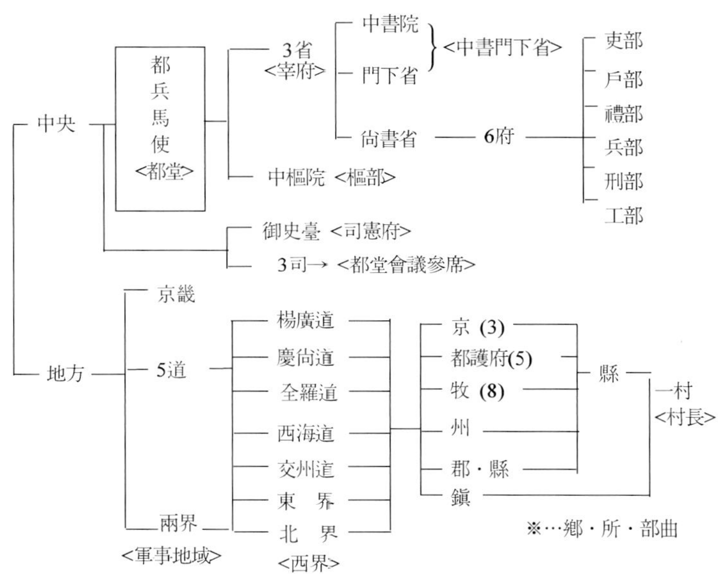

高麗의 軍制表

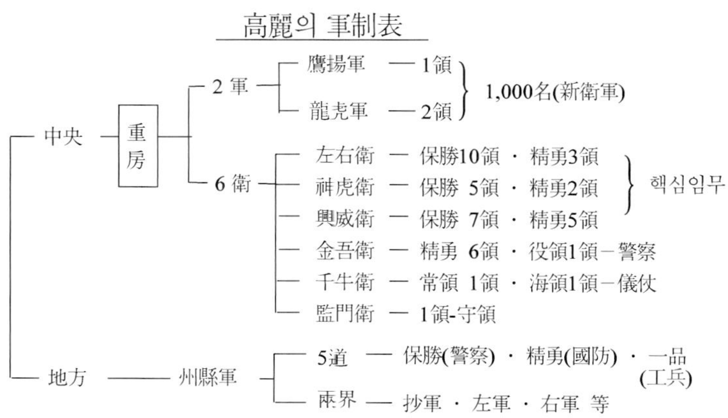

第2節 中央 및 地方 警察

1. 中央警察의 機能

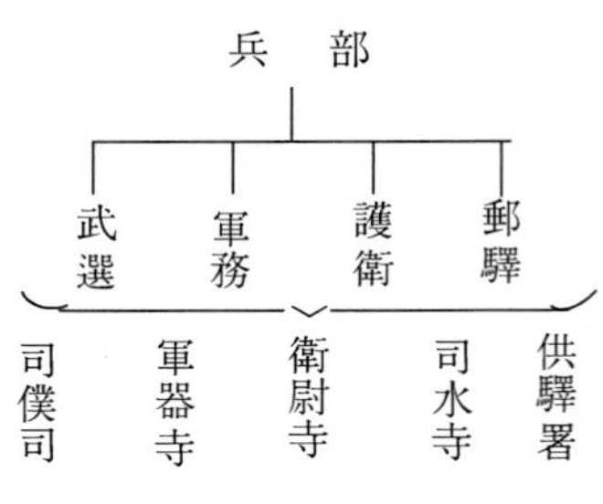

中央의 警察機關으로는 兵部, 刑部, 中樞院 2軍 6衛가 있었다. 먼저 兵部의 집무상황을 보면 左側圖表와 같이 구분되어 있었는데 護衛는 곧 警備事務를 주로 맡아 처리하던 곳이다.

刑部는 곧 司法警察의 역할이며 中樞院은 王室의 警護 機密·軍機를 주무로 하는 곳으로 警備警察機關을 兼帶한 것이었다.

2軍 6衛는 곧 서울의 治安을 담당하였으며 일반 警察 행정을 관장한 경찰 기관의 前身이었다.

2. 地方警察

各道·州·府·郡·縣의 長5)은 행정, 사법, 군사, 警察의 총괄적인 사무를 그 관할 구역 안에서 처리하였다. 따라서 警察 사무도 그들의 자유재량에 따라 좌우된 것은 물론이었다. 兩界는 兵馬使가 군사와 같이 治安을 책임졌으며 州縣軍이 고려 中期 이후에는 管內 警察업무를 담당한 것으로 보인다. 鎭은 전국에 29개 처에 설치하였는데 定將 1名 副將 1名을 배치하며 兵馬使 통제하에 관내 警察 업무를 대행하였다. 그리고 地方自治的 警察은 事審官에 의하여 이루어진 것으로 보인다.

---

5) 兩界 및 州縣軍 설치지방(平安 咸鏡 江原) 以外를 留意해야 할 것이다.

第3節 特 殊 警 察

1. 三別抄의 胎動

고려시대의 警察은 獨立 또는 分離됨이 없이 京鄕을 막론하고 혼동시행 되었으나 警察업무량의 증가 및 세분화가 일어나자 임시적이나마 분리 처리할 수 있는 처리기관이 出現하였다. 그것은 三別抄의 기원인 夜別抄라는 것으로 盜賊예방을 위한 치안유지의 기관이었다.

2. 三別抄

三別抄는 高麗 崔氏 武斷시대의 군대로 左別抄, 右別抄, 神義軍을 말한다. 이는 처음 崔瑀가 도득을 방어하기 위하여 실시한 夜別抄에서 시작되는데 그 수가 증가하고 자연히 도적의 수도 늘어남으로 左右別抄로 나누고 몽고에서 도망해 온 자들로 神義軍을 조직하였다.6) 이들은 江華島에서 抗蒙政權까지 수립하였으나 시세가 불리하므로 珍島로 옮겨 都城시설까지 구비하고 抗蒙 전선을 폈다. 그러나 麗·蒙 연합군에 쫓겨 나머지 부다는 金通精(?~1273)에게 인솔되어 濟州島에 들어가 최후로 반항하였지만 효과 없이 3년 만에 실패하고 말았다(1273).7) 한편 元나라 治下 서울 開京에는 獨立警察機關인 巡馬所(巡軍萬戶府)가 설치되었으니 이는 서울의 일선 警察署로서 주로 巡察과 警備사무를 담당하였다.

御史臺는 監察廳의 역할이었으니 監査員의 직무를 맡아본 것이라 할 것이다.

---

6) 金庠基, 三別抄와 그 亂에 對하여, 震檀學報 9·10·13, 1939~1941.
7) 金庠基, 高麗武人 政治 機構考, 東方文化交流史論攷, 1948.

第5章　朝鮮王朝時代의　警察

第1節　捕盜廳　設置　以前의　警察業務

1. 朝鮮王朝의　成立과　治安問題

　　高麗末期로부터 두각을 나타내기 시작한 신흥귀족 李成桂(1335~1408)는 武人인 同時에 내외정세를 통찰할 줄 아는 명석한 정치가였다. 太祖 李成桂가 高麗朝에서 出仕하기는 그의 父 李子春 때부터였으며 1362年 紅巾賊을 격파시켰고 다음 해에는 元의 侵入이 있자 東北面 兵馬使로 出征하여 공을 세운 뒤 다시 倭寇를 토멸한데다가 女眞마저 공격하여 성과를 올리게 됨으로써 名將으로 대두하였다.

　　고려의 명장 崔瑩과 버금가는 명성을 떨친 것은 이때였고 禑王 때 左軍都統使로 遼東을 정벌하러 出師하였다가 1388年 左軍都統使 曺敏修를 설득하여 威化島에서 回軍 國柄을 장악한 뒤 昌王 다음으로 恭讓王을 영립하였다. 그러나 이때 즉시 登極치 않고 遼東정벌을 원하고 있던 많은 開城 人心을 무마시키기 위하여 三軍都摠制使라는 자격으로 趙浚 등의 건의를 받아 私田 개혁을 先行하고 舊貴族의 세력 기반을 弱化시키기 1年餘에 새 王朝開創의 터전을 착실히 닦아갔다.1)

　　高麗의 마지막 忠臣 鄭夢周마저 李芳遠 (뒤에 太宗)으로 하여금 제거한 그는 鄭道傳, 裵克廉, 趙浚 등 신진 귀족 계층 50여명의 추대로 1392年 7月 17日 開城 壽昌宮에서 王大妃의 敎書를 빌어 無血革命에 의하여 即位하니 이가 朝鮮王朝의 太祖였다.2) 그는 즉위한 뒤에도 고려의 인심 수습과 회유 및 무마에 상당히 고심초사한 면을 엿볼 수 있으니 太祖가 즉위하자 그해(1392) 7월 即位 敎書中에 予俯循輿情, 勉即王位, 國號仍舊爲高麗, 儀章法制, 一依前朝故事3) 이라고 한 바와 같이 國號도 그대로 高麗라고 하고 儀章法制 즉 모든 국가의 基本制度를 그대로 前朝대로 시행할 것을 명확히 밝혔던 것에서 짐작할 수 있다. 따라서 이 無血革命에 의한 李太祖의 朝鮮王朝 개창은 왕조의 명칭만 변경되었을 뿐 國家基本制度면에서 보아도 풍속, 언어, 민족 등이 한결같았으므로 「易姓革命」이라 규정하는 것이다.

高麗時代의 봉건적체제가 朝鮮王朝에서도 그대로 나타나있으며 비록 私田을 혁파하였다 해도 私田 발생의 여지를 두어 특기할 만한 변혁은 거의 없었다. 太祖 2년(1393)에 와서 對明關係의 개선을 통해 國號를 「朝鮮」으로 擇定받았고 新王朝 개창에 따라 새로운 威嚴과 氣運을 갖춘 新都가 必要하게 되어 世襲的인 王氏기반의 開城을 버리고 다음해 3年 10月 여러 신하가 후보지를 물색하였으나4) 지금의 서울인 漢陽으로 천도하였다. 더욱이 風水地理說을 믿어왔던 太祖 역시 舊都(開城)가 不吉하고 王氣가 쇠진하였다는 傳來의 陰陽說을 그대로 인정하고 遷都를 재촉하였던 것이다.

그리고 그해(1394) 12월 新都 서울에 工役을 위해 제반 업무를 분담시켰으니 宮闕造成都監 및 都城築造都監을 설치하고 始役한 결과 1395年(太祖 4) 9월에 太廟, 社稷, 宮殿(景福宮)이 준공되었고 그 앞에 6曹도 왕성하여 新王朝의 면모를 새롭게 하였다. 그리고 1396

---

1) 李炫熙, 韓國警察史의 研究 ①, 警察考試, 1971年 9月號(通卷 第83號), pp.143〜148.
2) 李炫熙著, 韓國史槪論(1971. 5. p.96參照).
3) 太祖實錄 卷 1 太祖 元年 7月 丁未條.
4) 同, 太祖 2年 12月 壬午, 同, 太祖 3年 8月 己卯 庚辰條, 朝野輯要, 擇里志 參照.

년(太祖 5) 1월부터 9월까지 전국의 壯丁 19만 7천여 명을 동원 春秋 2회 모두 98일간 9, 775步 약 17㎞(1442년 개축)에 이르는 都城을 축조하니 오늘날 우리가 그 흔적을 보는 바와 같이 東은 駱山, 西는 仁旺山, 南은 南山, 北은 白岳을 四至로 首都의 治安과 防衛 문제를 해결하려 하였으며 험준한 곳은 石城으로 하고 낮은 곳은 土城을 수축함과 동시에 城의 內外를 연락하는 主要出入門인 四大門과 四小門을 방위에 따라 완성하였다. 이 같은 방침은 우선 首都 서울의 治安 유지를 위해 都城內外를 왕래하는 出入路를 제한하기 위하여 8개의 通行門을 만들어 놓았음을 의미하는 것이다. 따라서 都城에 出入하는 時間을 정하여 通行질서를 바로잡고 盜賊의 橫行을 嚴禁함으로써 防盜思想을 확립하였으며, 都城民과 그 주위에 거주하는 국민들의 財産과 生命을 보호하는 警察의 역할을 설정해 놓았던 것이다.5)

이렇게 하여 都城의 규모와 질서가 새로 잡혀가면서 1395년(太祖 4) 6월에는 漢陽府를 漢城府로 고치고 舊都의 部, 坊制를 모방하여 행정구역을 5部 49坊(처음엔 52坊이었다)으로 개편 시행하였다. 그러나 1398년(太祖 7) 8월 서울에서 王子의 亂이라는 王位繼承小戰爭이 일어나자 2대 定宗은 다음해 다시 開城으로 歸都하였다.

그러나 그곳에서 다시 2차의 王子의 亂이 일어나자 3대인 太宗이 정권을 장악하게 됨에 1405년(太宗 5) 10월 재차 지금의 서울로 遷都하니 이후 이곳은 朝鮮王朝 500년의 中心地인 도읍지가 되었다. 太宗은 재차 천도한 뒤 避方의 뜻으로 昌德宮을 짓고 政務를 보기 시작하였거니와 1395년(太祖 4)에는 都市街에6) 2층 高樓를 세워 鍾을 달아 太祖의 開國과 建都의 공로를 새겨 후세에 알리는 동시에, 城內外에 통행금지 및 해제를 周知시키기 위하여 2更(오후 10시경)

---

5) 李丙燾, 南小門과 그 開閉問題, 향토서울 1, 1957. 同 朝鮮初期의 建都問題, 高麗時代의 研究, 1938. 金龍國, 서울奠都의 動機와 顛末, 향토서울 1, 1957. 참조.
6) 世宗 때 雲從路로 개칭한 현재 서울 鍾路 네거리 普信閣 앞.

에 통행금지를 알리는 人定時刻에 鍾閣의 鍾을 28宿의 뜻으로 28번 울렸고, 5更(오전 4시경)에 통행금지를 해제한다는 罷漏時刻에 33天의 의미로 종을 33번 울리면 都城內는 물론 都城外의 백성이 四大門을 통해 자유로이 왕래하게 되어 있었던 것이다.7) 그리고 人定에서 罷漏 사이의 약 6시간은 법률로써 통행이 금지되어 있어 夜警을 도는 行巡하는 사람 외는 원칙적으로 배회치 못하게 되어 있었다.8) 이 시간에 行巡하는 巡邏軍은 盜賊의 橫行을 막고 刺客이나 政府를 전복시키려는 음모를 철저히 색출해내게 되어 있어 首都의 治安은 이때 질서 정연하게 지켜지는 것이다.

거기에 都城內에는 防火시설을 철저히 하여 有事時에 대비케 하였는데 家屋에는 防火墻을 쌓고 우물과 방화기구란 도구도 두었다. 더욱이 오늘날 消防署와 비슷한 禁火都監까지 두어 防火業務를 한층 더 制度的으로 뒷받침하였으니, 국민들에게 불조심 사상을 고취하고 귀한 人命과 財産을 보호하는데 전력을 기울였음은 國都의 시설이 그만큼 착실히 정비되고 안정되어 감을 의미하는 것으로 主權 확립의 기초가 공고해 가고 있음을 엿볼 수 있는 것이다9)

지금으로부터 약 540년 전인 1428년(世宗 10)의 서울의 인구는 10萬餘名에 이르렀으니 이 같은 시설은 10만을 기준 하여 이룩된 것으로 보인다.10)

---

7) 李重華, 鍾樓와 普信閣 鐘에 對하여, 震檀學報 6, 1936.
8) 世祖實錄 世祖 4年 2月 辛亥條, 兵曹啓, 曾降傳旨, 自二更 至四更. 大小人員, 毋得出入, 犯者皆囚라고 하여 통행금지 시간에 왕래하는 자는 大小인원을 막론하고 전원 체포 구금하였다. 太宗 元年 5月 戊申條에서 이 원칙은 이미 보이고 있는 것이다.
9) 金龍國, 近朝鮮 初期 서울의 防水 防火對策, 향토서울 3, 1958.
10) 文獻備考 戶口條.

2. 義禁府의 機能

(1) 義禁府의 警察業務 展開

朝鮮王朝時代의 警察業務를 주로 담당하였던 中央機構—官廳—로는 유명한 捕盜廳이 있었다. 그러나 이것은 李成桂의 직접 명령에 의한 것이 아니고 그 후대인 成宗朝에 權設되었기 때문에 太祖로부터 成宗 때까지는 警察의 직능이 捕盜廳에 의하여 立案 집행될 수가 없었다. 그러므로 朝鮮王朝時代에 있어서 捕盜廳이 설치되기 시작하는 成宗朝까지의 약 80년간의 건국초기에는 高麗時代부터 내려오던 遺制인 義禁府와 五衛에서 업무를 담당하였으니 義禁府는 곧 高麗時代 巡軍萬戶府였던 것이다.

그러나 더 엄격히 警察業務의 한계와 그 성격 면에서 구분하여 그 담당시기를 살펴본다면 朝鮮王朝 개창 이후부터 世宗 7년까지의 33년간은 義禁府에서 일반 警察業務를 중점 적으로 다스렸고, 그 후 즉 世宗 7年 9월에 와서 漢城府에서 서울의 行政을 담당하게 되면서부터 晝巡 禁亂의 일은 그곳으로 사무 일체가 移管되고 더욱이 上・大護軍, 護軍(五衛)에서 三軍 甲士를 인솔 行巡하기 때문에 낮의 巡察은 漢城府(서울특별시청)에서 담당하게 하고 야간 순찰경계는 五衛에서 담당하여 積年의 弊害를 삼제하려 하였다.11)

그 뒤 世宗 7년부터 端宗元年 12월까지 약 30년간의 巡綽 업무는 분담케 되었는데 義禁府에서 행하였던 晝巡, 夜巡의 업무를 漢城府와 五衛에서 각기 분담 처리하였고 端宗 元年 12월에 이르러서는 義禁府가 巡綽하던 업무도 모두 五衛로 移管시킴에 따라12) 義禁府는 司法과 특별 裁判業務만을 전담케 된 것이다.13) 그러면 警察業務가 五衛로 넘어가기 전까지는 어떠한 형태의 경로로 변천해 왔을까.

---

11) 世宗實錄 世宗 7年 9月 癸丑條.
　「……晝巡專任漢城府, 夜巡專任上・大護軍・護軍, 以除積年之弊, 命下議政府諸曹, 同議以聞」.
12) 端宗實錄 端宗 元年 12月 丁亥條「……請以義禁府巡綽, 悉歸衛領 從之」.
13) 東國輿地備攷 卷 1 39, 즉「奉敎推鞫」의 직무를 전담케 되었다.

義禁府는 經國大典이나 六典條例, 典律通補 같은 法律書籍에 보면 王의 特別命令을 받들어 나라의 重罪人의 심리 판결에 관한 사항을 掌理한다14)고 서술하고 있다.

이를 보면 義禁府에서는 警察業務를 담당한 것같이 보이지는 않으나 朝鮮王朝 개국 초에는 이로부터 刑曹는 刑法, 聽訟, 鞫詰을 掌理하고 巡軍(義禁府)은 巡綽, 捕盜, 禁亂 등의 업무를 掌理 관장한다15)고 하였듯이 巡軍 즉 義禁府에서는 순찰, 盜賊逮捕, 혼란금지 등의 일을 맡았었다는 기록을 보면 초기에 義禁府에서 警察業務를 맡고 있음을 충분히 엿볼 수 있다.

이렇게 義禁府는 원래는 경찰의 제반업무를 주요 기능으로 삼았던 것으로 國初(조선 왕조)에는 高麗 때의 제도를 따라 巡軍萬戶府 또는 司平巡衛府라 하였으며 一名 執金吾 또는 王府, 禁府라고도 별칭하였다.

巡軍萬戶府는 高麗 忠烈王 대 蒙古制度를 모방하여 巡馬所를 설치하고 지금의 開城인 開京의 夜警을 위한 전담기관으로 삼음과 동시에 처음 巡邏軍에 지나지 않았던 이곳에, 나중에는 內僚文臣까지 편입하여 一見 禁軍과 같은 역할도 겸임케 되었던 것이다. 그리고 高麗 때는 巡軍府를 삼아서 上副萬戶를 두어 오로지 禁衛親軍의 임무를 맡았으며 처음에 獄을 설치하고 禁中에서 軍令을 위반한 者를 拘禁하였는데 中年에는 國王이 친히 그 罪囚를 판결하였으며 朝臣中에서 國王의 뜻을 어기면 간혹 이곳에 체포, 구금되기도 한 예가 있다.

그런데 그때 士大夫들은 地位의 高下를 가리지 않고 罪를 범하게 되면 모두 臺獄에 나가게 하였으니 임금이 직접 참여하는 의미가 있다 하여 王獄 또는 詔獄이라고 하였다. 高麗末에 와서는 이것이 마침내 朝廷官員들의 獄이 되어서 1名 以上은 그곳으로 들어가게 되었다.

---

14) 六典條例 刑典 義禁府條 및 典律通補 吏典 中央官職 義禁府條에 「掌奉敎推鞫之事」.

15) 太祖實錄 太祖 元年 7月 丁未條 參照.

巡軍萬戶府는 巡軍制를 발전시켜 高麗 忠肅王 3年(1316) 主要한 지점에 巡舖를 설치하였으니 이는 巡邏軍의 本部格이 된 것이다.

그 뒤 恭愍王 18年(1369)에 司平巡衛府로 개칭하였다가 禑王 때 다시 巡軍萬戶府로 환원한 뒤 이것이 곧 朝鮮王朝時代로 계승 발전하여 義禁府의 前身이 되었으니 그 임무는 警察業務보다는 司法業務가 中核을 이루었던 것으로 보인다. 그러던 것이 朝鮮王朝 初期에는 단순한 司法機關의 역할보다는 일반 백성들의 생명과 재산을 보호하고 首都 서울의 治安을 더욱 굳게 지켜주어야 한다는 사명감과 業務의 多元化 및 專門化로 인해 임시로 司法性을 띠고 形成되었던 義禁府에서 그 同列의 性格에 따라 警察업무를 맡게 되고 司法權의 역할은 刑曹에서도 掌理하였던 것으로 보인다.16)

그러나 「義禁府」라는 명칭을 사용한 것은 太祖 때가 아니고 太宗 때였던 바 巡軍萬戶府는 太宗 2년(1402) 6월에 巡衛府로개칭하고17) 同 3年(1403)에 義勇巡禁司로 개편됨과 동시에 兵曹에 所屬되었다가18) 비로소 1414년(太祖 4) 8월에 義禁府로 명칭이 바뀌게 되었다.19)

警察機構로서의 역할을 담당하였던 禁府이기도 한 義禁府의 위치는 서울 中部 堅平坊인 서울 特別市 鍾路 公平洞 舊 종로경찰서 자리로서 太宗 14년(1414)에 창건하였는데20) 그 관청을 일명 虎頭閣이라 하였고 뒤에 世祖 때 와서 監察 鄭保籍이 死亡한 후에 그 사택을 義禁府의 청사로 삼았다 한다.21) 太宗 元年 1月 巡軍萬戶府에 속한 羅將과 都府外의 數는 1500名에 달하고 있었는데 이들은 京畿의

---

16) 燃藜室記述 別集 第6卷 官職典考 義禁府條.
17) 太祖實錄 太祖 元年 7月 丁未條에서 명확히 區分하고 있다.
18) 太宗實錄 太宗 2年 6月 乙卯條.
19) 燃藜室記述 別集 第6卷 官職典考 義禁府條 및 太宗實錄 太宗 3年 6月 乙亥條 參照.
20) 太宗實錄 太宗 14年 8月 辛酉條, 燃藜室記述 別集 第6卷 官職典考 義禁府條 各 參照.
21) 京城府史 第1卷, p.91.

백성을 충당하고 비록 守令이라 하여도 함부로 이들을 差役할 수 없는 일종의 특권이 부여되어 있음을 엿보게 한다.

　지방수령이 差役할 수 있는 백성은 먼저 말한 1500명을 제외한 民戶였다. 따라서 守令이 差役함에 애로가 많았던 것이다. 그런데 太宗 元年 正月에 다시 刑曹의 임무는 戶曹에서 장악하게 됨에 따라 巡軍萬戶府의 병력만으로 순찰의 임무를 감당할 수 있어 巡軍將의 百戶를 혁파한 후 令史羅將을 各司로 分送하는 일방 1000여 명의 都府外는 소속 州郡으로 환송하여 守令의 戶役에 임하도록 조처한 사실을 우리는 자료에 의하여 파악해볼 수 있는 것이다.22)

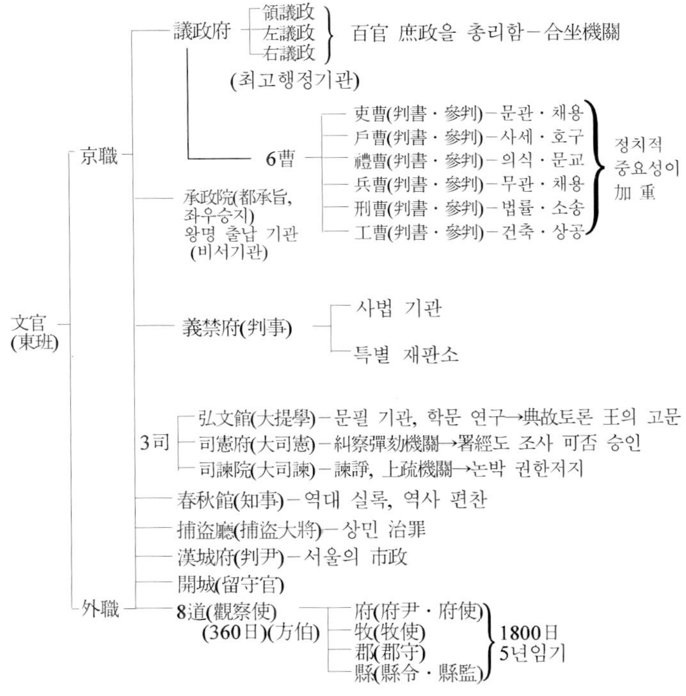

---

22) 漢京識略, p.169.

이 같은 일련의 사실은 다음의 記錄이 더욱 이를 뒷받침해 주고 있다.

「國初(朝鮮王朝)에 이것을 그대로 따랐다가 바로 義勇巡禁軍司로 고쳐서 判知 同知 4명을 두었고 郎官은 文武를 섞어 썼으며 禁軍을 통솔하는 것은 그전과 동일하였다. 그 뒤에 義禁府로 고쳐서 군사에 대한 권한은 없애고 다만 王獄으로서 罪囚를 판결하는 일만 하게 하고 임금이 거동할 때와 안팎에 참란한 것을 금할 때는 郎官이 下人을 거느리고 가서 비상한 일을 살필 따름이었다」23) 라는 것이 이를 뒷받침 해주고 있는 것이다. 이렇게 警察 본연의 업무를 담당해온 義禁府는 사실상 朝鮮王朝 초기에 있어서 治安 유지와 防盜, 巡察, 禁亂 등 사회질서를 바로잡고 또 평온을 유지하여 백성들을 안심하고 살수 있게 하는데 주력하였으니 특히 太宗은 비록 두 번에 걸친 骨肉의 비극을 겪은 天倫에 어긋나는 霸道政治를 자행하였으나 그가 王位에 오른 뒤는 백성위주의 民本政策을 實現해 간 증좌라고 볼 수 있다.24)

世宗의 民本政策은 父王의 이 같은 기반을 공고히 다져준 음덕의 영향이 아닌가 한다.

太宗 元年 正月 刑曹의 업무가 戶曹에서 집행 실시됨에 따라 巡軍萬戶府의 병력 자체만 가지고도 巡察 巡綽의 업무를 遂行할 수 있어 巡軍將의 百戶를 과감히 개혁한 후 令史, 羅將을 各司로 分送하였으며25) 한편으로 千여 명의 都部外는 소속 州軍으로 환송하여 守令의 戶役에 充當토록 조처함으로써 그 업무의 한계가 점차 뚜렷해지기

---

23) 太宗實錄 太宗 元年 正月 甲戌條.
　　「……巡軍所屬螺匠(羅將)都府外, 其數幾於千五百, 皆以圻甸之民充之, 守令不能差役. 其餘民戶不堪勞苦, 今刑曹旣以掌刑, 而府兵足以巡綽, 請革巡軍將其百戶, 令史螺匠分送各司, 其都府外千餘人, 各還其州, 以共戶役云云」.
24) 燃藜室記述 別集 卷6 官職典考 義禁府條에 인용한 識小錄에 의하면 「國初因之, 旋改義勇巡禁軍司, 置判知同知四員, 郎官雜用文武, 而統禁旅赤自若焉, 厥後改爲義禁府罷兵柄, 只以王獄, 決囚務爲而大駕行幸時及內外禁濫處郎官率皂隷, 往察訶非常而已」이 같은 內容 속에서 우리는 朝鮮初期의 警察業務 遂行을 엿볼 수 있게 되는 것이다.
25) 太宗實錄 太宗 元年 正月 甲戌條 參照.

시작하는 것이다. 이에 義勇巡禁軍司로 고쳐서 判知, 同知 등 4명을
두었고 郎官은 文武를 혼용하였으며 禁軍을 통솔하는 것은 如前하였
다. 그 뒤 義禁府로 개칭하여 王獄에 관한 일을 하게하고 王이 행차
할 때와 禁亂時에는 郎官이 下人을 인솔하고 가서 일을 보아 왔다는
것이다.26)

　따라서 警察業務를 담당해 온 義禁府는 그 초기에 治安, 防盜, 禁
亂, 匡正秩序, 校正風俗, 巡察 등을 주력하여 집무해 왔었던 것은 이
미 대략 논급한 바와 같다. 이렇게 수많은 병력을 보유하고 있는 관
계로 해서 三番으로 나누어 11日 相遞하는 制度와 조치를 마련하였
던 것이다.27) 1천여 명이나 되는 병력을 보유하고 있었기 때문에 가
장 능률적이고 조직적인 운영방침은 秩序와 位階에 의하여 三番制를
채택해서 10일 相遞함을 수립하였다는 것이다.

　그런데 朝鮮王朝 세종 7년(1425) 9월 癸丑條에 의하여 계속해서
살펴보면 近京에 거주하는 都府外는 巡綽 등 그 업무에 큰 不便과
無理함이 없겠지만 遠方에 있는 都府外의 입장에서는 사실상 겨우
당부하는 실정에 있으므로 그 폐단과 무리함이 적지 않을 뿐만 아니
라 壯者는 거의가 다 丘史, 使令이 되고 巡綽에 나가는 都府外는 극
소수이고 게다가 殘劣한 어린者로 代役케 하는 형편이고 보니 어찌
능히 捕賊 禁亂의 일을 의연히 실행할 수 있겠는가 하는 우려를 나
타내고 있는 것이다.28)

　따라서 이렇게 사무가 전개되어 간다면 이와 같은 無實 不緊의 역
군들이 千여 명의 都府外가 遊手, 廢農하게 됨은 심히 유감스러운
일이므로 都府外를 혁파하고 그 대신으로 官軍을 充當하는 동시에는
晝巡은 漢城府가 專任하고 夜軍은 上·大護軍, 護軍에서 전임한다면

---

26) 燃藜記述 別集 卷 6 官職典考 義禁府條 參照.
27) 世宗實錄 世宗 7年 9月 癸丑條 「司憲府啓……且千人分爲三番, 十日相遞而立」.
28) 世宗實錄 世宗 7年 9月 癸丑條 「司憲府啓……近京居民, 猶之可也, 遠方之人, 纔
　　往復來, 其弊不小, 壯者皆爲丘史使令, 其所巡綽者, 卒皆代役, 殘劣之人, 安能捕賊
　　禁亂乎」.

싸이고 싸인 누년의 폐단을 삼제할 수 있다고 하여 議政府 諸曹에 명해서 同議以聞케 하였다.29)

이것이 義禁府의 업무가 그 한계성을 보이는 계기가 되는 것이며 우리 韓國警察史에도 하나의 기원이 될 수 있는 전환점으로 간주해야 할 것이다. 즉 世宗 7年(1425) 9月에 비로소 낮의 巡察은 漢城府(오늘날 시울특별시)에서 맡고 夜間巡察은 上·大護軍, 護軍(5衛)에서 전임으로 맡아 시행케 되었다. 건국 이후 이때까지의 義禁府의 警察業務는 사실상 5衛로 넘어가게 되는 것이며 晝間 巡察은 漢城府에서 관장하게 되었던 것이다.

이것은 義禁府의 본래의 임무인 司法행정만으로 귀착되어 가는 것을 의미한다고 볼 수 있고 또한 이는 國初에 단순하고 간명하였던 警察業務의 성격이 점차 多元化해 가고 전문계열화해 가고 있음을 뜻하는 것으로 보아야 할 것이다. 太宗 이후 王權 確立에 힘입은 世宗이 卽位한 뒤 이를 기초와 저력으로 삼아 황금시기를 이루는 일방 그의 근면 영특 고매한 정책적 배려에 힘입어 警察制度面에서도 괄목상대할 시책을 만들어 놓게 되는 것이다.

따라서 司法部로서의 규찰과 탄핵의 업무를 맡았던 義禁府가 잠시 警察의 업무를 겸섭케 한 것은 일이 그 만큼 단순화 된 시대에서의 일이라고 생각되는 것이다. 이제 警察 본연의 업무가 시작되는 世宗 시대에서는 그것을 전담 전문화 할 기관의 출현이 무엇보다도 시급히 요청되었던 것이다. 그렇다고 완전히 義禁府의 업무 가운데 警察의 업무가 전혀 漢城府나 5衛로 다 넘어간 것은 아니다.

義禁府에서는 漢城府와 같이 도성 내외의 山野幽僻處를 검찰할 때는 軍士와 三軍을 발하여 진무하고 巡行, 搜捕함으로써 서울도성의 치안과 질서를 담당 확보하였던 것이다.

---

29) 世宗實錄 世宗 7年 9月 癸丑條「司憲府啓……以如此無實, 不緊之役, 使千餘人遊手廢農, 甚爲不可, 乞罷都府外使充其官軍役, 晝巡專任漢城府, 夜巡專任上 大護軍 護軍, 以除積年之弊, 命下議政府諸曹, 同議以聞」.

다시 말하면 兵曹에서 啓한대로 世宗 21年(1439) 5月에 와서 초목이 무밀하여 무뢰배가 산간 굴혈에 은신하거나 혹은 寺刹 神舍 등에 다니면서 구걸하는 척 하고는 成群作黨하여 강도질하는 者가 있어 이와 같은 조치를 단행하게 되었던 것이다.30)

더욱이 서울의 失火 放火를 방지하여 都城民의 生活과 安寧질서를 바로 잡아야 하고 구조하는 消防事業도 겸임하지 않으면 안 되는 등 광범위한 업무가 전개되어갔던 것이다.

그래서 義禁府에 鍾樓를 지키다가 失火의 處所를 發見하면 즉각 打鍾하고 알려 鎭火에 온 정력을 경주하였다. 또한 夜間일 경우에는 信牌를 만들어 밤중 鎭火의 신표로 삼아 그럴싸하게 사용함으로써 消防事業을 원활히 전개해 간 것으로 간주한다. 그리고 消火작업에 직접 동원되는 兵力은 軍人일 경우에는 당연히 兵曹에서 담당하였고 各司奴子일 경우에는 漢城府에서 직접 出動하여 그 본연의 업무를 충실히 遂行해 나갔던 것을 엿보겠다.31)

지금도 警察업무 가운데 消防업무가 소속되어 있거니와 朝鮮王朝時代에 있어서도 捕盜와 消防업무가 대략 묶여 있었던 게 아닌가 싶다. 그것이 都市化일수록 그 사정은 더욱 절실하게 집행되었을 것은 오늘을 살고 있는 우리로서 能히 推想할 수 있는 일이다.

(2) 義禁府의 職制와 性格

太宗 14年(1414) 8月에 비로소 高麗時代의 巡軍萬戶府가 여러 번 그 명칭이 變更되다가 최종적으로 義禁府로 개칭된32) 이후 世宗 7

---

30) 世宗實錄 世宗 21年 5月 甲戌條 兵曹啓, 今當草木茂密, 無賴之徒, 逸處山間窟穴, 或於佛宇神舍, 假托乞丐, 群聚强盜者有之, 都城街巷間里, 則命義禁府, 全掌檢察都城內外山野幽僻處, 則發軍士及三軍鎭撫, 巡行搜捕, 從之.

31) 世宗實錄 世宗 8年 3月 丁酉條 「禁火都監啓, 禁火事件, 一請造信牌. 以爲夜中救火之言, 發火時, 各處軍人則兵曹各司, 好子則漢城府考察, 請令義禁府, 掌守鐘樓, 晝夜觀望, 有失火之處, 則撞鐘使之聞聲馳赴云云」.

32) 太宗實錄 太宗 14年 8月 辛酉條 참조.

년 (1425) 9월까지 11년간의 義禁府의 임무는 三更巡綽, 晝巡. 禁亂을 비롯하여 囚人推劾 등의 警察업무가 그 주요 내용이 되고 있었지만 실은 명칭이 變更되기 이전인 朝鮮建國初부터 세종 7년(1425)까지 33년간은 대체로 도적잡기, 혼란금지 巡綽 등의 警察행정을 관리 담당하였다.33)

그러나 世宗 7년(1425) 9월에 와서는 漢城府에서 王都를 숙청하는 직책을 담당하여 義禁府에서는 낮의 순찰과 혼란금지 등 警察業務 자체만을 담당할 필요와 대의명분이 서지 않았을 뿐 아니라 上·大護軍, 護軍(5衛)에서 三軍甲士를 거느리고 行巡을 하기 때문에 별도로 예산과 계획을 수립하여 義禁府에서 三更巡綽도 수행담당할 必要가 없어 결국은 晝巡은 漢城府에서, 夜巡은 5衛에서 각기 전임 분담케 되었던 것이다.34)

그런데 義禁府의 경찰업무를 중추적으로 집무 수행한 都府外의 實數는 얼마 정도가 있어서 이 거창한 원시형태의 경찰행정이 집행 전개되었는가를 검토 규찰해보아야 할 것이다. 원래 義禁府에 소속된 都府外는 巡察을 주 임무로 맡고 있었는데 그 수효는 본래 950명 정도로 史料에 나타나 있다.35) 그것이 端宗 元年(1453) 12월에 이르러 江原道와 黃海道에서 기근과 질병이 크게 流行하여 流亡戶口가 益增하게 되자 義禁府에서는 江原道에 70명, 黃海道에 258名의 都府外를 權罷하고 都府外의 定數를 450名으로 격감한 후 이를 3番으로 나누어 2개월간 휴식하고 1개월간은 立役하는 임시조치의 제도를 마련함으로써 임시 변통적인 입장에서 그 시련과 전통을 극복하고자 기도하여 왔던 것이다.36)

---

33) 太祖實錄 太祖 元年 7月 丁未條 참조.
34) 世宗實錄 世宗 7年 9月 癸丑條 司憲府啓 참조.
35) 端宗實錄 端宗 元年 12月 丁亥條 「……義禁府都府外, 本九百五十名」.
36) 端宗實錄 端宗 元年 12月 丁亥條 「議政府啓, 江原, 黃海道, 或因飢荒, 或癘病, 民多流亡, 戶口耗損, 不可不慮, 都俯外本九百五十名 今定額四百五十名, 今三番, 令兩月休息一月立役, 其江原道七十名, 黃海道二百五十名, 並權罷……」.

이렇게 임시조치법과 같은 非常制度를 실시하여 조금이라도 피해를 줄이려고 기도하는 한편 羅將의 實數要는 百名이었으나 江原道와 黃海道의 都府外를 權罷하다보니 巡綽의 大務를 완수하기 위하여 羅將 百名을 加하였고 또 京畿道 忠淸道와 京中의 城底十里內에서 자원하여 入屬한 者를 塡差한 비 있었던 것이다. 이것도 궁리 끝에 출발된 조치 중의 하나임은 自眀한 일이다.

이렇게 都府外를 대대적으로 격감한 이유는 여러 각도에서 검토 분석해야겠으나 실은 義禁府가 관리 담당하던 순찰의 임무를 거의 다 5衛로 넘기는 契機가 되었던 面에서 고찰 검토해야 할 것 같다.37) 이렇게 이때에 이르러 찬연하고 진지하였던 경찰의 업무를 담당한 義禁府가 경찰의 業務 역할 수행 등 그 권한을 5衛에 넘기게 되자 그 본래의 임무였던 『掌奉敎推鞫之事』38)만 담당케 되었다. 즉 奉敎推鞫의 일만을 도맡게 된 것으로 결국 경찰 자체의 제도적이고 기능적이면서도 구조적으로 수행할 일이 폭주하기 시작하였다는 사실을 직감적으로 느끼게 하는 것이다.39)

義禁府의 官員과 직제 및 그 변천 상항을 고려하여 도표로 표시해 보면 다음과 같다.

---

37) 端宗實錄 端宗 元年 12月 丁酉條 「……以待人物阜盛, 螺匠本一百名, 今加一百名, 以罷遣都府外之京畿忠淸道者, 及京中城底十里內, 自願入屬者, 塡差, 今減都府外, 請以義禁府巡綽, 悉歸衛順, 從之」.
38) 典律通補 吏典 中央官職 第一 義禁府條.
39) 東國輿地備攷 卷 1.

官 員 表[40]

提調 1人

鎭 撫 2人 △百戶 80人(세종 7年. 9月

副鎭撫 2△令史 40人(〃   )

△螺匠 (隊長 / 遞兒) 2人 { 500人(태종 1年 1月) / 100人(세종 7年 9月) / 200人(단종 1年 12月)

知 事 2人

△都府外 (隊長 / 遞兒) 6人 { 1000人(태종 1年 1月) / 950人(세종 7年 9月) / 450人(단종 1年 12月)

都 事 4人

職 制 表[41]

判 事(從1品) / 知 事(正2品) / 同知事(從2品) } 4員 구비 (他官兼帶)

都 事 5員(從6品)

〃   〃 (從8品)

檢 律(1人은 律學兼教授를 分差)

禁刑官(1人은 執吏를 거치면따로 定함)

吏 胥(書吏 20人)

從 隷(羅將 890名 軍士 12名

이상에서 먼저 義禁府官員表는 초기에 비하여 都府外의 수가 현저히 감소되어 가는 경향을 나타내고 있어 一見 義禁府의 직무가 「경찰행정」 그 자체보다 「재판업무」라는 司法의 일로 귀착되어간다는 사실을 입증해 주는 例證이 되고 있다.

따라서 捕盜廳이 설치된 이후에는 「양반재판」이라는 특수임무를 띤 재판소의 역할로 悉歸함을 알 수 있게 한다. 이어 두 번째 도표에서 보이고 있는 직제표는 義禁府 본연의 자세로서 파악하게 되는 것이니 이때는 「警察業務」라는 거리를 갖게 하는 것이다. 이 같은 내용은 증보는 하였으되 六典條例 經國大典 大典會通 典律通補 등에서 대략 비슷하게 보이고 있는 것이다. 한편 義禁府는 어떻게 변천되어 가고 있는지 연려

---

40) 해당 各實錄 各年度 참조.
41) 六典條例 刑典 義禁府條 참조. 典律通補 吏典 中央官職 第一 義金俯條 참조.

실기술에서 그 내용을 검토해 보겠다.

故事에 三司의 장관은 禁府의 직임을 겸하지 않았으며 宣朝朝 때 黃佑漢이 禁府를 겸하였다가 副提學을 제수 받게 되자 곧 해임하였는데 오직 광해조 때 王의 총애를 한 몸에 지닌 한 신하가 이 자리를 억지로 점령하고 바꾸지를 않았다고 한다[42]라는 사실은 不兼의 원칙이 잘 수행되어 오다가 光海君때에는 例外조치가 있었던 것으로 보이며 堂直廳에서는 백성들의 申訴와 告牒 등의 業務를 담당하였는데 都事 1名으로써 날을 걸러서 直을 교대케 하였다. 燕山君 때 고쳐서 密威廳이라 별칭하였다가 中宗초기에 예전대로 복구하였다[43]는 것을 볼 때 연산군 때는 한때 「密威廳」이라는 별칭이 있었던 것으로 간주되었으며 그 뒤 中宗 때 그 명칭이 환원조치된 것으로 보인다. 義禁府는 警察의 업무가 차차 이관됨에 따라 탐관오리의 규찰 탄핵의 일을 주로 담당하였던 것으로 本府에서는 옛날에는 玉牌가 있었다. 대략 三司에서 밖에 나가서 不法한 일을 禁할 때에 본부에서 한 옥패를 禁吏에게 내주어서 나가서 三司의 禁吏의 부정부패 여부를 糾察하게 하였는데(1592년) 壬辰倭亂 뒤에 옥패를 잃었음으로 드디어는 이를 폐지 중단하고 말았다.[44]

義禁府가 바야흐로 不正腐敗를 규찰하는 업무로 귀착되고 또 그 本然의 자세를 갖추었던 것으르 보인다. 여하튼 世宗 7년 (1425부터 端宗 元年1453)까지 약 30년간에는 巡察 行巡의 警察業務는 그것이 그대로 집행했다기보다는 분담제로 실시되어 義禁府에서 관장하던 晝巡은 漢城府에서, 夜巡은 五衛에서 각기 전담 수행케 변천되었으며 그것이 端宗 元年(1453) 12월에 와서는 義禁府의 업무 가운데 巡綽의 일을 모두 5衛로 이관시켰던 것이다.

이에 먼저 警察業務가 漢城府로 이관되었을 때 주간 巡察은 어떻

---

42) 李肯翊, 燃藜室記述 愚伏集.
43) 李肯翊, 燃藜室記述.
44) 李肯翊, 燃藜室記述.

게 수행되었는가를 살펴보아야만 漢城府의 업무개시의 전모가 闡明
되리라고 믿는다.

3. 漢城府의 機能

(1) 漢城府의 業務와 晝巡

漢城府의 업무는 단순히 경찰의 일을 수행한 것이 아니며 義禁府
에서 행하던 주간 巡察의 업무만이 이곳으로 이관 담당케 된 것이다.

漢城府의 직무규정을 보면 京城府內의 戶口簿, 市場, 店鋪, 家舍,
田土, 四山, 道路, 橋梁, 開川, 下水道, 逋欠(포흠), 貸借의 訴訟, 鬪
毆, 晝間巡察, 檢屍 車輛, 故失, 牛馬, 烙契(낙계) 등에 관한 事務를
掌理한다45)고 하였으며 그 職制를 보면 다음과 같다.

> 判尹 一人 (正2品)
> 左尹 右尹 各 一人(從2品)
> 庶尹 一人(從 4品)
> 判官 一人(從 5品)
> 主簿 二人(從 6品)
> 參軍(正 7品)

이렇게 漢城府에서는 20여 가지의 業務를 遂行하도록 규정하고
있거니와 漢城府의 晝間巡察은 곧 서울 도성 내의 치안질서유지, 횡
포한 자와 그에 近似한 행위를 막으며 도둑질한 자와 그 행위도 겸
해서 응징하게 되어 있었다.

大明律直解에 명시된 刑罰內容을 보면 大端히 다양하고도 복잡한
세부규정을 엿볼 수 있는데 먼저 盜行에 關해서는 어떠한 내용이 명
시되어 있는지를 살펴보아야 하겠다.

制書와 印信을 절취한 者는 모두 斬刑에 處하게 하였으며46) 또한

---

45) 大明律直解.

凡盜內府財物者 皆斬[47] 이라고 한 바와 같이 宮內倉庫의 재물을 盜取한 者는 모두 斬刑에 처하였으며 御印과 모든 王의 使用하는 물건을 盜取한 자는 모두 이 罪에 해당한다[48]고 명백한 규정을 보여주고 있다. 軍器를 盜取한 者는 장물을 계산하여 일반 절도의 例로서 論罪한다. 만약 일반인이 가질 수 없는 國禁의 軍器를 盜取한 者는 國禁兵器를 私有한 죄와 같다.

　만약 行軍處와 숙위하는 軍人이 서로 盜取하여 사용하는 것은 일반 절도의 例에 準하여 論罪하되 그 盜取한 軍器를 官用에 充用하는 자는 각각 罪 2等을 경감한다[49]고 하였다. 이 당시 漢城府에서의 晝間巡察은 都城府에서의 주간순찰은 都城門內를 중심적인 대상으로 삼되 城門을 특히 경계 감시 검찰하였던 것이다.

　그런데 가끔 성문의 開閉의 관건이 되는 열쇠를 盜取해 가는 일이 非一非再하여 이의 죄목을 엄즈히 다스리고 있었던 것이다. 같은 史料에서 보면 凡盜京城門鍵, 皆杖一百流三千里, 盜府州縣鎭, 城關門鍵, 皆杖一百徒三年盜倉庫門等鍵, 皆杖一百, 並刺字[50]라고 하여 서울 도성문의 열쇠를 盜取한 자는 杖一百에 三千里를 유배하는 형벌을 내리고 부, 주, 현, 진성의 열쇠를 盜取한 자는 杖一百에 徒2年의 형벌을 과하고 창고문 등의 열쇠를 盜取한 자는 杖一百의 刑罰을 과하고 있음은 범법자들을 엄격히 다스린다는 것을 우리나라에서도 그대로 적용 시행하고 있었다는 것을 뜻하는 것이다. 그밖에 園陵樹木을 도벌한 자는 杖一百에 徒3년의 刑을 과하였으며 監臨者와 主守者가 자기가 監守하는 창고의 錢穀을 盜取한 者는 主犯, 從犯을 구분치 않고 贓數를 合計하여 論罪한다는 것을[51] 명백히 밝혀주고 있어 가장 법도와 규율이 嚴存해 있

---

46) 六典條例.
47) 六典條例.
48) 典律通補.
49) 大明律直解.
50) 大明律直解.
51) 大明律直解.

었던 「질서의 시대」를 연상할 수 있다.

漢城府의 晝間순찰은 이와 같은 범법자들을 법률과 그 處罰 例에 따라 중점적으로 다스렸던 것이다.

(2) 漢城府의 沿革과 本務

漢城府의 직무는 義禁府의 주간 순찰업무가 이관된 것으로 특히 지금의 서울 四大門內의 도성을 지키는 것이 가장 근간이 되는 책무인 것이다. 서울 도성 내의 치안 질서유지와 反美風良俗, 방자 횡포한 자와 절도 및 그 행위 등 犯法者들을 응징하는 일을 종합적으로 예방 治罪하였다.

그리고 야간 순찰은 5衛에서 각기 분담 수행케 하였다.52) 이렇게 漢城府와 5衛에서 수도서울의 치안과 질서를 담당, 그 책임 있는 업무를 수행해 나갔던 것이다.

燃藜室記述 別集 第16卷을 보면 漢城府는 고구려 때의 北漢山郡이니 百濟溫祚王이 城을 쌓았고 近肖古王이 도읍을 옮겼으며 신라 眞興王이 北漢山에 와서 封疆을 정하고 北漢山州를 두었다. 景德王이 漢陽郡이라고 했다. 高麗 초기에 고쳐서 楊州라 하였으며 成宗이 左神策軍이란 이름을 지어海州와 함께 左右二輔를 삼았다.

文宗이 승격시켜 南京이라 하였고 숙종이 장래 도읍을 옮기려 하여 尹瓘이 役事를 맡은 지 5年 만에 준공을 보았다. 忠烈王이 고쳐서 漢城府라 하였고 우리(조선 왕조) 태조가 도읍을 정하여 漢城府라 고치었다53)고 하였듯이 漢城府는 수많은 발전과 변천의 단계를 거쳐 한 나라의 수도가 되어왔다. 이 같은 경로로 발전한 수도이니만큼 그곳을 맡아 다스림에 있어서는 治安·捕盜질서 기강확립이 무엇보다도 중요한 과제였음은 당연지사였다. 따라서 수도 漢城府의 治安과 질서유지는 爲政者의 근본 主要문제였다. 주간순찰의 업무는 이래서 더욱 중요성을 띠게 된 것이다.

---

52) 世宗實錄 世宗 7年 9月 癸丑條 司憲府啓 참조.
53) 李肯翊, 燃藜室記述 別集 第16卷 漢城府條 참조.

다시 연려실기술 별집 제6권 漢城府條를 보면 太祖 元年에 5部를 두어 管內 坊里에 사는 사람의 법을 어기는 일과 교량도로와 鎭火 禁火와 里門의 警守와 집터의 측량, 檢屍 등의 일을 주관하게 하고 令 1명, 錄事 2명을 두었다가 뒤에 主簿·參奉으로 고쳤다. 英祖 18년에 都事, 奉事 각 1명으로 고쳤다54)고 기술해 있다. 이것을 다시 검토해 본다면 漢城府는 조선왕조가 개창된 이후 관내 방리에 사는 사람 가운데 犯法者들을 규찰함을 비롯하여 失火者의 단속 里門의 경수 등을 도맡아 행하고 있었음을 엿봄에 무리가 없는 것이다.

同書에 기재된 藥泉集 己未疏에 보면 이렇게 기술되어 있다. 벼슬을 설치하고 직무를 나눈 뜻은 곧 西漢의 左右內史와 京兆尹의 임무를 수행하려 함인데 武帝 때에 左內史 管下에 貴人이 많다하며 汲黯으로 하여금 다스리게 하였고 宣祖때에 京兆尹 趙廣漢이 丞相府에 들어가서 丞相의 부인을 뜰아래에 내려다 놓고 그 죄를 물었으니 그 책임과 風力의 중함이 어떠한가. 이것은 비록 오늘날에 받기는 어려우나 大典을 가지고 상고해 보면 漢城府가 京都, 四山과 鬪殺 등의 일을 관장한다 했으니 만일 이러한 일에 금령을 犯하거나 越法하는 자가 있으면 반드시 귀천을 둘론하고 한결같이 법률에 의하여 다스려야 비로소 가히 인심을 복종시키고 서울을 맑고 밝게 할 수 있을 것이라고 말하였다55)고 기술하고 있다. 이것은 곧 漢城府의 임무와 함께 법의 公正한 집행을 의미하는 것으로 간주해야 할 것이다. 漢城府의 警察 직무상에서의 업적이라고 하면 치안유지 기강확립과 함께 이 같은 범법자들을 응징하는 일이라고 말할 수 있겠다.

4. 盜賊의 懲戒例

大明律은 비록 그것이 明나라의 刑律이라고는 해도 우리나라에서 그대로 적용하고 있었기 때문에 우리의 직접적인 그대로 적응되는

---

54) 李肯翊, 燃藜室記述 別集 第6卷 漢城府條 참조.
55) 註96)과 同一.

法律로 간주해야 할 것 같다.

① 「常人盜倉庫錢粮」의 경우에서는,

무릇 일반인이 倉庫의 錢粮等物을 절도하되 財物을 얻지 못한 자는 杖60의 刑에 처하고 刺字刑은 면제한다. 조금이라도 財物을 얻은 자는 主犯이나 隨從者를 구분치 아니하고 倂贓하여 論罪한다. (凡常人盜倉庫錢粮等物, 不得財, 杖六十免刺, 但得財者, 不分首從, 倂贓論罪)고 하여 창고의 錢粮을 도둑질하게 되면 이상과 같은 罪가 무섭게 내려진다는 사실을 알 수 있게 하였다.

② 「强盜」의 경우에서는,

이렇게 서술하여 죄와 벌의 구별을 엄격하게 하고 있다.

무릇 강도한 자가 재물을 얻지 못한 자는 모두 杖百·流三千里의 刑에 처한다. 조금이라도 재물을 얻은 자는 主犯者와 隨從者를 구분치 아니하고 모두 斬刑에 처한다.

만약 약품을 써서 사람을 昏迷케 하여놓고 財物을 謀取한 자는 罪가 같다. 만약 절도범을 현장에서 物主가 포착하려 할 때 犯人이 항거하여 또는 사람을 殺傷한 자는 모두 斬刑에 처하고 도둑질 하다가 强姦한 자도 罪는 또한 같다. 共犯인 者가 犯人의 行爲를 助力하지 아니하였으며 포착을 항거한 일과 사람을 살상한 일 및 强姦한 일을 알지 못한 자는 다만 절도의 罪로만 論罪한다.

절도가 財主가 알게 된 것을 알고 財物을 버리고 逃走하는 것을 財主가 쫓아감으로 하여 犯人이 財主에게 捕捉에 항거한 자는 罪人拒捕律에 의거하여 처벌한다56)(凡强盜已行而不得財者, 杖一百 流三千里, 但財得, 不分, 首從, 皆斬,

　＊若以藥迷人圖財者, 罪同

　＊若竊盜臨時有拒捕, 及殺傷人者皆斬, 因盜而奸者, 罪亦如之, 共盜之人, 不曾助力, 不知拒捕殺傷人, 及姦情者止依竊盜論,

---

56) 大明律直解 卷第18 刑律 强盜條.

＊其竊盜, 事主知覺, 棄財逃走, 事主追逐, 因而拒捕者, 自依罪拒捕律, 科罪)라고 기술하였다.

도둑질을 하여 얼마간이라도 재물을 얻게 되면 그때는 죄가 크게 성립됨을 알 수 있고 그렇게 되면 主犯과 從犯을 가리지 아니하고 斬刑, 즉 死刑에 처하였다는 그 당시의 刑律을 보면 얼마나 엄한 전제주의적인 국가였나를 짐작할 수 있는 것이다.

罪의 主·從을 구분치 아니하고 극형에 처하였다는 大明律의 用律例는 이웃인 우리나라에 까지도 서릿발 같은 무서운 형벌이 가해지고 있었음을 알 수 있다. 일사불란한 統帥體制 및 王權强化의 한 수단으로서의 一面을 여실히 知悉할 수 있는 것이다.

③ 劫囚의 경우에서는,

이렇게 明記되어 그 형률을 알 수 있게 한다. 무릇 죄수를 劫奪한 자는 모두 斬刑에 처한다(다만 폭력으로 빼앗으려 하기만 하면 곧 죄를 구성하며 반드시 囚人을 빼앗아야만 하는 것은 아니다) 만약 사사로이 죄수를 남모르게 放出하여 逃走하게 한 자는 罪刑에 이를 때에는 放出人은 罪一等을 減輕한다. 비록 有服親間이라도 보통 일반인과 같이 처리한다.

만약 罪囚를 남모르게 放出하다가 이루지 못한 자는 罪 등을 輕減한다. 이 일로 인하여 사람을 傷害한 자는 絞刑에 처하고 살인한 자는 斬刑에 처하며 隨從한 者는 각각 罪 등을 輕減한다.

만약 官司에서 사람을 보내어 錢粮을 징수하고 공무를 집행하고 죄인을 포착하는 것을 中路에서 成群作黨하여 협박 탈취한 자는 杖一百流三千里의 刑에 처하고 ㅁ로 인하여 사람을 傷害한 자는 絞에 處하고 살인한 자와 군중 10人 이상을 集合한 자는 主犯은 斬刑에 處하고 치명상을 준 下手 者는 絞刑에 處하고 隨從한 자는 각각 罪一等을 輕減한다. 만약 자기 집 사람들을 이끌고 가서 협박 탈취하는 일에 隨從하게 하였으면 一家中 尊長만을 처벌하되 만약 존장 이외의 家人이 사람을 상해하였으면 그대로 一般범죄자와 隨從者의 例

로서 논죄한다.57)

죄수를 빼앗아 내는 자는 극형인 斬刑에 처하고 罪囚를 도주케 한 자에게도 상당한 형벌이 뒤따르고 있음을 우리는 이상과 같은 刑律을 통하여 역력히 知悉할 수 있는 것이다.

다만 여기에 「減輕」云云의 例外的인 규정은 그래도 인정이 있음을 엿보게 하는 주요한 문제 중의 하나인 것이다.

④ 白晝搶奪의 경우에서는,

무릇 白晝에 남의 재물을 탈취한 자는 杖百從三年의 刑에 처한다. 贓物의 數를 계산하여 보아 重하면 窃盜罪에 二等을 加여 論罪한다.

사람을 상해한 자는 斬刑에 處하고 隨從한 자는 각각 罪一等을 輕減하며 모두 오른 팔에 搶奪 二字를 刺字한다. 만약 얕은 곳에 배를 세웠을 때 이틈을 노려 남의 재물을 탈취하여 남의 船隻을 破毁한 者는 罪 또한 같다. 처음에는 남과 더불어 鬪毆하거나 罪人을 포착하다가 인하여 재물을 窃取한 자는 장물의 수를 계산하여 절도죄에 準해 論罪하며 그대로 탈취하여 간자에게는 罪等을 加重하되 杖一百流千里의 刑에서 그치고 모두 刺字의 刑은 면제한다. 만약 사람을 殺傷한 者이면 각각 故鬪殺傷의 例로써 論罪한다.58)

이를 보면 지금 우리의 그것과 쉽게 비교될 수 있는 것이다. 지금 대낮에도 버젓이 도둑질 해 가는 사례를 볼 수 있는데 그때 역시 白晝에도 도둑질을 해 가는 例가 있었다는 사실을 상대적으로 능히 알 수 있는 것이다.

5. 嚴酷해 지는 警察의 機能

漢城을 중심으로 한 당시 警察의 업무는 점차 多元化해지기 시작함을 알 수 있는 것으로 刑律의 적응도와 종별이 너무나 많이 규정되어 있는 것이다.

---

57) 同 劫囚條 참조.
58) 同 白晝搶奪條 참조.

① 「窃盜」의 경우에서는,

더욱 흥미 있는 것으로 이렇게 기술되어 있는 것이다. 무릇 절도를 하였으나 재물을 얻지 못한 자는 笞五十의 刑에 처하고 刺字刑은 면제한다. 절도하여 조금이라도 재물을 얻은 자는 도둑질한 여러 집 中에서 物件을 많이 盜取해 낸 한 집의 장물을 표준하여 倂贓으로 論罪하여 隨從한 자는 각각 罪 등을 輕減한다.59) (凡窃盜已行而不得財者笞五十, 免刺, 但得財者, 以主爲重, 倂贓論罪, 爲從者等 各減一等)고 하여 절도를 하였을 경우에라도 取財치 않은 경우에는 笞刑으로 일단락 지으며 刺字刑은 면제받게 규정하고 있다. 그러나 절도하여 取財하였을 경우에는 그 절도한 집의 장물을 표준하여 倂藏으로 斷罪하고 있음도 대단히 흥미 있는 사실이다.

刑律에 대한 적용 범위는 이보다 더욱 확대되고 있는 것으로 가령 다음과 같은 경우를 볼 수 있는 것이다.

절도의 初犯은 모두 오른팔에 『盜窃』두 字를 刺字하고 再犯은 왼팔에 窃盜라고 刺字하며 3犯者는 絞刑에 處하되 『起除刺字』條의 규정에 의하여 일찍이 刑字의 刑을 받은 前科者로서 처리한다.

소매치기한 者도 罪가 같다. 만약 軍人이 窃盜하면 비록 刺字는 면제하나 3犯하면 絞刑에 處한다.60) (初犯並於右小臂膊上, 刺窃盜二字, 再犯刺左小臂膊上, 三犯者絞, 以曾經, 刺字爲坐, 掏摸者罪同, 若軍人爲盜, 雖免刺字, 三犯一體處絞)고 하였다.

그런데 절도의 경우, 그것을 初, 再, 三犯을 나누며 그 형벌도 구분하고 있다. 말하자면 도둑질한 者가 상습범이 아니냐 아니면 初犯인가를 가려 刑律의 적용도 응분의 경우로 대처하고 있는 것이다. 초범일 경우에는 오른팔에 刺字하고 이래도 개전하지 못하게 되어 三犯하면 死刑에 處하였던 것이다.

엄격한 刑律의 例를 엿볼 수 있게 하는 좋은 적용범위라고 생각한다.

---

59) 大明律直解 券第18 刑律 窃盜條.
60) 大明律直解 卷第18 刑律 窃盜條.

② 「親屬相盜」의 경우에서는,

무릇 各居하는 親屬끼리 서로 財物을 盜取한 者는 朞服親間이면 일반인의 竊盜罪에서 5等을 減輕하고 大功親間이면 4등을 小功親間이면 3등을 緦麻親間이면 2等을, 無朋親間이면 1等을 減輕하고 모두 刺字刑을 면제한다.

만약 도둑질한 者이면 손윗사람이 손아랫사람을 犯한 자는 또한 위에 적은 例에 따라 각각 減罪하고 손아랫사람이 손윗사람을 犯한 者는 보통사람의 强盜罪로써 論罪한다.

만약 한 집안에 同居하는 손아랫사람이 他人을 끌어들여 자기 집 財物을 竊盜한 者는 卑幼私擅用財物의 例로써 論罪하되 罪 2等을 減輕하여 杖一百의 刑에서 그치고 他人은 일반 竊盜罪에서 1等을 減輕하여 刺字刑은 면제한다. 만약 殺人이나 傷害의 行爲가 있는 자는 살상존장이나 살상미유의 本律대로 科罪하고 他人은 비록 그 실상의 情을 알지 못하였다 하더라도 또한 竊盜의 例로써 論罪한다.

만약 他人이 殺人이나 傷害의 罪를 범하였다면 손아랫사람은 비록 그 殺傷의 情을 알지 못하였다 하더라도 또한 존장이나 비유를 상실한 本律에 의거하여 重한 것에 쫓아 論罪한다61)고 기술하였다. 親屬相盜의 규정 역시 우리나라 警察史에서 빼놓을 수 없는 주요한 刑律적용의 例라고 아니할 수 없는 것이다.

그리고 공갈협박으로 他人의 재산을 탈취한 자는 贓物을 계산하여 절도범에 準하여 논죄하되 罪1等을 加重하고 刺字刑은 免除받게 규정되어 있음을 보며62)계략을 써서 관청이나 私人을 사기하여 재물을 取한 者는 모두 贓物을 계산하여 竊盜에 준거 논죄하고 刺字는 면제한다고 규정하고 있는가 하면 監督者나 看守하는 者가 自己의 감독 또는 간수하는 財物을 詐取한 자는 監督者 또는 看守人이 스스로 그의 감독하거나 간수하고 있는 財物을 盜取한 罪로서 논죄하고, 詐欺하였

---

61) 大明律直解 親屬相盜條 참조.
62) 同 恐嚇取材條 참조.

으나 財物을 얻지 못한 者는 罪2等을 減輕한다고 했고 남의 財物을 冒認하거나 誆賺하거나 局騙하거나 拐帶한 자도 또한 장물을 계산하여 竊盜의 罪에 준하여 논죄하고 刺字刑은 면제받게 되어 있다.63)

이와 같은 규정은 결국 도둑질한 대상이 물건이나 財物 등에 해당하였을 경우를 의미하는 것이며 그밖에 牛馬 畜産과 田野穀麥을 竊盜하였을 때도 刑律의 적용은 엄격히 그리고 명백하게 규정되어 있다.

③ 馬牛畜産의 경우에서는,

무릇 남의 말, 소, 나귀, 노새, 돼지, 양, 닭, 개, 거위, 집오리를 절도한 자는 모두 贓物을 계산하여 竊盜의 例로써 論罪한다.

만약 官의 畜産物을 竊盜한 者이면 一般人이 官物을 盜取한 例로써 論罪한다. 만약 남의 소, 말을 竊盜하여 도살한 자는 杖一百 從三年의 刑에, 나귀, 노새를 竊盜 도살한 자는 杖七十 從一年半의 刑에 處한다. 만약 贓物을 계산하여 보아 本 罪보다 重한 자는 각각 盜罪에 1等을 加重한다64)고 하였듯이 牛馬 등 畜産을 竊盜하였을 경우에도 刑律적용의 범위는 역시 贓物을 계산하여 절도의 例로서 논죄하고 있음은 牛馬 등 畜産의 重要性과 기강확립을 加重케 하는 것으로 그 당시 社會相을 연상하는 데 무리가 없을 듯하며 警察의 업무가 광범위함을 知悉케 한다.

④ 田野穀麥의 경우에서는,

무릇 田野의 곡식 채소 과실 및 지키는 이 없는 器物을 盜取한 者는 모두 贓物을 계산하여 竊盜罪에 준하여 논죄하되 刺字는 면제한다.

만약 山野의 땔나무, 나무, 돌 따위로서 남이 이미 工力을 들여 伐採하여 모아 놓은 것을 함부로 가져간 者도 罪가 같다65)고 하여 牛馬등 축산을 도둑질 하다가 발각되었을 때의 경우와 마찬가지로

---

63) 同 詐欺官私取財.
64) 同 盜牛馬畜産條 참조.
65) 同 盜田野穀麥條 참조.

同律적용하고 있는 것이다.

第2節 捕盜廳의 設置와 그 機能

1. 捕盜廳의 設置問題

捕盜廳 설치 이전의 警察業務는 이미 앞에서 論及하였듯이 義禁府와 五衛에서 담당 수행하였었다. 그러나 捕盜廳이 설치된 이후에는 이곳에서 본격적이고 진지한 警察業務가 수행되어 警察機構가 성립된 것이다.

그러면 捕盜廳이 언제 어떻게 설치되었는지를 考究해야 할 것 같다. 왜냐 하면 그의 設置年代가 자상하지 않을 뿐만 아니라 확연히 언제인 것으로 나타나 있지도 않아 정확을 기한다는 것은 대단히 어려운 것으로 보인다. 따라서 著者는 현재의 수준을 넘지 못하는 한도 내에서 捕盜廳의 설치 상황을 종합적으로 생각할 수밖에 없다.

法典에서도 「未知設於何年也」라는 비교적 간략한 論及이 있어서 언제 設置 되었는지 이 法典이 편찬되었을 때도 확실히 알지 못하고 있었던 것으로 보인다. 다시 말하면 공식적인 입장에서 볼 때 그의 設置 상황이 확연히 금 그어져 있지 않았음을 알게 한다는 것이다.

그리고 이 문제에 관하여 磻溪 柳馨遠이 捕盜大將의 설치를 「필시 근세에 내려와서 添設한 것」이라고 말하였다는 사실을 미루어 본다면 대체로 그의 出生年代를 감안해 볼 때 光海君 初年으로 일단 比定할 수 있다는 것이다. 그러나 磻溪의 학설을 믿기에는 약간의 미비점이 있을 것 같다. 그의 설을 그대로 받아들일 수만은 없을 것 같다.66)

---

66) 漢京識略 232〜233, 增補文獻備考 下卷, p.63.

또 다른 자료에서는 設置年代는 상고할 수 없으나 대체로 보아 李朝中葉이 아닌가 한다고 주장하였고 宮闕志에서도 이것이 반복되고 있음을 본다.

이에 따를 것 같으면 捕盜廳의 설치는 대체로 朝鮮王朝 中葉이 아닌가 하는 通說을 접할 수 있고 그것이 그대로 인정되는 것으로 알려져 있었다. 이에 따라 震檀學會의 韓國史에서도 대체로 中朝說을 仍用 주장하고 있었음을 보았다. 그런데 우리는 이 여러 가지 자료에서의 그 같은 주장이나 아니면 몇몇 官撰者의 학설을 액면 그대로 받아들이기에는 조금 미흡한 점이 있는 게 아닌가 한다. 중요한 법전인 大典會通이나 續大典의 兵典에 의하면 捕盜廳의 직제가 나타나고 있는데 그에 따르면 「捕盜廳은 盜賊奸細를 緝捕하며 分更 夜巡을 정리하는 官衙로서 左, 右兩廳은 原典 편찬 후에 刱設하였다」는 기록을 엿볼 수 있다. 이에 따른다면 朝鮮王朝시대의 捕盜廳이 설치된 것은 經國大典 반포 후라는 사실을 알 수 있는 것이다.67) 그리고 일본인 麻生武龜의 警察制度史에서는 朝鮮王朝 후기에 창설하였다는 비교적 허구에 가까운 주장을 피력하고 있는 것이다.

그런데 朝鮮王朝 5백년의 經國治世의 중요한 법전이라고 할 수 있는 經國大典에는 이에 관한 기사가 전혀 보이지 않고 있는 점을 감안해 본다면 결국 經國大典이 편찬되던 당시에는 이 기관이 존재하지 않았다는 사실에 想到할 수 있는 것이다. 이는 成宗 5년(1474) 1월에 반포하였고 同 16년(1485)에 최종적으로 완성을 본 것으로 보면 捕盜廳의 설치는 정확치는 않으나 成宗 5년(1474) 이후 어느 시기에 權設되었으리라는 설득력에는 신빙할 만한 근거가 있겠다.

大典會通의 捕盜廳에 관한 기록을 보면 「捕盜廳, 左, 右, 兩捕盜廳에 書員人」이라고 하였다. 그것을 보면 분명히 捕盜廳의 설치는 일찍 잡는다 해도 成宗初期에 해당하는 게 아닌가 싶은 생각이다.

---

67) 續大典 兵典 279, 大典會通 兵典 478.

그러나 捕盜廳은 成宗시대에 와서 完成을 본 것은 아닌 것으로 보이며 적어도 이때부터 설치에 착수하여 中宗, 明宗때에 와서 구조적인 면에서 기구의 정비와 구성원의 완비를 통해 그것이 성숙되지 않았나 싶다. 그러므로 朝鮮王朝에 있어서 捕盜廳의 설치는 원시형태적인 면에서는 成宗初 中期가 된다고 보겠으며 그것이 성숙되어 구조적인 면에서의 기능 발휘의 시기는 中宗 明宗 때로 잡음이 타당하리라 믿는다. 그렇게 되면 磻溪 柳馨遠의 주장이나 漢城識略 增補文獻備考 宮闕志 東國輿地備考 朝鮮風俗集 등에서의 中朝建置說이나 麻生武龜나 韓國警察 10년사 등에서 강조한 朝鮮王朝 후기의 건립설에는 異論과 반대 의견을 제기할 문헌적 근거가 있는 것이다.

때문에 대체로 3가지 建置說 가운데 가장 신빙성 있고 보편타당성 있는 설립 년대 고찰은 經國大典 반포 후라고 생각되는 成宗年間을 잡을 수 있는 것으로 믿음에는 조금도 무리가 없는 것이다. 이것의 설치는 결국 도적의 횡행과 간사한 무리의 완전 구축 및 소탕을 통해 명랑 사회를 건설하자는 거국적 입장에서 출발한 것으로 믿을 수 있겠다.

(1) 成宗時代의 捕盜廳

朝鮮王朝 시대에 있어서 捕盜廳에 관한 문제에 있어서 그것이 제일 처음 提起되고 근거로 확보할 수 있는 유일한 典據는 經國大典 반포 후에 창설하였다는 大典會通에 의하여서인 것이다.

그 뒤로 捕盜廳에 관한 기록이나 그에 관계되는 사실이 처음 보이고 있는 것은 朝鮮王朝實錄 가운데 成宗 實錄으로 成宗이 즉위하면서부터 都下에는 굉장히 많은 盜賊이 성행하고 있었다고 하는데 관계 기록을 보면 「……近日 都下盜賊盛行, 公然劫掠云云……」68) 이라고 하여 都下 市井에 盜賊이 많이 날뛰고 있어 공연히 약탈하든가 겁탈하는 일이 非一非再하여 成宗으로서도 그 대책에 부심하고 있었

---

68) 成宗實錄 成宗 即位年 12月 丙子條.

던 것이다. 成宗은 주지하는 바와 같이 朝鮮王朝의 왕권을 확립하고 국가의 모든 기본 법제를 정틴한 君王으로 治安의 확립이나 기강의 정돈 같은 사회문제가 무엇보다도 중요하다고 생각하고 있었던 것이고 이를 효율적으로 확립시키기 위하여서는 捕盜事目의 制定이 무엇보다도 중요하다고 생각하였으며 2차적으로 防盜의 制度化, 恒式化까지도 고안해 내고 있었던 것이다. 그렇게 노심초사한 가운데 成宗은 王2년이 되는 1471년 2월에 와서 마침 그의 年末의 결심과 구상이 구체화되어 捕盜事目을 제정하여 盜賊을 막는 데 최대의 정책을 구사하려는 계획을 곧장 발표하였다.

　成宗實錄 가운데 捕盜大將의 기록이 보이는 것도 같은 해 5월로 명석 총준한 군왕의 시책이 펼쳐지는 것이며 이는 결국 朝鮮王朝의 王權이 強化됨을 단적으로 의디하는 것이었다.

　이에 의한 捕盜大將의 賫去事目을 보면 다음과 같다.

1. 開城府留守, 京畿道 黃海道 觀察使는 모두다 捕盜將의 節度를 들어야 한다.
2. 盜賊을 捕獲한 軍民에게는 三資를 超해서 賞識하고 捕獲者로서 布의 受賞을 원하는 자에게는 締布 百匹을 지급하였으며 賤口는 免賤하고 鄕吏驛子는 免役하는 등 論功等第가 獲敵함과 같았다.
3. 만약에 盜賊 중에서 生捕耆가 있다고 하면 그 죄를 면함과 동시에 賞은 凡人의 경우와 같다.
4. 賊黨이 諸島로 逃入하였을 경우에는 水軍節度使 萬戶는 捕盜將의 節度를 받아야만 한다.[69]

　좀더 具體的으로 보면 衛將 曹漢臣이 黃海道 捕盜將이 되고 洪利老가 京畿道 捕盜將이 되어서 騎步兵 40명을 이들에게 주어 捕盜 및 防盜에 유의하여 백성의 便安而居할 수 있도록 독려하고 있음을 前示 자료에 의해서 知悉할 수 있다.

---

69) 成宗實錄 成宗 2年 5月 丁酉條.

贅去事目 5개조에서 강조한 것을 다시금 재음미해 본다면 開城府留守 경기, 황해도 관찰사는 捕盜將의 권한 확대와 동시에 그로 하여금 안심하고 소신껏 경찰업무에 충실히 집행해 나가게 하기 위함에서 그 진로를 튼튼하게 열어주었다고 생각된다.

그리고 악질적인 도적을 잡는 軍民에게는 상금과 함께 軍人에게는 한 계급씩 승진시키고 민간에게는 상품을 후히 주어 捕盜, 고발의욕과 그 정신을 고양시키고 있는 것이다.

동시에 盜賊 가운데에서도 告捕者가 있을 경우에는 그 前罪를 不問에 붙이고 凡人의 경우와 같이 상품을 하사하여 捕盜정신을 기르고 있었던 것도 成宗의 民本政治에 기인하는 것으로 보아야 할 것이다.

이것으로 미루어 보아 盜賊이 成宗 초년에서부터 도성 내뿐 아니라 인근 각도에도 상당수가 있어 良民을 괴롭힌 것으로 보인다. 따라서 治盜策으로 捕盜將의 贅去事目을 장황하게 시행하려 했던 것을 알 수 있다.

이렇게 각지에서의 盜賊의 무리가 蜂起하다싶이 함으로 成宗은 王權확립의 일환으로 一石二鳥의 효과를 생각하고 捕盜政策의 하나로 이같은 捕盜將을 임명 기용하였던 것이다.

따라서 開城府留守를 위시하여 觀察使까지 동원 捕盜·防盜의 정책을 적극화시켰다, 成宗다운 정책을 구사하였으니 우리가 그를 聖君으로 추앙함은 이 같은 연유가 아닌가 싶은 생각이다.

결국 盜賊을 잡기 위한 一念에서 취해진 이 같은 일련의 거창한 시책이 경찰기구로서 처음 출발한다고 보는 捕盜廳의 창설로 시초를 잡을 수 있지 않을까 한다. 물론 오늘날과 같은 입장에서 각 청의 첫출발이 각종 기구 제도 직제를 정해놓고 출발함에 비하면 원시적일 뿐 아니라 그 權設의 의미도 희박하겠지만 실은 이 원시적이고 개념이 모호한 이해가 대체로 捕盜廳의 첫 집무인 만큼 그 계기를 잡아 捕盜廳의 시발로 보아야 할 것이다. 捕盜를 위한 제반시책이 처음으로 下達된다는 입장을 인식하고 擧論한다면 과히 무리한 理論이 아니라고 본다. 捕盜將을 임명함에 문제가 있는 것 같다.

　捕盜將은 全國的으로 각도마다 한명씩 임명 부임시키지 않고 盜賊이 우심하다고 인정되거나 그 상황이 급박하였을 경우에만 특히 重點的으로 파견 治盜한 것이며 이에 따라 捕盜將은 恒置 常勤하게 한 것이 아니라는 점을 우리는 窺視할 수 있는 것이다. 폐언 하고 盜賊이 熾盛하고 尤甚하게 橫行하면 이에 대한 근본적이고 절실한 대책의 일환에서 취해진 조치로 볼이 보편타당할 것이다. 곧 일시적으로 임명 발령하였다는 말로 다시 표현할 수 있겠다.

　成宗 5년 正月 李陽生이라는 사람이 捕盜將에 부임하면서 捕盜를 稱託하고 宿嫌者가 있으면 盜賊이 아니라도 그를 체포하여 私刑을 가하는 「린치」의 風潮가 있었다. 私感을 公稱하여 무고한 백성을 못 살게 하였던 一例인 것이다.[70] 이와 같은 私感에 의한 一種의 보복적인 행위가 자행되자 무고한 그곳 주민들은 전전긍긍 하면서 私感을 사지 않게 하기 위하여 李陽生家에 다수의 백성이 찾아가 뇌물을 바치면서 무사히 지내줄 것을 미리 부탁한 일도 있고 무뢰한들이 찾아와서 뇌물 공세를 폄으로 그 피해가 막심하였던 것을 資料에 의하여 知悉할 수가 있다.

　이 같은 폐단을 없애기 위해서는 바로 捕盜將의 모순을 제지해야 되기 때문이라는 의견의 일치를 보아 都承指 李崇元 등은 李陽生의 作弊를 탄핵했고 捕賊함에 있어서는 捕盜將을 그때그때 임시로 임명 부임시키되 일단 盜賊을 잡는 일이 끝나면 捕盜將制를 격파할 것을 강력히 주장하였다. 결국 없애버리자는 의견으로 좁혀진 것이다. 필요할 때는 필요한대로 광범위하고도 효과적으로 사용하나 그의 필요성이 반감되면 革罷하는 편의를 가지고 있었던 것이다.[71]

　(2) 成宗의 捕盜意慾

　成宗의 捕盜意慾이 증대하다 보니 자연 거기에는 무리한 주문도

---

70) 成宗實錄 成宗 5年 正月 辛亥條 參照.
71) 註 70)과 同.

있었고 사리에 합당치 않는 일들이 연달아 일어나 약간의 混線이 있기는 하였다. 捕盜將의 혁파 주장은 「……不須恒置捕盜將云云……」이라고 한 意見을 존중하여 恒置의 필요성이 인정되지 않았던 것이다. 이미 서술한 논거에 의하여 捕盜將의 제도를 恒置하지 않았던 것만 확실해 졌음을 알 수 있다. 그 당시 혁파의 주원인이 私感으로 인한 무고한 백성의 「린치」때문인 것이었고 그것이 절대적인 피해의 대상이 되지 않았나 싶다. 말하자면 아무 죄 없는 백성이 뇌물이라도 바치지 않으면 공연한 죄목을 걸어 私家에 데려다 拷問을 일삼았던 일 때문인 것으로 간주할 수 있다. 그러나 捕盜將制度를 革罷한 지 불과 두 달 뒤인 成宗 5년 3월에 와서 다시 盜賊이 번성하여 백성의 재산을 축내거나 공포분위기 속에서 살게 되자 成宗은 그대로 放置할 수 없다고 판단하고, 「上이 盜賊이 치열하게 날뛰고 있음으로 명하여 다시금 捕盜將을 復設케 한다」[72]고 함이 그것이다.

이것으로 미루어 생각한다면 우선 成宗의 捕盜 防盜 治盜의 의욕이 강열하다는 것을 가볍게 느낄 수 있으며 도적이 熾盛하면 곧장 捕盜將의 제도를 설치하였음을 知感케 하는 것이다.

盜賊의 발호가 심하면 심할수록 捕盜의 의미는 증대해 지지 않을 수 없는 것이기 때문에 그 기능을 일층 강화하였으며 放火사건이 빈발함에 있어서도 그의 의미는 더욱 加重되는 것이다. 왜냐 하면 지금의 경우에서도 크게 例外일 수는 없는 것과 같이 他人의 가옥이 소실되면 자연 竊物하는 일이 있기 때문에 盜賊의 발호는 일층 더해 갔던 것이다. 마침 成宗 12년(1481)에 와서는 이의 효과적이고 항구적인 대책을 세우기 위한 입장에서 捕盜事目이 발표되었고 급기야는 左右邊 捕盜將의 기록도 보이고 있다. 이 기록에 따르면 나가서의 事目이 무엇인가를 잘 알 수 있는 것이다.

---

72) 成宗實錄 成宗 5年 3月 丙申條 參照.

1. 左·右邊으로 나누는데 左邊은 서울의 東, 南, 中部 및 京畿左道를 주로 관장하고 右邊은 서울의 西, 北部 및 京畿右道를 주로 관장한다. 만약 관할구역 내에서 獷猂成黨이 閭里의 患이 되어서 力下能으로 포착하지 못하면 각기 主官廳에 啓達하여 포착한다.
2. 捕盜將 卒伍는 兼司僕, 壯勇隊의 類와 같이 量給을 臨發한다.
3. 5朔內에 강도 1·2인과 절도 4·5인을 포착하면 優賞한다. 비록 定朔內에 포착이 未准할지라도 1·2朔內에 몇 번 계속 포착하면 賞한다.
4. 가령 左邊地界에 살고 있는 도적을 右邊에서 포착하여도 賞하며 이 법칙은 左邊右邊이 同一하다고 한 것은 이를테면 明君 成宗의 捕盜의욕의 증대 노출과 百姓의 生活을 安康하게 도모해 주기 위한 意圖的인 事業의 展開가 아닌가 싶다.73)

이때에 와서 捕盜將은 완전하게 左 右 兩邊으로 분리하여 都城 防盜에 일익을 담당하고 있었다. 뿐만 아니라 捕盜將의 左, 右兩邊은 恒置한 것이 아니고 임시적인 방편과 防盜의 비상대책의 일환으로 취해진 捕盜廳의 權設이 아닌가 싶다. 成宗은 이와 같이 그가 王權의 강화와 확립이라는 重且大한 임무를 띠고 使命感 下에서 出發한 捕盜, 防盜, 治盜 사업도 이에 곁들어 착실하고 진지하게 전개해 간 것으로 보인다. 그것은 백성을 위하고 백성의 재산을 보호하여 준다는 民本思想에서 취해진 大局的 조치로도 생각된다.

朝鮮建國初부터 成宗朝初에 이르기까지 80여 년 간은 義禁府에서 警察事務를 수행하였다. 그러나 盜賊의 무리가 橫行하고 발호의 폐가 극심함으로 독립된 업무로 捕盜將을 別途로 두었으며 이것은 權置함에 지나지 않는 것이었다.

따라서 成宗 5년부터 同 24년까지 20여 년 간이 捕盜廳 權設의 시초이며 朝鮮王朝시대를 통하여 경찰사무가 他官廳으로부터 분리 취급된 최초의 일이었다.

---

73) 成宗實錄 成宗 12年 3月 戊戌條 參照.

그 뒤 中宗 36年 11月에 와서 左, 右邊 捕盜大將 아래

捕盜軍官 10人, 捕盜部長 3人, 軍士 50여 명 등의 職制가 있으므로 보아 捕盜廳이란 정식 명칭이 보이지는 않지만 그 기초가 확고히 섰고 設置의 분위기가 成熟된 것으로 보인다.[74]

2. 捕盜廳의 確立과 그 權能

捕盜廳이 확립되기 시작한 것은 明宗 15년 8월의 일로 국가에서 捕盜廳을 설치하여 左·右大將을 둠에 그 所管屬이 많지 않을 수 없다는 것이다.[75] 이는 필시 捕盜治安을 위해 확립된 것이며 明宗 15年 10月에는 黃海道의 盜賊捕捉節目을 마련하였으며[76] 同 12月에는 黃海, 江原 兩道에 巡警使를 파견하여 捕盜를 장려하였다.[77]

中宗 明宗시대는 盜賊이 尤甚하게 橫行하였음으로 종래적인 權設에시 中宗 末年에 가서는 그 職制가 정해졌고 明宗시대에 와서 林巨正의 獷賊이 발호 出沒함에 恒置케 된 것이다.[78]

그 뒤 光海君 10年 10月 이후 都城 治安의 확보가 보다 절실히 요청됨으로 새로이 左·右捕盜廳을 설치하였다. 이것은 捕盜廳 加設의 의논이 비등하였기 때문인 것이며 이로서 四廳이 되었고 따라서 捕盜廳 四廳의 군사들은 도성을 수호하고 궁궐을 保衛하였다. 그러나 捕盜廳은 肅宗朝로 오면서 해이해지기 시작하여[79]有名無實한 존재로 化하고 말았다. 더욱이 肅宗 27년 3月에는 捕盜廳의 횡포가 심해지는 것을 기록을 통해 알 수 있다.[80]

이에 捕盜軍官邏卒을 囚禁嚴治하여 포도청의 횡포·부패·부정을

---

74) 中宗實錄 中宗 36年 11月 癸巳條.
75) 明宗實錄 明宗 15年 8月 癸丑條.
　　「諫院啓曰, 國歌設捕盜廳, 置左右大將, 其所管屬, 不爲不多……」.
76) 朝鮮史 明宗 15年 10月 21日.
77) 明宗實錄 明宗 15年 12月 壬辰條.
78) 金承懋, 捕盜廳에 대하여, 향토서울 제26호, 1966. 5.
79) 肅宗實錄 肅宗 24年 12月 庚戌條.
80) 肅宗實錄 肅宗 27年 3月 戊申條.

최소한 줄이려 하였다. 捕盜廳은 肅宗 英祖 兩朝에 걸쳐 革罷한 것이나 다름이 없다. 捕盜廳의 임무는 盜賊을 체포, 구금하여 百姓의 생명과 재산을 보호함에 있었으나 天主教 탄압 후에는 천주교를 拘禁하는 데 주요업무를 삼았다. 純祖, 憲宗, 哲宗까기 西教탄압을 철저히 실행하기 위해 五家作統制가 出現한 것은 이를 뒷받침해 주고 있는 것이다.81)

3. 捕盜大將의 任務와 그 變遷

正祖 20년 摠管이 捕盜大將을 겸섭한 뒤 高宗 시대에 와서 城門을 譏詗하는 직무를 遂行하였으며 그 직책에 鑑하여 三軍府로부터 천거하는 例式을 정하였다.82) 高宗 7년에는 京營將臣 및 捕盜大將은 政府에서 主薦하는 例式을 定함으로서 그 책임은 加重되었다.83) 다음해 左·右捕盜大將은 三軍府의 武府提調를 例兼하는 官制를 제정하였고84) 同 11年 4월에는 捕盜大將겸 政府堂上을 罷하는 例를 마련하였다.85)

捕盜大將의 政府堂上을 例兼하게 되면 政府로서 옳지 않음을 주장한 것이다. 武臣으로서 登筵함은 不當한 처사라 하여 시정을 促求한 바 있다. 武臣으로서 大將에 拜하지 않으면 政府堂上을 겸할 수 없음으로 捕盜大將의 政府堂上을 減下하였다.

高宗 13년 9월 이후부터 捕盜廳은 密酒도 단속하기로 하여 左·右捕盜大將이 그 일을 담당하였다.86)

---

81) 借邊司膽錄 憲宗 5年 9月 30日.
82) 高宗實錄 高宗 5年 10月 10日.
83) 高宗實錄 高宗 7年 閏 10月 5日.
84) 高宗實錄 高宗 8年 7月 20日.
85) 高宗實錄 高宗 11年 4月 25日.
86) 高宗實錄 高宗 13年 9月 23日.

4. 巡警部의 設置

高宗 20年 正月 이후에는 巡綽이 해이함으로 이를 조정하고 改善하기 위하여 漢城府에 巡警部를 설치하였다.[87]

이즈음 捕盜廳에서는 駐韓外國公使館을 파수 保衛하기 위하여 捕盜廳의 從事官, 軍官, 四營標下軍 各 30명씩을 보내 그 임무에 충당케 특별조치를 세워 外交使節들이 안심하고 업무에 종사케 배려한 것이다.[88] 捕盜廳은 宗高 31년(1894) 7月 14日 警務廳官制職掌 및 行政警察章程이 公布됨에 따라 警務廳으로 개편 유지케 되었다.[89]

捕盜廳 官職·官員 變遷概略表

時　　代	官　職·官　員		備　　考
中宗 36年11月 癸丑	捕盜大將　左, 右　各 1人 捕盜軍官　左, 右　各 10人 捕盜部長　左, 右　各 3人 捕盜軍士　左, 右　各 50人		捕盜軍士는 中宗 38年2月에 97人으로 增員
續大典 (英祖시대)	捕盜大將　左, 右 各 1員 從事官　　左.右　各 3員 捕盜部長　左, 右 各 4員 無料部長　左, 右 26人 加設部長　左, 右 12人		從2品 從6品
漢京識略 (純祖시대)	捕盜大將　左, 右 各 1員 從事官　　左, 右 2員 校屬部將　左, 右 4人 無料部長　左, 右 26人 加設部長　左, 右 12人 軍兵部將　左, 右 64人 郊外都掌軍士 左, 右 31人		

---

87) 高宗實錄 高宗 20年 正月 23日.

88) 高宗實錄 高宗 21年 10月 22日.

89) 高宗實錄 高宗 31年 7月 15日.

時　　代	官　職・官　員	備　考
六典條例 (高宗시대)	捕盜大將 2員 左, 右 各 3員 從事官　 6員 左, 右 各 3員 部將　　 8人 左, 右 各 4人 兼稱部將 63人 左31右32 無料部將 53人 左27右26 加設部將 12人 左右 6人 吏隷 書員 左, 右 各 4人 　　 使令 左, 右 各 3人 　　 軍士 左, 右 各 64人	從2品 例兼政府 堂上 從6品
增補文獻備考 (大韓帝國시대)	捕盜大將　 左, 右 各 1員 從事官　　 左, 右 各 2員 校屬部將　 左, 右 各 4人 無料部將　 左, 右 各16人 加設部將　 左, 右 各 6人 吏屬書員　 左, 右 各 4人 使令　　　　　　 2名 軍士　　　　　　 64名 郊外都掌軍士　　 37名	肅宗29年增置兼從事 官各一員 以都摠府訓鍊院官兼

5. 地方 警察

　地方制度를 보면 全國을 8道(京畿, 忠淸, 慶尙, 全羅, 黃海, 江原, 永安＝咸鏡, 平安)로 나누고 그 밑에 府(4), 牧(20), 郡(82), 縣(175)을 두었다. 道에는 觀察使(監司)를 두었는데 이를 方伯이라 하여 府尹(使) 牧使, 郡守, 縣令(監) 등의 守令을 감시 통치하게 하였다. 이들은 中央에서 파견되었으며 縣밑에 行政은 中央政府의 6曹를 모방한 6房官屬의 鄕吏들이 맡아 보았는데 이를 衙前이라고도 하였다.

　各 郡, 縣에는 地方人의 顧問機關으로 鄕廳이 있었는데 이는 守令을 補弼하고 風俗을 바로 잡음과 동시에 方伯에게 전달하는 임무를 띠었다. 그리고 鄕廳의 長을 鄕正 또는 座首라 하여 그 지방에서 가장 名望과 信任이 두터운 年長者를 民選에 의하여 임명하고 座首를 補弼하는 別監 약간 명을 두었다.

　또한 各面에는 風憲(面長), 里에는 里正(里長)을 두어 鄕廳과 상호 관련을 가졌다.

鄕廳은 高麗時代 留鄕所의 遺制로 地方自治機關의 任務를 띠었으나 뒤에 衙前들의 발호로 기능발휘를 철저히 하지 못했다. 그런데 鄕吏 즉 衙前들을 國家로부터 一定한 給料를 받지 못하고 있었기 때문에 作弊가 허다하였다. 그들은 中央과 긴밀한 연락을 취하기 위하여 서울에는 京邸吏(京主人), 현재의 道廳所在地와 같은 監營에는 營邸吏를 두어 행정적 원활을 도모하였으나 이에도 부정과 부패가 자심하였다. 여하간 鄕廳은 守令補弼과 諮問에 응하고 政令傳達 鄕吏 糾察 등이 主要 任務로 되어 있었지만 이와 같은 제도가 계승하는 동안은 地方세력의 소굴처럼 되어 所期의 큰 成果를 거두지 못했다. 이렇게 보면 鄕廳이란 결국 風俗警察이라는 地方自治 警察의 역할을 수행한 것이라 하겠다.

第3節 舊韓末의 警察

1. 甲午改革과 警察問題

舊來의 警察制度가 개혁된 것은 1894년의 甲午改革 때부터였다.

日本은 1894년 5월 23일 韓國의 內政을 개혁하고자 의견을 陳奏하고 「한국이 혼란한 것은 정치가 부패하였기 때문이라고」하고 6월 1일 大鳥圭介 日本公使는 趙秉稷과 회합하고 內政改革案 5개조를 제시하였다.

① 제도의 개정으로 人材를 등용할 것.
② 財政을 정리하고 富源을 개발할 것.
③ 法律을 정돈하고 司法의 권위를 보강할 것.
④ 兵備·警察을 충실히 하고 國內의 民亂을 鎭定하여 安寧을 보전할 것.
⑤ 學制를 완비하여 敎育制度를 확립할 것 등이었다.[90]

　　日本은 이의 수락여부를 同 6일까지 확답하여 줄 것을 강요함에 政府는 申正熙, 金宗漢, 曺寅承을 그 委員으로 差下하였음을 통고하는 一方 李鴻章에게 간청하여 日本의 內政改革 促求를 沮止케 하도록 요구한 일도 있었다.91)

　　마침내 6月 8日 督辦內務府事 申正熙, 協辦內務府事 金宗漢(1844~1932) 曺寅承으로 하여금 老人亭회담에서 大鳥圭介 日本 公使와 이 문제에 關하여 相議케 하였다. 이에 政府에서는 그들이 간청한 5개조의 자세한 개혁안을 받아들이기에 앞서 이는 平和의 逆行이라 지적하고 日本軍 撤收의 先保障을 강력히 요구하였다.92)

　　그러나 日本은 撤兵요구를 반박하고 武力으로 景福宮을 점령한 뒤 6月21日에는 大院君을 强制로 入闕시키고93) 金弘集(1842~1896)을 領議政으로 삼아 개혁을 담당할 中央執行 중추기관으로 軍國機務處를 조직하고 會議를 개최하여 議決한 것은 大院君을 거쳐 上奏하여 國王의 재가를 얻어 시행하도록 하였다.94)

　　淸·日 侵略 開戰 직후 政府는 새로 親日派와 中立派 人士로 구성하였으며 金弘集을 同會議의 總裁官으로 하고 그 아래 朴定陽, 閔泳達, 金允植, 金宗漢, 趙羲淵, 李允用, 金嘉鎭, 安駉壽, 鄭敬源, 朴準陽, 李源兢, 金鶴羽, 權瀅鎭, 兪吉濬, 金夏英, 李應翼, 徐相集 등 17名의 同會議員(大鳥圭介는 고문)을 두어 大小사무를 위하여 稟旨 거행케 하였다.95)

　　회의원 가운데 대부분은 親日改革派로 日本 公使와 수시로 연락을 취하면서 日本이 目的하고 있는 方向으로 새로운 조목을 상의하여 6月 28日부터 정치, 경제, 사회, 교육 등 각 방면에 걸쳐 이제 新秩序

---

90) 統理交涉通商事務衙門日記, 高宗 31年 6月 1日.
91) 前揭書, 高宗 31年 6月 5日.
92) 前揭書, 高宗 31年 6月 6日 · 7日 · 8日.
93) 承政院日記 高宗 31年 6月 22日.
94) 東學亂記錄 上, 甲午實記 6月 21日.
95) 日省錄 高宗 31年 6月 22日 · 24日 · 25日.

로 과감한 移行을 조목별로 단행하게 되었다. 이를 甲午改革이라 한다.96)

3개월에 걸쳐 계속된 內政改革에는 東學軍이 절규한 요구도 반영되고 있으며 이는 日本의 강요에 의한 他律的 시행이라는 변칙적 처리과정을 통해 너무나도 日本式으로 각종 制度가 변모되어 갔다. 그러면서도 그런 대로의 의미를 포함하고 있었던 것은 17名의 중추기관회 의원 가운데 상당수가 開化思想과 혁신정책을 꾸준히 주장해온 前歷을 가지고 있었기 때문이었다.

改革內容에 있어서 政治制度에서는 中央官制를 宮內府(王室), 議政府(8衙門뒤에 7衙門)로 개혁하였는데 議政府는 總理大臣을 최고로 하고 內閣이라 지칭하여 外部 內部 度支部 法部 學部 農商工部 軍部의 7部를 두고 그 밑에 局 課를 설치하였고 品級에 따라 月俸을 지급하는 혁신적 제도를 운영하게 되었다. 그리고 科擧法을 폐지하고 官吏任用法을 새로 제정 官報 開國, 503年 6月 28日 시행함으로써 門閥의 구별 없이 실력 위주의 人材가 높이 등용되게 하였다.

地方官制도 개혁하여 高麗 이래의 全國 8道를 13道 23府로 크게 改編하고 그 아래 郡, 面을 두어 행정의 기민성을 기하였다. 특기할 것은 종래 地方官의 전횡의 척도인 司法權 軍事權을 박탈하여 서서히 官僚體制를 굳혀가게 되었다는 것이다. 그리고 司法權은 行政에서 분리하여 裁判所의 기능으로 독립되었다.

서울의 治安은 警務廳에서 地方의 治安은 警務官이 郡守의 업무와는 달리 순수한 행정적 역할을 하게 되었다. 警務廳 직제는 다음과 같다.

---

96) 高宗實錄 高宗 31年 6月 28日.
   官報開國 503年 6月 28日.

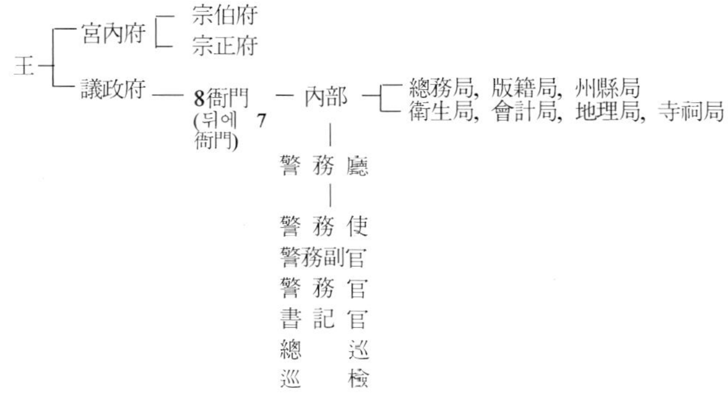

이 같은 210餘件의 改革 案件 심의는 대부분이 親日的 開化派 人物들이 日本의 지시하에 처리한 것으로 대략 前近代的인 요소를 近代的인 요소로 3개월가량에 걸쳐 서서히 개혁하기에 이른 것이다.97)

이는 在來的 封建社會의 조직과 모든 제도에 대한 현대국가의 체제로 모방하는 近代化의 작업의 시초였으며 封建制度의 붕괴를 의미하게 되었다. 그러나, 이는 너무 급진적이고 變則的이며 他律的 힘에 의한 표리가 맞지 않는 改革이었기 때문인데다가 日本式의 제도와 사상이 반영되어 지식계급인 儒生層에서는 반발이 심하였고 一般國民은 냉담하였을 뿐 아니라, 反日感을 조장시켰다.

따라서 이는 自主的이며 民主的인 방식이 못되는 각종 제도의 갑작스러운 變革이었다. 그들의 武威的 强勸下에 이루어졌기 때문에 日本의 資本主義를 浸透시킨 침략의 역할밖에는 하지 못하였다는 것이다. 이 문제는 정치·경제면에서 더욱 절실함을 보였다.

그러나 軍備문제에서는 극히 냉담할 뿐 아니라 비협조적이었다. 그것은 朝鮮의 軍備확장이 장차 日本의 侵韓과정에 있어서 妨害와 반전세력의 형성을 보여 주리타 믿고 있었기 때문임은 자명한 일이다. 따라서 이 방면에서는 수천 명의 軍隊를 一元化함에 그치고 말

---

97) 日省錄 高宗 31年 7月 14日 義改府存案 第1開國 503年 7月 15日.

왔다.

保守的인 왕년의 鎖國主義者 大院君(1820~1898)은 이에 찬동할 리 없어 軍國機務處와는 대립 중에 있었고 이에 극력 반대하자 日本兵이 平壤에 진주하였을 때의 密書를 제시하고 政界에서 물러서게 강권한98) 반면 1894년 9월말경 통제력이 미약하다는 일본국내 여론을 이유로 大鳥圭介 公使를 召還하고 9월 15일 대신 강경파의 一員인 井上馨을 임명 파견하였다.99)

더욱이 이때 大院君은 그 孫子 李埈鎔으로 하여금 政變을 야기케 하였다고 해서 겸하여 퇴각시켰다.

한편, 高宗·閔妃 역시 정치적인 發言을 봉쇄당하고 甲申政變때 亡命한바 있는 朴泳孝(1861~1939)·徐光範(1859~?) 등 開化黨 同志에게 內閣을 조직케 하고 金弘集과의 연립내각을 탄생케 하였다. 이때 軍國機務處는 폐지되고 議政府는 내각이라 하였다. 親日的인 요소로 朝鮮의 內閣마저 日本式으로 바꾸기로 작정하였던 것이다.100) 國王親政 명목하에 日人고문관이 간섭케 되었다.

高宗은 이제 퇴각한 淸나라에도 원조를 청할 수 없게 되었다. 日本 앞에 고립되어 있는 狀況 속에서 그는 더 이상 自主的·主體的 세력만을 고집할 수 없었다. 그가 洪範 14條를 반포한 것은 이 같은 이유에서였을 것이다.

甲午改革의 改革案件은 다음 해까지 연장 실시하여 官制 등은 대체로 서서히 시행되었으나 전통과 인습 土俗的인 것을 주로 하는 것은 그 후에도 의연 시행되지 않았다.101)

---

98) 大院君은 東學軍의 全琫準과 內通하였다는 說로 배척을 받고 있었는데 또한 淸軍이 모여 있던 平壤에 密使를 派遣하여 그들로 하여금 日軍을 협격하도록 조종했다는 혐의도 받고 있었다. 이것이 뒤에 問題되어 그는 政界에서 다시 失脚하였다.

99) 統理交涉通商事務衙門日記, 高宗 31年 9月 18日·21日, 그는 9月 28日 到任하여 同 9月 30日 王을 찾아 內政개혁의 實效를 거둘 것을 奏上하였다.

100) 甲午實記 高宗 31年 6月 28日·7月 2日·4日·11日.

101) 日省錄 高宗 31年 12月 10日·12日.

이해 말(12월 12일, 양력 1895. 1. 7) 高宗이 반포한 獨立誓告의 洪範 14條는 다음과 같으며 기는 우리나라 최초의 憲法과 같은 기능과 역할을 할 수 있었다.

<洪範14條>
① 淸에 의존하지 않고 자주 독립을 확립함.
② 王室과 국가의 경비 사무예 한계를 규정함.
③ 王室 계승은 왕족만이 함.
④ 王은 대신과 정사를 의존하고 외척의 내정 간섭은 不許 함.
⑤ 의정부와 각 衙門의 직무 한계를 명백히 함.
⑥ 조세징수 규정을 엄수함.
⑦ 국가 제정 지출은 度支衙門에서 관리함.
⑧ 王室의 비용은 절약하여 衙門과 지방관의 모범이 되게 함.
⑨ 王室과 官府의 1년간 비용은 예산책정을 정확히 하여 재정 기초를 확립함
⑩ 지방 관제 제정.
⑪ 유능한 청년학도를 留學시켜 기술 습득을 위주로 함.
⑫ 將校의 교육과 徵兵을 실시 함.
⑬ 民法, 刑法을 제정하여 인민의 생명·재산 등을 보호 함.
⑭ 門閥에 의존치 않고 인재틀 등용 함.102)

이는 井上公使의 改革綱領이 구체적으로 반영된 것으로 우리나라가 淸나라와의 결연을 전제로 하지 않을 수 없음과 동시에 大院君, 閔妃 등 韓國 政治人의 간여를 배격함에 그 의미가 부각된 것이다.

2. 改革의 武威的 推進과 警察權의 性格

甲午年(1894) 9월 15일 새토 임명 발령받은 井上馨 公使는 同 9월 28일 到任하자 30일 王을 방문하여 內政 改革의 실효를 거둘 것을 奏上한 일이 있다.103) 그 코다 앞선 同 8월 20일에는 大鳥圭介

---

102) 高宗實錄 高宗 31年 12月 10日·12日, 官報 開國 503年 12月 10日·12日·13日.

日本公使가 內政改革의 반성을 촉구하는 주요 4가지의 일본정부 명의의 공함을 일본공사관 서기관 杉村濬을 시켜 外務衙門으로 보내온 바도 있었다.104)

여하간 井上馨 日本公使는 10월 23일 소위 혁신안 20條를 進呈하였으니 그 내용은 다음과 같다.

① 정권은 모두 一途에서 나와야 한다.
② 大君主는 정무를 親裁하는 권한이 있고 법령을 준수하는 의무가 있다.
③ 王室의 사무는 國政과 분리함이 가하다.
④ 王室의 조직을 정함이 가하다.
⑤ 議政府와 각 衙門직무권한을 정함이 가하다.
⑥ 租稅는 度支衙門으로서 통일케 하고 인민에게 課하는 租稅는 일정한 率로 정하는 것 이외는 하등 명의 방법을 불문하고 이를 징수치 아니한다.
⑦ 王室 및 각 衙門의 비용을 예정함이 可하다.
⑧ 百事의 허식을 없애고 관대한 폐를 고정함이 可하다.
⑨ 軍政을 정함이 可하다.
⑩ 刑律을 정함이 可하다.
⑪ 警察權으로 하여금 一途에 진행케 함이 可하다.
⑫ 官吏의 복무규정을 세워 이를 嚴行케 함이 可하다.
⑬ 地方官의 권한을 제한하여 이를 중앙정부에서 收攬케 함이 可하다.
⑭ 官吏의 등용과 免黜의 규칙을 설하여 私意로서 진뢰치 못함이 可하다.
⑮ 勢權의 쟁탈과 또는 시기 인간의 악폐를 없애 정치상 복수의 관념을 포회치 않게 함이 可하다.
⑯ 工務衙門은 필요하지 아니하다.
⑰ 國軍機務所의 조직권한을 개정함이 可하다.

103) 承政院日記 高宗 31年 6月 28日.
104) 舊韓國外交文書 3 日案 第3144號 高宗 31年 8月 20日.
　　大阪每日新聞 明治 27年 10月 7日字 參照.

⑱ 숙련한 고문관을 각 衙門이 초빙함이 可하다.

⑲ 留學生을 일본에 파견함이 可하다.

⑳ 國是一定을 반드시 요한다.

등이 있다.105)

　이는 前任 公使에 의해서 착수·진행되었던 朝鮮 內政 改革을 무위적 압력하에 새로 보충 추진키로 작정한 것이다. 이에 의하면 각 衙門(部處)에 일본인 顧問官(18조)을 초빙할 것을 강력히 시사하고 있으며 工務衙門을 폐지할 것도 주장하여 農商工部衙門으로 통합함으로써 8衙門이 7衙門으로 개편되었다.

　國王은 親政이라는 명목으로 친히 결재하며 그의 측근 인사의 간섭을 못하게 하고 법령준수의 의무가 있었으며(2조) 軍國機務處의 조직과 권한을 제한 개편하였다(17조) 刑律의 제정(10조), 재판제도 警察制度의 정비(11조), 軍制 개편(9조), 지방관의 권한을 제한(13조)하여 中央集權化를 기하였다. 그 밖에도 관리의 복무규정(12조)과 신분보장(14조), 유학생의 파견(19조)도 끼어 있었다.

　한편 정부는 재정난으로 일본에서 1894년에 13萬圓과 다음해 봄 다시 300萬圓의 借款을 高利로 얻어 왔으며 電信架設權을 제외한 京仁 京釜의 鐵道 敷設權106) 鑛山 採掘權 등 이런 제의를 받아들이지 않을 수 없었다. 일본이 쉽게 경제적으로 침탈할 수 있었던 것은 이 같은 利權獨占의 결과였다. 그리고 官制改革의 이유로 지방관 22,300명 가운데 16,000명이 파직되었으며 이 여세는 1895년 4월의 中央官制와 6월의 地方官制를 각기 개정하였다.

---

105) 承政院日記　高宗 31年 10月 23日.
　　日省錄　　　　高宗 31年 10月 23日.
　　高宗實錄　　　高宗 31年 10月 23日.

106) 暫定合同條款 第2條에서 鐵道敷設權의 쟁탈을 근거하고 있다. 高宗實錄 高宗 31年 7月 20日.
　　駐韓日本公使館記錄 1894年諸方機密公信往 3 機密 173號 本 97 朝鮮政府人假 條約締結의 件.

　　裁判所도 설치되고 2審制가 채용되었으며 중앙에 警務廳을 두고 지방에 警察署가 설치되어 治安을 담당하였다107) 지방은 1896년에 도 13道 7府 1牧 331군으로 개편하였고 釜山, 仁川, 元山 3개항의 監理署는 자연 폐지되었다. 이 같은 추세는 신식교육기관의 설립을 보게 되어 1886년 育英公院을 세워 美國人 교사가 초빙됨을 비롯하여108) 선교사에 의한 미션계 학교와 官立學校인 漢城師範 外國語 등 학교가 설립되어 인재 육성을 표방하게 되었다.

　　改革의 추진은 다음 해(1895) 3월 10일 內務衙門에서 각도에 88개 조에 달하는 訓示를 통해 더욱 확대되어 가고 있다.

> 　　我國의 고유한 독립 기초를 세우며 百度혁신한 銳氣가 인민과 更始하여 文明域에 나아가고자 하여 百弊를 芟除하여 士民의 안녕 행복을 기하여 이에 條列훈시하니 이를 각기 준수하여 위반치 않기를 바란다.109)

고 하였다. 訓示한 88조 가운데는 甲午年의 改革案件이 상당수 반복 강조되고 있다. 그 안에는 백성에게 國史와 國文을 가르칠 것 유언비어 금지, 窮民보호, 社會保障制度 설치 주장, 婦女의 낙태금지, 女性保護, 褓負商의 행패금지, 迷信타파, 戶籍整理 등 美風良俗의 건전한 風土改善을 역설하고 있음을 주목할 일이나 87조에서 「人民에게 日本이 우리의 獨立自主를 돕는 형편을 曉喩할 것」같은 것은 이 改革의 성격을 단적으로 증명해 주는 항목일 것이다.

3. 近代警察制度의 發展

(1) 警務廳 警察

1894년 7월 14일 警務廳이 창설되고 1895년 勅令 85호로 警務廳

---

107) 承政院日記 高宗 31年 8月 26日.
108) 李光麟, 育英公院의 設置와 그 變遷, 東方學志 6, 1963. 6. 참조.
109) 高宗實錄 高宗 32年 3月 10日.

官制가 제정된 뒤 1906년 2月 12日 勅令 제8호로 警務廳 官制改正
件을 發布하므로서 제도상 확립기에 들어가게 된 것이다.110)
　　警務廳官制(3조)에 따르면 직원은(제1조)

<pre>
警 務 使　　　1人(勅任)
警 務 官　　　12人　　　以下 (奏任)
主　　事　　　8人　　　以下 (判任)
監獄署長　　　1人　　　以下 (判任)
總　　巡　　　30人　　　以下 (判任)
監獄書記　　　2人　　　以下 (判任)
看 守 長　　　2人　　　以下 (判任)
</pre>

등을 두며 警務使는 서울의 경찰 소방, 감옥, 사무를(제2조) 總轄하
며 警察에 當하여는 各部大臣의 指揮를 받음(제3조)으로 되어 있다.
　　그 뒤 內部警察機構는 警務局을 두고 다음과 같은 職制를 管掌케 되
었다.111)
　　警察官 任用에는 警務官吏陞差內規, 巡檢採用규칙, 巡檢 選用규칙
이 있어 警務官은 總巡中에서 總巡은 權任中에서 승진 임명하나 巡
檢中 특이한 공적이 있는 자는 직접 總巡이 될 수 있었고 巡察은 警
務學校 學生에게 選充하였다.112)
　　경찰관 賞罰에는 警務賞與會(勅令 12호) 警務賞詞規程(內部令 13호) 巡
檢懲罰令(勅令 13호) 등이 있다.

---

110) 高宗實錄 光武 10年 2月 12日.
111) 1905年 2月 26日(6月 19日 개정) 勅令 제15호 參照.
112) 國立警察專門學校刊, 韓國警察制度史 pp.105～106.

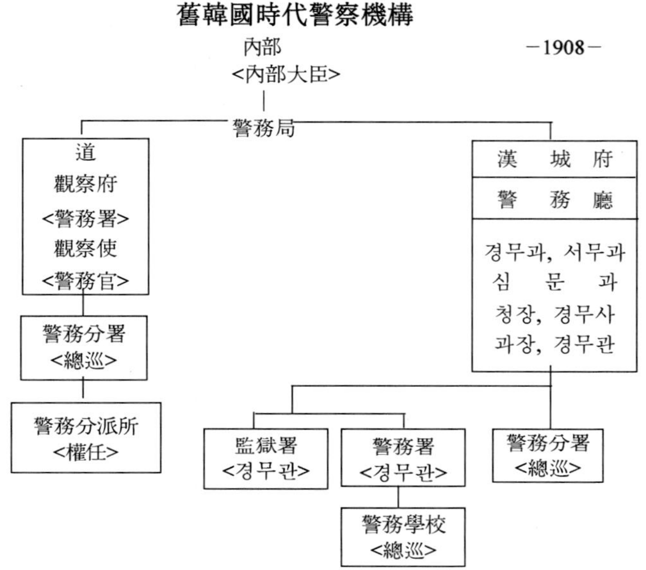

(2) 警部 警察

1900년 6월 12일에는 勅令 제20호 警部官制 全文46조[113]의 領布로 警務廳이 警部로 승격하였으며 경무국사무국을 설치하고 경찰사무를 관장하였다. 이는 1907年 7月 警視廳發足 이전까지의 과도기적인 기간에서의 警察業務였다.

그 뒤 警部官制改正으로[114] 다음과 같이 기구가 정해졌다.

여기서 警部大臣은 각부 大臣과 同一하게 議政府 參政에 참여하였으며 업무의 세분화로서 점차 근대적인 경찰기구의 발전을 뜻하게 하고 있다.

---

113) 舊韓國官報 光武 4年 6月 13日.
114) 舊韓國官報 光武 4年 9月 25日.

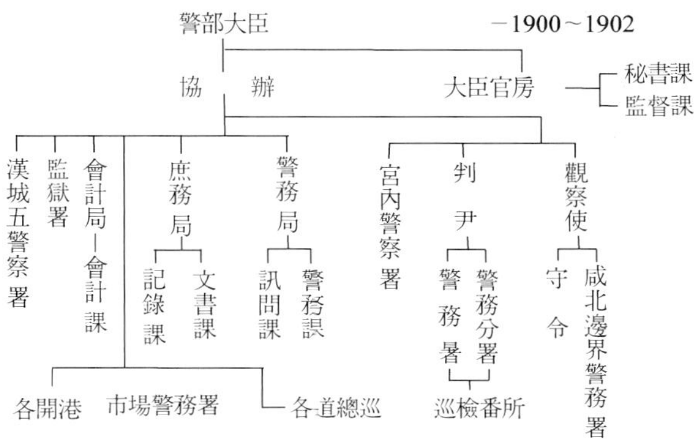

1901년 5월 20일에는 警務官 2人 總巡 4人 巡檢 200人으로 구성
된 咸鏡北道 邊界警務署가 설치되어 邊境守備에 만전을 기하였던 일
이 있다.115)

(3) 警視廳 警察

1907년 7월 28일 勅令 제39호로 警視廳官制가 公布됨으로써 서울
의 警務廳이 폐지되고 警視廳이 설치되었다. 警視廳에는 다음과 같
이 警視總監이 있어 警務使 역할과 같은 일을 內部大臣의 지휘로 감
당하였다.

지방의 警察制度도 이때에 와서 큰 변혁을 일으켜 道警務署를 폐
지하고 각 部에 警察部를 두어 警視로서 部長으로 하며 警察·衛
生·移民 등을 掌理하고 내부경무국에 소속된 警務署와 그 分署 대
신에 각도 警務部 예하에 警察署(95개소)를 두어 신제도를 채용 운
용하였다.116)

---

115) 法規類編. 廢止官制門, p.42.
116) 前揭, 韓國警察制度史, p.134.

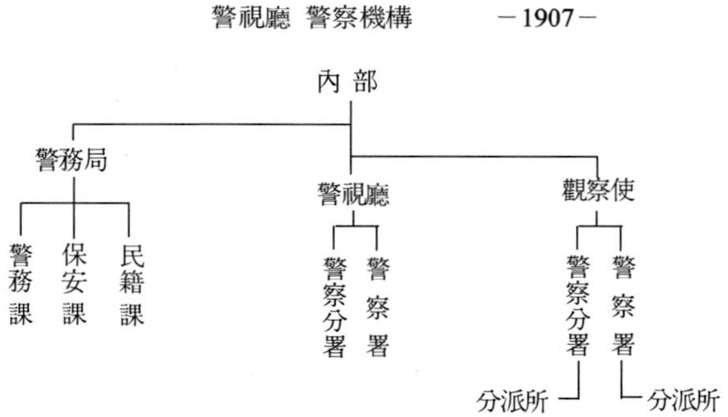

이 시대의 특징은 경찰조직이 중복되고 한국 警察 일본 理事廳警察 日本헌병 淸國領事 警察 등이 있어 업무집행이 곤란하였다는 것과 無警察 지역의 상태를 나타냈다는 것이다. 그리고 助長행정을 위한 원조업무의 過多, 水上警察 발족, 경비전화의 가설, 猛獸警察의 存在가 이 시기의 또한 특기할 사항이었다.

(4) 統監府 警察

이 시기의 警察은 警察權을 상실한 이후의 警察로서 日帝의 침략적 책동이 기능을 부리던 때였다.

統監府 警察은 各別로 존재하던 각국 領事警察 日本統監府警察 理事廳警察 한국警察을 통일하여 單一化한 것과 경찰기구가 더욱 정비된 헌병警察의 특징을 보이고 있다. 警察權이 통합되기 직전 日帝는 警察署 12, 警察分署 3, 駐在所 59개를 가지고 있었으며 각 계통 警務官 수를 보면 다음과 같다117)

---

117) 韓國施政年報 明治 39~40年, pp.120~122.

	警　視	警　部	巡　查	計
韓　　　國　　　警　　　察	22	88	2982	3,092
韓　國　皇　宮　警　察 (日人)	9	15	382	406
顧　　問　　警　　察 (日人)	21	78	1205	1,304
理　事　廳　警　察 (日人)	5	42	500	547
計				5,349

　　1894년에서　1910년 韓日合倂 때까지의 경찰변천상황은 한국경찰
外에　日本領事舘警察(理事廳警察) 顧問警察118) 日本헌병대까지 우리
나라 의 경찰업무를 집행하였다. 日本은 1905년 顧問警察을 派韓하
여 韓國의 경찰권을 수중에 넣기 시작하면서 그들은 義兵의 탄압 排
日·抗日熱이나 그 운동을 막았다. 1907年 11月 한국경찰은 日帝의
수중으로 들어가게 되었고 1910年 6月에는 소위 合法的으로 警察權
委托覺書에 의하여 名實 共히 탈취당한 것이다.119)

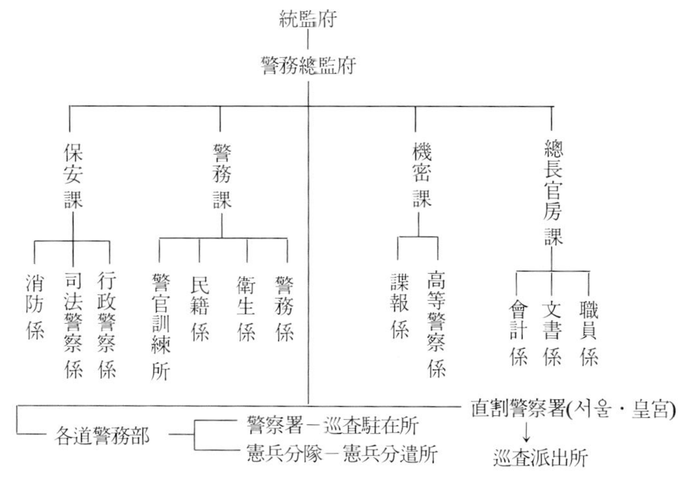

118) 顧問警察은 露·佛·英 각국이 警察을 來韓케 하였으나 큰 업적은 보이지 못
　　하고 말았다.
119) 李延馥, 舊韓國警察考(1894～1910), 서울敎育大學 論文集 第4輯, 1971. 4. 參照.

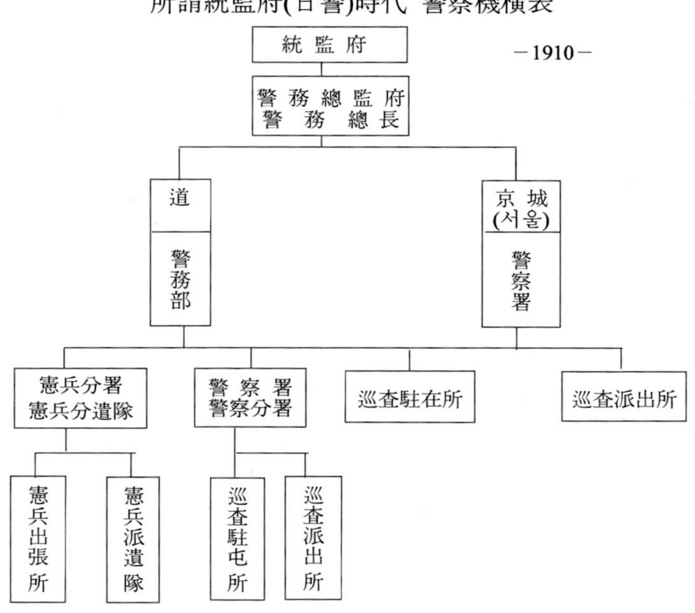

　한편　우리나라는 1894년　甲午改革　이후　近代的인　의미로서　警察機構가　정비되었고　이때　日帝의　권유로　歐洲大陸法系인　中央集權的　警察國家제도를　채택하였다.

　英美法系의　警察로　轉換한　것은 1945年 8·15　民族　光復　이후의　일이었으니　日帝 36年間은　곧　前者의　警察이　橫行　適用되면서　彈壓하였던　것이다.

第2篇
韓國警察의 暗黑期

第1章 日本 憲兵警察의 影響

第1節 韓日合併 以前의 警察狀況

1. 日本의 侵略 展開와 그 過程

日本帝國이 우리나라로 侵入하기 시작한 것은 이미 오래전부터였으나 가까이는 1900年代 初로 오면서 本格化하였으며 그 以前에는 소위 世界 諸國의 하나로 끼어 있다가 侵略의 獨舞臺를 장악하였다. 1) 1904年 顧問政治에 의하여 丸山重俊이 警務顧問으로 赴任한 일이 있으며 더욱이 露·日戰爭을 勝利로 이끌고 1905年 9月 5日 포츠머드會談을 통해 韓國에서의 政治 軍事 經濟權을 掌握한 뒤부터는 侵略의 樣相이 보다 대담하고 積極的이었다. 마침내 日帝는 1905年 11月 韓日協商條約(乙巳條約)을 勒結한 뒤 外交權을 剝奪하고 다음해 2月 韓國에 統監府를 設置하였으며2) 同年 12月 初代統監으로 伊藤博文이 赴任해 왔다.

그뿐 아니라 다음해 1月 全國 서울·仁川·釜山·元山·鎭南浦·木浦·馬山 등 12個所에 理事廳까지 設置함에 各國 公使館이 모두 撤收하자 世界 諸國에게 讓與했던 各種 利權은 日帝가 獨占하였다.3)

---

1) 李炫熙, 日本帝國의 韓日合併 路線 金成植博士華甲記念論叢 史叢 第12·13合輯, 1968. 9.

2) 勅令 第240號(官報 1905. 11. 23), 統監府告示 第2號 統監府 及 理事廳의 事務 開始(官報 明治 39年 2月 6日), 勅令 第267號 同官制 32條.

日帝는 완전한 合倂을 위해 먼저 1907年 7月 高宗의 헤이그密使 派遣을 트집 잡아 純宗에게 讓位케 하고 韓日新協約을 勒結하여 司法, 行政 官吏任免權을 장악하였으며, 外國人 顧問廢止 등을 강압적으로 實施하고 7,000여 名의 韓國軍隊도 解散시켰다. 한편 그해 10月 29日에는 伊藤博文과 李完用 사이에 「在韓國 日本臣民에 대한 警察事務執行에 관한 協定書」를 締結 調印하였는 바, 그 本文에서는 「韓國政府 및 統監府는 日本政府가 1907年 7月 4日에 체결한 韓日新協約 5條에 의하여 任命한 韓國警察官으로서 當該 日本官憲의 指揮監督을 위하여 在韓國 日本臣民에 대한 警察事務를 執行하게 함을 約定함」이라고 하여 日本官憲의 權限을 일층 增大시켰다.4)

또한 1909年 3月 15日字로는 「在韓國 外國人民에 대한 警察事務에 관한 韓日協定書」를 伊藤과 李完用 사이에 締結한 바도 있다. 그런데 그해 10月 伊藤博文이 銃殺되자 曾彌荒助가 2代統監이 되었으며 日帝의 漸進的인 浸透過程은 急進展을 보았는바 이보다 앞선 7月에는 司法 및 監獄事務를 委託한 「己酉覺書」가 曾彌荒助와 李完用 사이에 締結 調印되었다.

한편 合倂문제는 日本國內에서도 問題가 되어 病中에 있던 曾彌荒助統監을 解職하고 소위 大任을 遂行할 3代統監 人選으로 腐心하였다. 이에 1910年 5月 30日 適格者를 物色 끝에 결국 武斷派로 定評이 있는 陸軍大臣 寺內正毅로 落着, 兼任 發令되었다. 이 문제는 한때 論難의 對象이 되어 第26回 日本帝國議會에서까지 다룰 뻔 하였으나 桂太郞 首相의 용단으로 人選을 끝냈던 것이다.5) 더욱이 寺內 자신이 갑작스러운 發令이라고 한 것으로 보아도6) 合倂과 武斷强硬派와의 關係는 不可分離인 듯싶다.

---

3) 鬱陵島, 白頭山의 森林採伐權. 各種 鑛山採掘權, 東西南 沿岸의 漁業取得權, 鐵道敷設權, 通信, 郵便, 河川航海權 등.
4) 日韓外交資料集成 8, pp.175~180.
5) 小森德治 明石元二郞 卷上, pp.351~352 및 p.370.
6) 元帥 寺內伯爵傳, pp.569~570.

2. 日本憲兵警察의 上陸

이 같은 經路로 統監이 된 寺內正毅는 赴任하기 앞서서 用意周到하
게 철저한 武斷植民統治方針을 강구하였다. 그는 副統監 山縣伊三郎
및 同 4月初 東京에 公用으로 滯留中인 韓國駐劄軍參謀長 明石元二
郎(少將) 등 몇몇의 幕僚를 招致하고 合倂後의 首都 서울 治安 및 韓
國國民들의 排日熱을 武斷的으로 鎭壓할 것 등을 論議하여 각기 責任
을 지우고는 철저히 憲兵警察制度로 統治에 임할 것을 決意하였다.
결국 統監의 交迭은 日本의 對韓武斷政策 强化를 暗示해 주었음이 사
실과 같은 것이다.7) 明石元二郎은 同 6月 16日 韓國駐劄 憲兵隊司令
官으로 復歸하였는 바 寺內正毅의 參謀가 되어 충분한 妥協을 거쳐
韓國警察權委任의 文案을 起草하였다. 그것은 다음과 같다.

> 韓國에 있어 現在의 狀態를 鑑할 때 本國政府는 憲兵 1,000名을
> 增派하여 警察力의 不足을 補充코자 한다. 治安의 維持를 完全히 하
> 기 위하여 韓國政府의 警察機關을 統監府에 移置하고 憲兵과 聯合,
> 韓國政府에 있어서 警察事務의 統一을 企圖한다. 이에 韓國政府는
> 그 事務를 日本에게 맡겨야 할 것이며 經費는 당분간 韓國政府가
> 支出해야 한다.8)

이것은 韓國政府에 대한 諒解와 議論과 妥協이 아니라 命令이며
脅壓的인 要求이었다.

아직 東京에 있던 寺內正毅는 明石元二郎을 통하여 臨時 統監府
總務長官 事務取扱 石塚英藏 參與官에게 「別紙 案件」의 內訓을 보내
고 韓國 內閣總理大臣과 協議하여 속히 承認 措置를 要望하도록 하
였던 바 그 「別紙案件」은 다음과 같은 10가지의 憲兵警察에 관한
腹案이었다.9)

---

7) 朝鮮倂合十年史, p.195.
8) 元帥 寺內伯爵傳, p.569.
9) 元帥 寺內伯爵傳, pp.570~571.

(別紙 案件)

韓國에 있어서 警察官 및 憲兵이 共同으로 警察事務를 執行한다.

警察官 및 憲兵에 관한 制度를 다음과 같이 通訓한다.

1. 警察事務를 擧하여 日本人 政府에 委託한다. 旦 그 經費는 本年度 警察費 豫算額을 限度로 韓國政府부터 支出한다.
2. 統監府는 새로이 警務總監을 두고 憲兵司令官으로써 充當하여 統監의 指揮監督을 이어 全國의 警察事務를 총괄한다.
3. 警視廳 및 警務局을 廢하고 그 所轄事務는 警務總監部에서 취급케 한다.
4. 各道憲兵隊長을 道警務部長에 充當한다.
5. 警察署 分署 巡査駐在所가 있는 地點에 있어서 憲兵分隊 또는 分遣所에는 憲兵이 警察事務를 執行한다.
6. 警察에 관한 費用은 당분간 韓國政府에서 支出한다.
7. 從前의 憲兵補助員은 憲兵隊의 附屬으로 한다.
8. 在韓國 日本臣民에 대한 警察事務의 執行에 관한 1907年 10月 29日의 協定書는 當然 廢止한다.
9. 새로이 巡査補를 두고 憲兵補助員과 同一하게 취급한다.
10. 종래 韓國警察官署에서 使用하던 土地建物은 모두 日本政府에 屬한다.

明石元二郞은 上의 內訓 및 警察官 憲兵制度의 改正案을 가지고 6月 17日 東京을 出發, 20日 서울에 歸任하여 21日 早朝 石塚英藏 總務長官 代理에 提供하여 속히 妥結할 것을 종용하였다. 그런데 明石元二郞은 日本 金澤의 聯隊長으로 있다가 特採되어 少將으로 進級, 1907年 10月 韓國駐劄憲兵隊長에 任命, 渡韓하였다. 그는 이즘 우리나라 坊坊曲曲에서 抗日義兵抗爭이 怒濤와 같이 鋒起하자 獨特한 戰術로 義兵을 무참히 討伐 殺戮하는 新計劃을 樹立하였는데, 1909年 8月 「義兵討伐이 一段落」을 告하자 韓國駐劄軍의 參謀長으로 轉任하였다가 1910年 5月 寺內가 統監이 된 뒤 그에 拔擢 參謀가 되었다. 그는 寺內正毅에게 憲兵警察을 合倂統一할 案을 提出하

여 크게 歡迎을 받았는바, 경찰만 가지고는 韓國民의 불타는 民族抗日自主運動을 막을 길이 없기 때문이었다.10) 이 같은 明石元二郎의 獻策으로 採澤된 「韓國警察權 委託覺書」는 한마디로 憲兵本位와 憲兵萬能의 무서운 警察制度를 實施할 協定인 것이다. 따라서 訓令을 받은 石塚英藏은 6月 21日 그 官邸로 總理大臣 臨時署理 朴齊純을 招致하고 경찰권 위탁에 관한 照會文을 交付하여 受諾할 것을 强要하고 속히 閣議를 개최하여 決答할 것을 要求하였다. 이에 朴은 6月 23日　趙重應(農商工部大臣)·高永喜(度支部大臣)·李容稙(學部大臣) 등을 招致, 閣議를 開催하였다.11) 이때 李容稙만 愼重을 기해 處理하자고 사실상 反對意思를 表하였을 뿐 其他는 모두 贊成하였으나 皇宮警察에 特別規定을 存置할 일과 移讓에 對한 意志表示의 形式은 覺書交換에 의할 것을 主張하여 늦도록 決定을 보지 못했다.

3. 韓國警察權의 被奪

따라서 이를 寺內에 通報하니 6月 24日 午後 8時頃 强壓的인 回訓에 의해 韓國閣議를 無視하고 威脅的으로 通過시켰는 바 午後 8時 30分 마침내 「韓國警察權 委託覺書」가 兩國 사이에 調印되었는데 그 內容은 다음과 같다.

　　韓國政府 및 日本政府는 韓國警察制度를 完全히 改善하고 韓國財政의 基礎를 鞏固히 할 目的으로서 다음의 條款을 約定한다.
　第1條 韓國의 警察制度가 完備되었다고 認할 때까지 韓國政府는 韓國警察事務를 日本政府에 委託할 것.
　第2條 韓國皇宮 警察事務에 관하여는 必要에 應하여 宮內府大臣은 當該主務官과 臨時 協議하여 處理케 함을 得함.
　　右 各其 本國政府에 委任을 받아 覺書 韓·日文 2通을 作成하여

---

10) 朝鮮倂合史, p.832.
11) 이즈음 만고의 역적 李完用은 平壤 基督敎人 李在明에 의하여 負傷당하였는데 忠淸南道 溫陽에서 요양 중이었다

交換하고 後日의 證據로서 記名 調印한다.

1910年 6月 24日
總理大臣 臨時署理   朴齊純
統 監   寺內正毅

　　이상과 같은 각서 교환으로 한국의 경찰권은 완전히 탈취당한 것이니 寺內, 明石, 石塚 같은 强硬論者들의 年來의 宿願이던 武斷統治의 實現이 한발자국 앞서게 되었다. 또한 이 覺書 이외에 警察權 委任에 수반하는 經費에 관한 別約이 있었는바 그것은 韓國政府가 현재 경찰기관으로 인하여 支出하는 金額 약 250萬圓을 每年 警察委託의 經費로 日本政府에 交付할 것을 契約한 것이다. 이는 抗日運動을 未然에 彈壓防止하기 위한 術策이었으니 이 얼마나 沒廉恥하며 憤慨할 侵略手法인가. 警察權은 누가 누구에 의하여 委託한 것이기에 그 經費마저 韓國政府에 떠맡기는 것일까. 한국정부는 警察委託覺書에 調印한 후 그해 6月 30日을 期하여 한국경찰관제를 全廢하는 동시에 日本은 勅令 第296條로 改正하여 朝鮮總督府官制를 公布하고12) 다시 新警察官署는 憲兵本位의 組織이므로 韓國駐劄憲兵司令官 明石元二郎으로 하여금 統監府警務總長을 委任케 하여 서울의 경찰은 統監府의 直轄로 하고 各道에서는 從來 文官이던 警視로 警察部長에 보임하던 것을 改定하여 憲兵分隊長인 武官(中·少佐)으로써 警務部長을 兼任케 하였다. 따라서 從來 韓國政府에 소속하였던 日人警官 약 2,000名, 韓國人경찰관 약 4,000名을 加하여 統一的인 新憲兵警察制度를 確立하고13) 서릿발 같은 武斷統治의 準備過程을 착실히 遂行해 갔다. 그런데 日帝가 한때 군사경찰을 실시한 것은 이보다 훨씬 前인 1903年 7月 21日 이후였다. 1905年 1月에 入京한 長谷川好道 司令官은 그 前年末 義兵의 抗爭 등으로 警察力만 가지

---

12) 勅令 第296條 參照.
13) 朝鮮倂合十年史, p.197.

고는 所期의 治安을 유지치 못하겠다 하여14) 서울 및 그 부근에서 治安에 관한 경찰은 한국경찰기관에 대신하여 韓國駐劄軍憲兵隊에서 담당할 것을 성명하고 同月 5日 19개 條項目의 處罰規則을 정하여 서울 各處에 告示하였는 바, 그 主要 처벌 내용은 監禁, 追放, 科料, 笞刑 등이었다. 그 뒤 韓國憲兵隊長 高山逸明 역시 集會, 結社, 取締에 관한 7個條의 處罰規則을 정하고 소위 위반자를 嚴罰에 처하여 韓國民의 自由意思와 行動을 沮止 탄압하였다.15)

4. 憲兵警察의 浸透와 背景

한편 憲兵의 침투 과정을 브면 1896年 1月 임시헌병대를 편성하여 軍用電信의 수비를 위해 처음 서울에 두었는데 1903年 12月 露·日關係가 複雜微妙해 지자 韓國駐劄憲兵隊가 편성되었으며 1904年 10月 서울에 駐劄軍司令部도 설치되었던 것이다. 또한 同 7月 前司令官 原口는 서울 및 그 附近에 軍事警察을 설치하여 憲兵이 直接 이를 執行하였으니 이때의 憲兵隊는 電信·鐵道를 경비함과 병행 高等경찰과 普通경찰에 從事하여16) 소위 治安질서를 바로잡는다는 名目으로 韓國人의 抗日意識을 교묘하게 抹殺沮止하고 武斷的인 蠻行으로 自由로운 雰圍氣를 沮害하였다. 1906年 2月 統監府가 設置된 以後부터 憲兵의 힘은 소위 치안유지상 상당한 영향력이 되었다고 하였고17) 軍事警察에 行政·司法警察도 장악하였으며18) 同 8月 以後 高等警察은 그대로 憲兵의 손에서 무단적으로 시행되었다.19)

---

14) 朝鮮暴徒討伐誌 참조.
15) 京城府史 第1卷, pp.760~761.
16) 同 上 第2卷, pp.89~90.
17) 勅令 第18號 韓國에 駐劄하는 憲兵의 行政警察 及 司法警察에 관한 件에 보면 軍事警察外에 行政警察 及 司法警察을 掌함. 旦 行政警察 및 司法警察에 대하여서는 統監의 지휘를 受한 것이라고 그 소속과 직능을 천명하고 있다.
18) 京城府史 第2卷, pp.90.
19) 1906년 10월 29일 勅令 第278號 憲兵條例를 改正하여 第2條 憲兵은 그 職務의 집행에 있어서 軍事警察은 陸軍 및 海軍大臣, 行政警察은 內務大臣, 司法警察은

이보다 앞서 韓國駐劄憲兵隊는 12개 分隊에 55개소의 分遣隊를 설치하였는데 이즈음에 와서 現役延期 및 豫備役 下士 184名을 해산하였고 分遣所 32개소를 減縮하였으나, 同年(1906) 10月 29日 憲兵條例의 改正 결과 韓國駐劄憲兵隊를 해산하고 第14憲兵隊가 편성되었으며 이해 말 警察機關은 69個所이고 警察은 499名이었다.

그러나 1907年 7月 以後 各地에서 義兵抗爭이 치열히 蜂起하자 (丁未義兵) 義兵을 鎭靜시키고 기타 치안을 유지하기 위하여 당황한 日帝는 헌병增派의 必要를 切感하고 同 10月 第14憲兵隊의 편제를 改正하였다. 中佐이하 288名에 불과하던 것을 駐韓憲兵隊로 改編하고 少將을 隊長에 補하여 782名으로 급증하고 全國에 6개 分隊(서울·天安·平壤·釜山·咸興·榮山浦)와 460개의 分遣隊를 증설 편성하여 한국에 駐劄하는 憲兵은 治安유지에 관한 경찰을 맡아 그 직무를 집행하고 統監에 隸屬시켰다. 이 때 明石元二郎이 初代 駐韓憲兵隊長에 任命되어 10月에 赴任하고 駐劄軍司令官의 指揮를 받아 軍事警察을 掌握하였던 것이다.20) 이어서 다음해(1908) 3月에는 약 800명의 憲兵을 2,000名으로 增員하고 憲兵警察制度를 확립하는 反面 多數한 密偵을 各地에 配置하여 補助機關을 삼아 情報入手에 血眼이 되어 韓國人의 民族自主熱을 무참히 짓밟으려 하였다.

여하간 電信 鐵道를 保護한다는 구실하에 憲兵警察을 全國에 걸쳐 布置하고 軍事警察, 行政警察, 司法警察까지 장악한 日帝는 憲兵이 主體가 되어 헌병경찰 제도를 시행하였다.21) 이는 오직 數十萬名의 韓國民을 죽이기 위한 政策이며 財産의 掠奪, 婦女子의 强姦 등 蠻行을 자행하였다.

1907年 한국군대가 해산된 뒤 대부분이 義兵抗爭에 가담한 것은

司法大臣의 지휘를 承함. 한국의 군사경찰은 駐劄軍司令官, 行政·司法 警察은 統監지휘를 받게 되어 있다. 1907년 10월 7일 勅令 第322號로 第2條는 삭제되고 한국주재 憲兵隊管區가 되었다.

20) 京城府史 第2卷, p.91.
21) 韓國痛史, p.281.

유명한 일이거니와 그 가운데 우리나라의 無賴輩 등 4만 3,000여명을 憲兵補助員22)이라 하여 各隊에 配置하고 주로 義兵討伐과 情報 入手에 注力하였으며 國內 憲兵 39個 管區와 212個 分隊. 分遣隊로 배치 展開하였다.

뿐만 아니라 1909年 1月에는 헌병을 57個 管區와 493個所의 分隊・派遣隊・出張所 등으로 확대 설치하여 무서운 憲兵 恐怖政治를 시행하였으며23) 軍艦 數十隻을 한국 沿岸에 碇泊케 하여 경비를 엄중히 하더니24) 당초의 日帝 侵略의 首腦인 桂首相 등과 合意를 보고 온 寺內正毅는 韓國 合併을 實現시키기 위하여 불과 數年內에 義兵 1만 4,500명을 殺戮하는 등 功勞로 明石元二郎을 韓國駐劄軍 憲兵司令官으로 昇格시키고 前述한 바와 같이 警務總監까지 兼任케 하여 憲兵警察을 一元化시켰다.25)

뿐만 아니라 統監府 警察官署官制(1910. 6. 29)가 公布되자 各道의 憲兵隊長이 경찰부장을 겸무하여 總督武斷政治의 主導體가 形成되었으니 1910年 8月 29日 韓日合併이 成立된 데에는 憲兵警察의 影響이 至大하였음을 능히 엿볼 수 있으며 合併路線의 교묘한 術策에 새삼 驚愕을 금할 수 없는 것이다.26)

---

22) 憲兵補助員令 1907년 10월 1일. 勅令 第27號(1907. 10. 1)로 警察官吏를 定員外에 임시 任用하는 件을 頒布하였다.
23) 李瑄根,「日帝總督府의 憲兵政治와 思想彈壓」, 韓國思想 8, p.18.
24) 韓國痛史, p.281.
25) 小森德治 明石元二郎 卷上, pp.416~417.
26) 李炫熙, 日本帝國의 韓國合併路線(金成植박사華甲記念論叢), <史叢 12. 13 合輯, 高麗大學校史學會, 1968. 9>

第2節 日帝强占下의 憲兵警察

1. 韓日合併과 憲兵條例의 成立

武力과 綏撫로 韓國을 併合한 日帝는 소위 合法的인 立場에서 이로부터 3·1運動이 일어나기까지 약 10여年間을 政治 經濟 文化 등 各方面에 걸쳐 植民地的인 支配體制를 武斷的으로 强化 結束하였는바 從來의 統監府가 總督府로 改稱되어 中央統治機構로 되고 그 밑에 憲兵警察의 武斷을 利用하여 抗日獨立鬪士 및 그 運動을 탄압하는 한편 植民事業의 推進的인 中心機構로 삼아 각종의 잔혹한 무단통치를 자행하여 植民地 통치 기구를 공고히 구축하려 하였다. 그러면서도 表面으로는 한국민을 懷柔하기 위하여 寺內正毅 朝鮮總督 職務代行統監은 다음과 같은 소위 諭告文을 發布하고 統治方針을 訓令하였다.

> 무릇 政治의 要는 生命 財産의 安固를 도모함이 急務이며 殖産의 法과 興業의 途는 次此로 振作케 한다. 從來 不逞之徒(義兵)와 頑迷之輩(독립운동가)가 出沒하여 殺人 掠奪을 恣行, 騷擾하여 帝國軍隊는 各道 要處에 駐屯하고 時變에 대비하여 헌병경관을 普亘都鄙하여 專히 治安에 종사하고 또 각지에 法廷을 開하고 公平無私한 審判을 下務케 함은 本是 奸兇을 징벌하여 邪曲을 芟除키 위함이오 필경 국내 전반의 안녕과 질서를 유지하고 各人으로 하여금 安堵하여 그 業을 영위하며 其産을 活케 하는 데 不外함이라.27)

고 하고는 또 다시고 하는 등 韓日 合併은 오직 韓國民의 生業을 지키며 身邊을 보호하고 東洋의 平和를 유지하기 위함이라고 억지로 合理化를 도모하고 있는 것이다. 그러나 이것은 周知하다시피 武斷統治를 糊塗하기 위한 綏撫的이고 欺瞞的인 手法인 것이다. 다음에

---

27) 朝鮮總督府官報 1910年 8月 29日字.

展開할 헌병경찰의 極惡無道한 庇護를 받고 나타난 各種 施策이 너무나도 奸兇한 政策이기 때문이다.

　　朝鮮의 安寧을 確實히 保障하며 東洋의 平和를 維持함을 緊切히 體念하여 前韓國元首의 希望에 應하여 그 統治權의 讓與를 受諾하신 바라28)

　우선 日帝는 1910年 9月 10日字로 韓國駐剳憲兵條例(全18條)를 發布하였는 바, 그 주요 내용을 보면 韓國駐剳憲兵은 治安유지 및 군사경찰을 장악한다(第1條). 헌병은 陸軍 大臣의 管轄에 속하고 그 직무의 집행은 조선총독의 지휘 감독을 받으며 군사경찰은 陸軍大臣 및 海軍大臣의 지휘를 받는다(第2條) 헌병은 폭행을 받을 때와 兵器를 사용치 않고는 직무 수행을 할 수 없을 때와 사람이나 土地 기타 物件을 방위함에는 兵器를 使月치 않을 수 없다(第6條) 憲兵隊 사령부는 서울에 두고 각 헌병대 管區에 1憲兵大隊를 배치한다(第7條) 憲兵隊의 管區 本部 分隊 배치는 朝鮮統督이 이를 정한다(第8條)는 등이 있다. 그 外에도 헌병장교, 准士官, 下士官, 上等兵에게는 朝鮮總督이 정하는 바에 의하여 警察官의 직무를 집행시킬 수 있으며 各 道에 警務部를 두고 該道의 憲兵隊長인 陸軍佐官으로 部長에 充常하며 警務總監의 命을 받아 道內 경찰사무를 정리하여 관구경찰서 직원을 지휘감독케 한다. 韓國에 근무하는 헌병장교는 朝鮮總督府警視로, 憲兵准士官, 下士官은 朝國總督府 警部로 任用할 수 있다. 朝鮮總督府에 警務總監部를 두고 警務總監에는 韓國駐剳憲兵司令官인 陸軍將官으로 充當하며 總督의 命을 받아 韓國의 경찰사무를 總理하고 경찰관서의 직원을 지휘 감독케 한다29)는 등이었다.

---

28) 朝鮮總監府官報 1910年 8月 29日字.
29) 朝鮮總督府官報 1910年 9月 16日.
　　每日申報 1910年 9月 14日.
　　警務月報 1910年 9月號.

이와 같은 條例를 통해 볼 때 韓國 內에서 헌병의 위치와 그 임무 수행을 역력히 엿볼 수 있는 바와 같이 군사경찰을 장악하여 武斷統治體制를 强化하며, 憲兵의 兵器 사용범위를 그네들 便宜대로 規定해 놓음으로써 여하한 경우에라도 發砲하여 저촉되지 않게 여유를 두었으니, 서울을 비롯하여 지방 각지에서의 憲兵의 독무대를 연상함에 그리 무리가 없을 것이다.

2. 憲兵警察機構의 成立과 運營

한편 朝鮮總督府는 同 10月 1日부터 總督府 官制와 地方官制, 各種 관서의 職制 및 職務規定을 發布 施行하였는 바30) 이에 의하면 總督은 親任官으로 陸海軍大將에 局限시키고 法律制定權을 포함한 全權을 掌握케 하여 武官總督의 武力的인 性格을 闡明하였다. 따라서 朝鮮總督은 强力하면서도 無限大한 權力을 保障받아 소위 「所信대로」일 할 수 있도록 全權을 委任받은 것이며31) 또한 이날(10. 1)로 寺內正毅가 朝鮮總督에 正式任命되었고 其他 수많은 官吏가 각계각층에 걸쳐 任命되었는데 그 大部分의 日本人은 高等官이나 判任官을 독점하다시피 하였으나 韓國人은 겨우 287名에 지나지 않았는바 그것도 大部分이 閑職末端에 附日輩가 登用되었다.

同日 獨立機關의 性格을 띤 朝鮮總督府의 「警務·總監部事務分掌規定」이 公布되었는 바 高等警察課(秘密警察) 및 庶務課 警務課 保安課 衛生課 등 5課와 그 밑에 直轄경찰서(서울)와 各道 警務部로 規定되었으며 다시 各道警務部 밑에는 경찰서와 헌병분대로 명령계통을 이었다. 그런데 高等警察署(機密課=合倂前)에는 機密係 圖書係를 두고 警務課에는 警務係 民籍係 警官訓練所를 두도록 각기 規定하였다.32) 前記 機密係는 査察外에 集會 多數運動結社 外國人, 暗

---

30) 朝鮮總督府官報 1910年 10月 1日.
31) 朝鮮總督府官報 1910年 10月 1日.
32) 上同 朴殷植 韓國獨立運動之血史, p.36.

號, 宗敎團體 등을 담당하고 圖書係는 신문 잡지 출판물 著作物에
관한 사항을 취급하여 抗日運動과 思想을 탄압하였다.33)

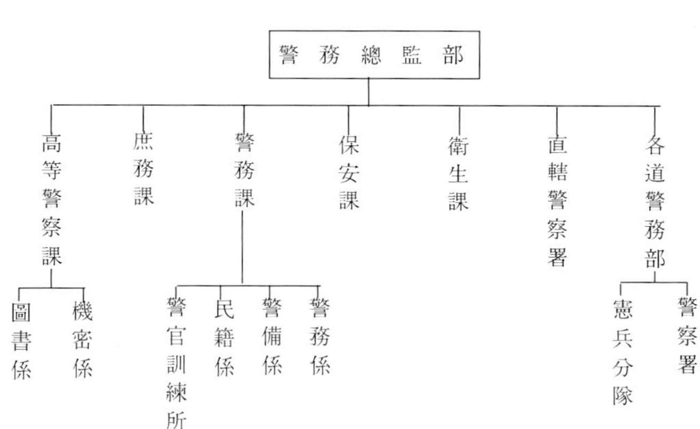

　　合倂前의 總督府警察署 官制도 同 10月의 各種 官制의 실시와 함
께 朝鮮總督府 警察官署 官制르 改正하였다. 그러나 조직과 명령 계
통은 여전하였다. 朝鮮總督府 警察官署 官制의 大綱은 다음과 같으
며 合倂前과 大同小異하다.

1. 朝鮮總督府 警察官署는 朝鮮總督의 管理에 屬하며 朝鮮에 대한
   警察事務를 掌理한다.
2. 朝鮮總督府 警察官署는 警務總監部, 警務部, 警察部로 한다.
3. 警務總監部는 서울에, 警務部는 各道에 두며 警察署는 必要한
   곳에 둔다.
4. 朝鮮總督府 警察署에 다음의 職員을 둔다. 警務總監(勅任), 警務
   官3人, 警務部長, 警視44人(奏任), 通譯官8人(奏任), 技師1人(奏

---

33) 小林德治 明石元二郎 卷上, p.486.

任), 警察醫48人(奏任 또는 判任), 屬, 警部, 技手・通譯生357人
(判任)

5. 警務總監은 朝鮮駐剳憲兵의 長인 陸軍長官으로 充當하고 警察部
長은 各道 憲兵의 長인 憲兵佐官으로 充當하며 警察署長은 警
視 警部로 充當한다.

6. 警察部長은 警察總長의 令을 承하는 外에 道長官의 命에 의하
여 道行政의 執行을 助하고 또는 地方警察事務에 관하여 道長
官의 命을 受하여 必要한 命令을 發하고 또는 處分함.

등이었다.34) 이것은 合併以後 이미 확립된 헌병경찰제도의 강화와
憲, 警一致의 武斷統治를 再確認하는 法的인 조치였다. 그리고 그 組
織系統은 다음에 보이는 바와 같이 合併前과 같은 一糸不亂의 命令
組織系統의 확립 및 공고한 헌병경찰제도의 本領을 유감없이 발휘한
것이다.35)

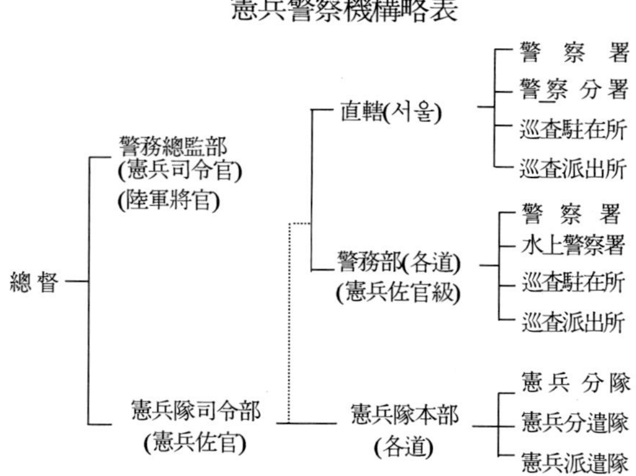

憲兵警察機構略表

---

34) 朝鮮併合十年史, p.198.
35) 서울略史, p.203.

한편 1910年 10月 12日 以後부터는 서울憲兵隊司令部는 全國內 헌병대를 관할하였으며 水原헌병대는 京畿道, 海州헌병대는 黃海道, 春川헌병대는 江原道, 晋州헌병대는 慶尙南道, 大邱헌병대는 慶尙北道, 光州헌병대는 全羅南道, 全州헌병대는 全羅北道, 公州헌병대는 忠淸南道, 淸州헌병대는 忠淸北道, 平壤헌병대는 平安南道, 義州헌병대는 平安北道, 咸興헌병대는 咸鏡南道, 鏡城헌병대는 咸鏡北道의 各 헌병대 및 治安狀況을 査察하였다.36)

3. 憲兵警察의 越權과 自主獨立意慾의 抑壓

이때 헌병이 담당한 직무 한계를 보면 광범위한 것으로 보통경찰 직무 외에 첩보수집, 義兵討伐, 將校下士(輕視·警部)의 檢事職務代理, 犯罪의 即決, 民事訴訟의 調整, 執達吏의 業務, 國境稅關의 업무, 산림감시, 民籍事務, 외국여권, 우편호위, 여행자 보호, 屠獸의 檢疫, 輸出牛의 檢疫, 雨量의 관측, 水位의 측량, 海賊 및 密漁船과 密輸入의 경계단속 및 警備船에 관한 事務, 猛獸의 驅除, 墓地의 단속, 勞動者(日本行勞動者 및 在韓中國人勞動者)의 取締, 日本語 普及, 道路의 改修, 국고금 및 공금의 경호, 殖林, 농사의 개량, 부업 장려, 법령 보급, 납세의무의 督勵, 在留禁止者의 단속 등으로, 군사경찰 뿐 아니라 行政 司法 기타 잡무에 이르기까지 干涉하지 않음이 없었던 것이니 가위 憲兵萬能, 憲兵至上時代라 하지 않을 수 없었던 것이다37). 그네들은 이렇게 헌병경찰제로 軍事, 行政, 司法에 이르기까지 관여하지 않음이 없이, 총독부 한해의 예산을 볼 때 세출 7,751만원 중 경찰비 헌병보조비로만 510萬圓이란 額數가 나간 것을 보아도 알 수 있듯이38) 行政 經費를 절약한 것은 憲兵警察의 직무, 권한을 확장하여 오직 韓國民의 권한을 束縛하기 위함에 있었다.39)

---

36) 每日申報 1910年 10月 12日字.
37) 小森德治 明石元二郎 卷上, pp.448~449.
38) 朴殷植, 韓國獨立運動之血史, p.30.

결국 경찰관제에 의하여 임명된 者는 大部分이 헌병출신이었기에 憲兵警察制는 자연적으로 一元化의 현상을 나타내게 된 것이다. 따라서 憲兵, 警察이 一元化되어 植民地 統治를 武斷化하였는 바 臺灣과 같은 植民地 警察制度 하고는 또 다른 樣相으로 合併前보다 일층 극악무도하게 强化結束하여 우리 民族을 시종 탄압하였으며 그 무서운 主務課는 高等警察課였다. 이 課는 새로 結束된 他의 課보다 더 重要하게 취급되었는데 國內的인 査察情報 등 업무 외에 滿洲 各地·露領 블라디보스토크·北京·上海·南京·하와이·샌프란시스코·뉴욕·로스앤젤레스 등 海外 各地에 이르기까지 亡命愛國人士를 尾行 潛伏 追擊하여 監視는 물론 교묘한 수법으로 탄압하고 심지어는 密偵을 시켜 暗殺하기까지 한 秘密警察이었다. 1910年 이후 武斷治下에서 일어난 大小의 獨立自主 抗爭은 거의가 다 日帝의 捏造가 아니면 計劃이 事前에 入手되었기 때문에 상당한 困境을 겪었던 것이다.

한편 1910年 11月 16日에는 경무총감부에서 民族意識과 自立精神을 抹殺키 위하여 <初等大韓歷史>, <東國歷史>, <大東歷史略>, <大韓新地誌>, <初等小學>, <民族競爭論>, <國民須知>, <愛國精神> <乙支文德>, <伊太利建國三傑傳>, <靑年立志編>, <國民自由進步論> <美國獨立史>, <埃及近世史> 등 51種에 달하는 書籍의 發賣 頒布를 禁止하고 기타 신문 잡지 등을 다수 押收하는 등 그 思想 탄압의 性格도 極惡性을 보였다.40)

이렇게 처절하고 치밀하게 武斷統治를 전개한 日帝는 그해 12月 10日에 韓國駐屯日本헌병대의 管區 및 배치를 결정하였으며 京畿道는 서울에서 통합 관할하기로 방침을 변경 실시하였으며 同日 警察署의 직무를 행하는 日本 헌병분대의 명칭·위치·관할구역을 改正

---

39) 同 上, p.32,
40) 朝鮮總督府官報 1910年 11月 19日字.
　　每日申報 1910年 11月 16日字,
　　警務月報 1910年 11月號.

하여 차차 그 헌병경찰의 기능과 역할을 강화하였다.41)

　1911年 4月 4日에는 憲兵補助員규정 全25條를 發布하였는데 그 主要內容을 보면 憲兵補助員은 헌병의 지휘감독을 받아 경찰근무를 협조할 것이며 施行細則은 韓國駐劄憲兵隊司令官이 정하고 總督의 인가를 받아야 하며 한국인 巡査 및 巡査補는 兩官憲 교섭후 憲兵補助員에 채용할 수 있으며 복무연한은 만2年이나 本人의 志望에 의해 50歲에 이르기까지 복무 연장할 수 있도록42) 「延長」이란 規定을 강조 挿入하였다. 그런데 이미 그 이전 헌병보조원은 거의가 韓國人 가운데 無氣力한 者와 無賴漢을 자격심사 없이 대체로 一括 採用하였던 것으로 보면 該規定 發布는 사실상 無秩序를 糊塗하고 大義名分을 세우려는 그네들 나름의 기만적 술책에서 나온 應急策이라 아니할 수 없다. 이 憲兵補助員은 특히 각 지방에 배치하여 헌병을 도와 義兵을 討伐히는데 協力하였으며 대신 경찰은 대개가 開港地 및 鐵道沿線 등 主로 질서를 요하는 地域에 重點的으로 배치 편성하여 경비가 크게 要求되자경 무기관을 확장하여 그 배치를 조밀히 하였다.43)

　1911年 10月 13日 朝鮮總督府에서는 義兵討伐이 종료되었다 하여 경비기관을 종래의 密集制에서 分散制로 改替하였는 바 경찰은 10月 1日부터 실시하고 헌병은 同 10月 20日부터 실시하였는데 이에 따라 헌병분견소·파견소·출장소가 경향각지에 157개소나 증설되며 이에 要하는 經費는 3萬원이라고 하였다44) 다시 말하면 分散配置制에 의하여 平均 府郡에 대하여 1의 警察署 또는 경찰사무를 취급하는 憲兵分遣 分遣所를 두어 순사주재소 헌병파견소는 그 數를 倍加하여 警備를 보다 用意周到하게 실행하였다.45) 이렇게 헌병경찰제를 변경한 것은

---

41) 朝鮮總督府官報 1910年 12月 10日字.
42) 朝鮮總督府官報 1911年 4月 8日字.
43) 朝鮮合倂史, pp.742~743.
44) 每日申報 1911年 10月 13日字.
45) 朝鮮倂合史, p.743.

義兵을 진압하였기 때문이라는 것이다. 그들의 통계에 의하면 1910年 8月까지의 1年間 義兵과 헌병경찰관이 충돌한 回數는 780回에 義兵總數는 3萬 4,400여 名이었는데, 1912年 9月부터 1913年 8月까지의 충돌회수는 5回에 義兵은 약 45名 정도라고 하였으니46) 이는 合倂 이후 義兵活動이 현저히 減少된 것을 의미한 것이다. 그러나 이때의 義兵은 庚戌義兵으로 地下的인 結束과 隊伍整備期間으로 간주할 수 있는 것이다.47) 또한 1912年 3月 25日에는 「警察犯處罰規則」을 發布하여 87個項에 달하는 權限을 부여하였으며48) 同 7月 11日에는 司法警察事務 및 令狀執行에 관하여 다음과 같이 公布施行하였다.

司法警察의 직무는 부득이 한 경우에는 巡査 또는 憲兵上等兵으로 하여금 이를 行케 할 수 있게 하고 拘引狀 拘留狀의 執行은 不得已한 경우에는 巡査補 憲兵補助員으로 하여금 執行케 할 수 있도록49)

규정한 것이다.

1913年 4月 1日부터는 韓國駐劄憲兵隊의 管區 및 배치와 총독부 경무부와 경찰서의 명칭, 위치 및 관할구역이 정해져 각지에서 시행을 보게 되었다.50) 또한 이날 同 3月末로 추가 해산된 한국군대의 隊長 이하 上長官은 憲兵將校 또는 警部로, 下士卒은 2개월 교육 후 憲兵補助員으로 채용키로 되니 除隊兵 202名中 199名은 헌병사령부에 인계 입대식을 거행하였다.51) 이는 韓國民으로 憲兵補助員을 삼아 同族相爭의 비극을 利用하려는 잔혹한 의도에서 출발하였던 것이다. 이렇게 극악무도한 施策으로 직접 식민지 통치사업을 원만히 달성하려 企圖하였던 日帝는 1914年 1月 22日 경무총감부로 하여금 각 헌병대

---

46) 朝鮮總督府統計年報 1910. 1911. 1912年度 各 參照.
47) 李炫熙, 韓末義兵 抗日運動 管考, 高麗大文理大學報 4, <1962. 9.>
48) 朝鮮總督府官報 1912年 3月 25日字.
49) 同 上 1912年 7月 11日字.
50) 同 上 1914年 1月 22日字.
51) 每日申報 1913年 3月 3·5日字.

장과 경무부장에게 경찰사무에 관한 다음의 각종 보고서(80여종)를 임시 제출케 하였으니 이 以後 약 30年間 韓國內에서 「秘」로 취급하는 경찰보고가 가장 信憑할 만하게 되었으며, 어느 곳 어느 때의 些少한 事件도 총독부 경무국에 앉아서 여유 있게 일일이 把握 檢討할 수 있었다.52) 즉 그것은

① 卽報(部令, 訓令, 告示, 諭告, 民衆動靜, 新聞出版物取締, 宗敎관계, 犯罪, 義兵관계 憲警조난)
② 月報(傳染病, 火災, 民事訴訟, 罪人檢擧, 韓國人移住)
③ 半年報(人口, 旅行者關係)
④ 年報 (경찰사무, 死亡 出生 등 民籍사무, 營業취체, 民有銃器, 各種 犯罪)로 區分하여 緻密하고 組織的인 탄압수법을 쓰고 있었다.

한편 1914年 3月과 9月에는 韓國駐箚憲兵隊와 경찰사무를 취급하는 헌병대의 관구 배치를 大幅 改正 확정함으로써53) 全國 坊坊曲曲에 憲兵警察政治를 完全無缺하게 施行하였다. 그것도 부족한지 朝鮮總督은 1914年 11月 各道 長官에게

朝鮮 經營의 기초가 이루어졌으나 前途가 遼遠하니 旣定計劃實效에 만족치 말고 創業에 대한 覺悟로 새 事業을 推進하여 부단히 職員을 鼓舞하고 民心을 얻으라.

고 訓令하고 있다.54) 이렇게 독려하여 全國的인 조직과 배치를 완료한 憲兵警務機關의 數는 年年 증가상태였으니 헌병대는 1910年 653개소 2,019名이었던 것이 1911年度에는 935개소에 7,749명으로, 1914年에는 1,036개소에 8,260名으로 늘어났으며 警察官署는 1910年의 481개소에 5,881名이, 1911年에는 677개소에 6,222名, 1914年

---

52) 朝鮮總督府官報 1914年 1月 22日字.
53) 朝鮮總督府官報 1914年 2月 27日.
54) 同 上 1914年 11月 10日.

에는 731개소에 5,829名이나 되었으며55) 1917年의 헌병경찰총수는
1萬 2,423名으로 全國 1,400여萬名, 面積 1,400萬여方里에 대해 1名
이 人口 1,100名에 해당하게 되었다.56)

警察官 定員表

	武　斷　治　下		1919년 이후	1939년
	경　찰	헌　병		
警務總長	－	1	경무국장 1	경무국장 1
警 務 官	－	한국인 1 일본인 2	－	－
警察部長	－	13	13	13
警　視	한국인 9 일본인 26	12 96	14 34	9 73
警　部	한국인 144 일본인 187	－ 780	132 308	85 465
警 部 補	－	－	한국인 266 일본인 596	136 894
巡　査	한국인 3,339 일본인 2,617	4,749 2,526	한국인 8,088 일본인 7,445	한국인 8,414 일본인 13,178
合　計	6,322	8,179	16,897	23,268

　　다음의 통계에서 韓日人 憲兵警察官定員을 볼 때 간부급은 日本人
이 거의 다 차지하였고 말단직은 韓國人이 고용되고 있는 실정을 엿
볼 수 있다.

　　1918年度의 警察費를 보면 80萬 3967圓(憲兵費 2469圓, 同 補助員
費 117萬 7,104圓 포함)이 1919年度에는 1,773萬 4,794圓(3·1운동
경비비, 警察官 1만 561명 增員費)으로 대폭 증액하여 1938年代까지
경찰비 2,000萬圓線(2,077萬 9,681圓)을 유지하고 있음을 보면57) 1919

---

55) 各該當年度 朝鮮總督府 統計年報 및 明石元二郎 卷上 pp. 841~482.
56) 京城府史 第3卷, p.496.
57) 第73回 日本帝國議會說明資料 「大正7年度以後 警察費」.

年 3·1運動 以後 普通警察制로 고쳐 소위 文化政治를 施行하였다는 것은 表面的인 政策일뿐 內容은 의연 武斷的이었다. 1915年 3月에 와서 日帝는 조선총독부 경찰관서의 官制를 改正하여 종래의 警務總監部에 직할되어 있던 舊王宮 및 서울경찰과 위생의 사무는 경기도 경무부장의 權限으로 移屬하고 경무총감은 韓國全般의 衛生警察의 事務를 총괄하게 되었으며 同 6月에 서울의 警察官署를 廢合改正하였다.58) 소위 文化政治 이후의 경찰 상황도 다음의 표에서 보이고 있는 것과 같이 그 인원 및 관서에 있어서 의연 증가하는 추세를 나타내고 있는 것이다.

그런데 明石元二郎은 1911年 11月 獨逸로부터 警察犬 3頭를 수입하여 警察犬의 嚆矢를 삼았는바 이는 東洋에서는 처음이라는 것이며 1915年에 國內에는 모두 50頭르 最盛期를 이루었는데 그 任務는 留置人逃走豫防, 犯人押送, 現行犯 逮捕, 不明犯人追擊, 郵便遞送 등 日帝의 앞잡이로서 크게 활약하여 武斷統治의 一助가 되게 하였다.59) 明石元二郎은 이와 같은 功勞로 (合倂 武斷組織 强化) 1912年 中將에 進級되었으며 1914年 4月에는 日本陸軍參謀次長이 되고 1915年에 6師團長, 1919年에는 大將으로까지 昇進하였다가 56歲로 死亡하였다.60)

警 察 官 署 數

구분 ＼ 시 대 별	武斷下의 警察		文化 政治 후의	1939年
	경　찰	헌　병	警察	
警　察　部	13	13	13	13
警　察　署	100	(분　대)78 (분견대)98	247	254
警察官派出所	107	7	121	285
警察官駐在所	533	877	1,438	2,382
合　　計	753	1,073	1,819	2,934

---

58) 京城府史 第3卷, pp.197~198.
59) 京城府史 第3卷, p.293.
60) 朝鮮倂合史, p.835.

第2章 日帝의 彈壓과 韓國警察
制度의 抹殺

1. 美風良俗의 破壞와 蠻行

日帝는 平和스러운 韓國을 强壓的 武斷的 欺瞞的인 手法으로 合併한 뒤 갖은 탄압과 蠻行으로 韓國民을 各方面에 걸쳐 收奪하였다. 특히 헌병경찰제에 입각하여 그들이 軍事·行政·司法·警察權을 發動하여 大都市에서 僻村行政區域에 이르기까지 日人警察 官吏가 全權을 掌握하고 漁業地까지 進駐, 經濟權을 奪取하였다. 日帝는 1910年「朝鮮總督府裁判所令」 1912年의「朝鮮監獄令」에 의거하여 全國 24개所에 監獄을 設置하여 무수한 愛國志士를 投獄하고 1915年에는「消防組」까지 組織하여 憲兵警察의 別動隊格으로 活動케 하였다.

日帝의 통치방침은 오로지 憲兵警察로 주축을 삼았다. 諸般行政運用 및 行政事務의 立案審議는 모두 憲兵警察의 간섭을 받아야 했으며 1910年 12月 3日 制令 第10號「犯罪卽決例」에 의하여 경찰서장 혹은 이와 동등한 직무를 행하는 헌병분대장은 그 관할구역 내에 있어서 ① 拘留, 笞刑, 科料의 刑에 해당하는 者, ② 3개월 이하의 징역 혹은 100圓 이하의 罰金의 刑에 해당하는 者 ③ 行政法規 違反에 해당하는 者 등에게는 범죄즉결사무를 행할 수 있게 하였으며, 더욱이 民事爭訟 調整까지도 行할 資格을 부여하였기에 경찰서장, 헌병대장, 분견소장은 각기 해당관할 구역에서 모두 民事裁判을 裁決하게 하였으니 法律 司法 裁判 事務에 常識조차 없는 그들이 關與

한 事項은 근본적으로 우리 社會의 美風良俗과 傳統的인 習慣 制度를 混亂케 하였고 蠻種 慣習으로 아름다운 倫理를 冒瀆하기도 하였다.61)

그 뿐만 아니라 憲兵警察은 一般工業 工作物 商業行爲 資産信用 社交 勞動 娛樂 道路 등에도 관여하였으며 稅金 체납자의 財産은 恣意로 評價하여 放賣하였다. 「警察犯處罰規則」의 例로 보면 경찰은 즉각 단속할 수 있는 것이 ① 소위 불온 연설문서 圖書 詩歌 등의 揭示 頒布 朗讀 放吟者 ② 官公署召還에 不應한 者 ③ 경찰관 揭示 事項 위반 등 무려 87項目에 달하고 있다. 총독정치에 불평불만을 吐露하는 者 등은 소위 浮浪者라 하여 3週日以上 3個月 까지 징역에 처하였는바 그 수가 10萬名이나 되었고 소위 浮浪者는 「學生 知識人 財産家 公共事業家 紳士」등이었다.62) 憲兵警察의 壓制로 失業하고 職業을 求하고자 四方으로 往來하는 者는 犯罪者로 看做하여 무조건 投獄시켰던 것이다. 소위 범죄자 취급을 받으면 司法機關을 거치지 않고 즉시 체포 拘禁함이 한 사람에 한한 것이 아니었다. 親屬 知友에도 連罪되었으며(事實有無와 輕重을 不問에 붙이고) 그들을 오랫동안 監禁하여 人事不省케 된 뒤 심문을 개시, 惡刑으로 自白을 강요하였고 증거가 없어도 罪를 성립시켰으며 20여種에 달하는 各種의 刑具를 준비하여 잔혹한 拷問을 실시하여 自白을 強要하여 어떠한 方法으로든지 罪案을 위조하여 送致하곤 하였으며 혹 不法處分에 不服하고 司法裁判을 要求하면 惡刑이 더욱 滋甚하게 가해지며 오랫동안 罪名을 붙여 監禁하기 때문에 자연히 억울한 陋名을 쓰고 服役하는 例가 허다하였던 것을 보면63) 얼마나 司憎하고 殘酷하며 무지막지한 奴隷的 植民政策인가를 알 수 있다.

---

61) 韓國獨立運動之血史, p.37, 金龍德, 3·1運動 이전의 笞刑, 3·1運動50周年紀念論集.

62) 同上, p.39.

63) 同上, p.38~39.

한편 韓國駐剳軍의 배치는 交代制로 되었던 것을 1915年에는 이를 廢止하고 2個師團을 常駐케 하여 第19, 20師團(羅南 咸興 平壤 龍山) 兵力이 二重, 三重으로 包圍하여 憲兵隊를 보다 强力하게 뒷받침함으로써 공포정치를 의연 계속하였다.

더욱이 1911年 3月 23日에는 勅令23號로 「朝鮮警察 特別功勞者에 대한 賞與規則」을 設定하여 이로써 日警의 偵探業務는 一般 家庭에까지 침투케 되었으며 同 9月 6日에는 府令 第100號로 「警備電話規則」을 발표하여 韓人有力者로부터 강제로 寄附金을 받아 警察活動은 더욱 신속히 展開되었다. 1911年 1月 7日에는 朝鮮貴族中 有位有爵者의 「大禮服制式」64)와 同 5月 31日에는 「朝鮮總督府 및 所屬官署職員 服制」65)를 각기 制定하여 一般文官警察官 敎員까지도 금테의 制服 制帽와 사베르를 佩用케 하여 植民地支配體制를 意識的으로 확립하기도 하였다. 그밖에도 각종 社會的 政治的인 有形無形의 탄압은 계속되어 韓國人의 排日抗日熱은 成熟되어 갈대로 가서 이제 폭발하지 않고서는 안 될 狀態에 놓이게 되었다. 3·1운동이 勃發하게 된 動機 및 要因中의 하나는 憲兵警察의 暴虐한 탄압에 있었으므로 이 같은 側面에서 檢討해야 할 것이다.

韓國 駐屯 2個師團 兵力 分布狀況

제 19사단 (羅南)	제 20사단 (龍山)
제 37여단 (咸興)	제 39여단 (平壤)
제 73연대 (羅南)	제 77연대 (平壤)
제 74연대 (咸興)	제 78연대 (龍山)
제 38여단 (羅南)	제 40여단 (龍山) 제 79연대 (龍山)
제 75연대 (會寧)	제 80연대 (大邱)
제 76연대 (羅南)	중포병대대 (馬山)

－( )內는 司令部 位置－

---

64) 皇室令 第32號
65) 勅令 第176號

2. 韓國警察制度의　抹殺과　普通警察로의　轉換

한국에　있어서　日帝가　始用한　헌병경찰제는　1910年　6月　强制로 警察權을　日帝에　委託케　한　이래　10여年間　한국을　武斷統治體制로 급격히　結束　强化하여　韓國民의　自主意思와　抗日救國運動을　量的　質 的으로　壓迫　沮止하였다.　그러나　이　같은　窒息할　暗黑　10年　동안에 도　數十次에　걸친　大小의　抗爭(國權恢復運動)이　惹起　展開되었다.

世界에　類例없다는　憲兵警察制度도66)　韓國民의　擧族的인　抗爭과　世界 思潮에　의하여　여지없이　꺾이고　말았다.　1910年　12月　무단통치를　계승 시행하던　長谷川好道가　3·1運動으로　쫓겨　가고　1919年　8月　齋藤實이 朝鮮總督으로　새로　赴任해　온　以後　소위　文化政治를　실시한다고　한　것이 다.　경찰제도에　있어서도　1919年　8月　20日　官制改正　以後　헌병경찰을 소위「普通警察制」로　고쳤는바　朝鮮總督府는　警務總監部를　廢止하고　警 務局을　新設하여　各道에　第3部를　두고　警察權을　全道知事에　直轄로　하였 다.　그러나　이것은　外面的이며　假飾的인　政策일　뿐　根本的인　面에서는 오히려　合倂　이후　10餘年間의　武斷統治　못지않는　무서운　壓迫　收奪　苛斂 誅求　妨害制壓의　연속이었다.

韓日人　巡査現員　現給狀況

種別　計	韓　國　人　巡　査				日　本　人　巡　査				計		
	定員	現員	缺員	平均額	定員	現員	缺員	平均額	定員	現員	缺員
總　計	7, 905	6,766 △10	1,139	38.83	9.598	9,580 △38	18	45.39	17,503	16,346 △38	1,157

① △印　請願巡査
② 配賦豫算平均額　韓國人巡査　40圓　33錢
　日本人巡査　43圓　43錢
③ 道警察部長會議錄　1931年度

---

66) 小森德治　明石元二郎　卷上, p.574

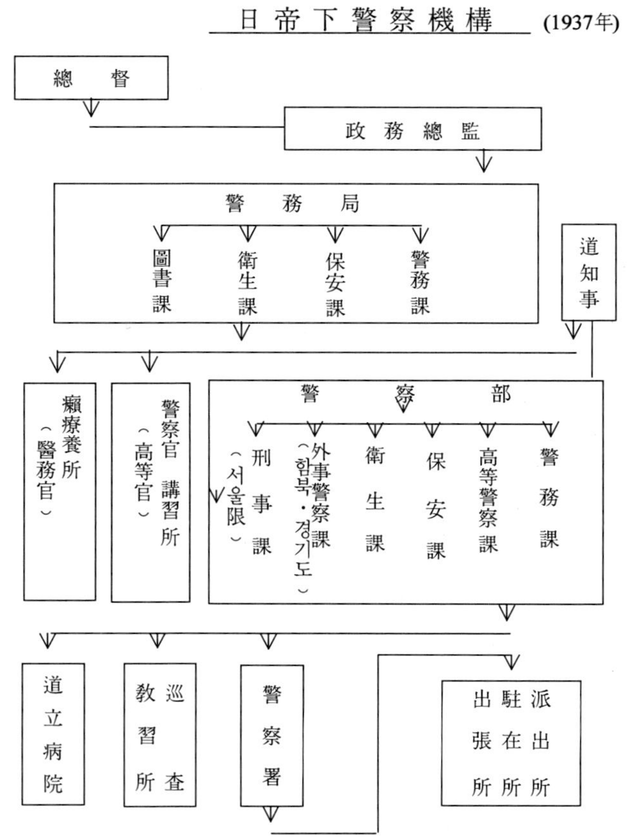

　　그들은 3·1독립선언 직후인 同年 5月 임시사무비를 증액하여 巡
查 1萬 561名을 급증하는 한편 경찰서는 종래에 비하여 29개가 감소
되었으나 巡査定員에 있어서는 2,423名이 급증하는 등67) 이 숫자는
의연 強勢一路에 있었다. 그뿐 아니라 民衆에 접촉하여 취체의 任務
에 당케 訓 練하고68) 普通警察 이후 憲兵과 경찰업무는 분리하였다

---

67) 京城府史 第3卷, pp.773~774.
68) 朝鮮倂合史, p.945.

고 하나 憲兵分隊와 同 分遣隊 직원은 계속 경찰업무를 집행케 하고
一面一駐在所制로 다시 경계경비를 강화하여69) 警察制로서 每年 官
署와 職員이 增加한 것이다.「文化」를 가장한 武斷的 植民地 統治 방
침에는 時代가 흘러가면서도 큰 變化를 찾아볼 수 없는 것이다. 한편
1937年 現在 日帝下 韓國强占時代의 警察機構表를 보면 다음과 같다.

---

69) 警部 이하 20,083명, 警察署 251, 派出所 143, 駐在所 2,054個所가 증가하고 있다.

第3篇
美軍政下의 韓國警察

第1章 民族光復의 背景과 警察制度

第1節 民族光復의 前夜

1. 日帝의 侵略戰爭 挑發

1910년 韓國을 强制로 合倂한 日帝는 1920년代末까지 그 植民地 보루를 구축하였다고 認定한 뒤 1931년 滿洲事變을 야기, 다음해 傀儡政權인 滿洲國을 세워 또다시 植民地를 擴大해 갔다. 그리고 1937년에는 다시금 戰爭을 挑發하여 中日戰爭을 일으켰고 1938년에는 이를 변명키 위여 소위 大東亞新秩序建設論을 내세웠던 것이고 1939년 歐洲에서 第2次 世界大戰이 勃發하자 東南亞의 大陸과 島嶼 西南太平洋 方面의 침략을 企圖하고 同 9月에 中國의 海南島를 占領하기에 이르렀다.

그 뒤 1940년에 프랑스의 倒壞이후 日帝는 타이와 印度차이나에 압력을 加하는 등 西南太平洋方面으로 侵略의 마수를 뻗혀 소위 大東亞共榮圈을 표방하였다.

이 같은 日帝의 侵略的 態勢는 美國의 日本에 대한 태도를 긴장케 하였으며 이의 干涉을 두려워한 日・獨・伊 3國은 相互共存이라는 美名下에 1940년 9月 軍事協定을 체결하였고 美・英・中・和의 4國은 소위 A. B. C. D 包圍 陣營을 결성, 마침내 日帝 浸透를 防衛하게 되었다.

日軍은 1941년 9월 프랑스 영토인 印度支那에 進駐하고 그 해 12月에는 眞珠灣을 襲擊하여 美·英을 상대로 한 太平洋戰爭을 挑發, 무서운 戰爭의 恐怖로 몰아넣었다. 거기에 餘勢를 몰아 1942년 5월까지 마닐라와 웨이크·구암諸島·싱가포르·香港과 보르네오·뉴우기니아·자바 등지를 차례로 占領하여 侵略軍의 氣勢를 드높였다.

2. 聯合軍의 反擊

충격을 받은 聯合軍은 反擊을 開始하여 日本軍의 擴戰狀態를 抑壓하였다. 1943년 7월 이탈리아는 뭇솔리니의 失脚에 이어 同 9月에는 三國同盟에서 脫落되고 新이탈리아는 對獨戰爭을 宣言하였다. 이렇게 戰勢가 展開되자 美·英·中 3國은 1943년 11월 27일 카이로에서 會談을 開催 戰後問題를 둘러싼 카이로宣言을 發表하였다. 거기서 「前記 3大國(美·英·中)은 韓國人民의 奴隸狀態에 留意하여 適當한 時期에 盟誓코 韓國을 自由롭고 獨立된 것으로 할 決意를 가지고 있다」[1]고 하였으며 美國의 루스벨트, 英國의 처칠, 蘇聯의 스탈린에 의해서 再確認되었다. 1944년 6월 아이젠하워(D. D. Eisenhauer)가 指揮하는 美英聯合軍의 노르망디 上陸作戰은 戰爭을 終結하는 데 拍車를 加하였고 1945년 2월에는 美·蘇가 얄타에서 會合하였는데 여기서 美·蘇가 韓半島에서 38度線을 경계로 하여 南北으로 分割, 占領한다는 原則을 세웠던 것이다.[2]

한편 第2次 世界大戰은 歐洲에서 이탈리아의 降伏과 1945년 5월 獨逸의 無條件降伏으로 終結되었고 太平洋地域에서는 맥아더(D. Macarthur) 指揮下의 美軍이 솔로몬 群島 海域에서 日本艦隊를 擊破한 이래 마닐라를 회복하고 日本 本土의 入口인 硫黃島와 沖繩을 함락시켜 戰勢를 有利하게 전개한 뒤 本土攻擊을 開始하였다. 8월 9일

---

1) 每日新報 1945年 8月 16日字.
2) 얄타協定(Yalta Agreement)은 公開되지 않았으나 美蘇의 分割이 決定되었다.

에 美·英·中·蘇 4巨頭는 포츠담宣言을 發表하여 「카이로宣言의 條項은 履行되어야 하며 또 ㅋ本國의 主權은 本州·北海道·九州· 四國 및 우리들이 決定하는 諸小島에 局限될 것이다」라고 規定하는 동시에 無條件降伏을 권고하였다. 그러나 이에 應하지 않자 美軍은 8월 6일과 9일에 廣島 및 長崎에 原子彈을 投下 위협하였고 8월 8 일에는 蘇聯도 얄타協定에 따른 對日宣戰布告와 함께 參戰함으로써 日本의 戰局을 急迫케 함에 마침내 8월 15일 正午 日本天皇 裕仁이 美·英·中·蘇 등 聯合國의 포츠담共同宣言을 受諾, 無條件降伏을 放送함으로써 韓國은 36年만에 日帝强占下에서 解放되었다.

3. 戰時 日帝의 彈壓背景

支那事變中인 1938年 4月 日帝는 朝鮮總督府 陸軍志願者 訓練所 生徒採用規則을 公布하여 韓國의 學生과 靑年을 志願兵이란 美名下 에 侵略戰爭의 제물이 되게 하였으며 供出이라는 名目으로 農民의 糧穀을 착취하여 農村을 沒落케 하였을 뿐 아니라 온 國民의 食生活 을 威脅하였다.

大陸兵站基地로 몰았던 日帝는 韓國에 資本을 投資하여 重工業을 急格히 移轉시킨 結果 化學·電氣·金屬工業이 飛躍的으로 發展하여 1931年 全産業中 23%를 차지하였던 工業生産이 1939年에 와서는 38.3%로 急增한 統計로 보아도 그 浸透狀況을 知悉할 수 있는 것이 다.3)

한편 日帝는 1937年 皇國臣民의 誓詞의 강제 암송과 1938年에 와서 소위 內鮮一體라는 허울 좋은 同化政策 등으로 創氏改名케 하여 全國 民의 90%를 이렇게 개편 정리하였다. 이보다 앞선 1938年 7월에 조직 한 「國民精神總動員 朝鮮聯盟」이 1940年 10月에 가서는 國民總動員聯

---

3) 小林英夫, 1930年代 朝鮮 工業化政策의 展開過程, 朝鮮史研究會 論文集 3, p.147 에서 1937年의 「重統法」의 改正은 日本獨占資本의 朝鮮에의 大量進出의 契機가 되었다고 記述하였다. 李炫熙 著, 韓國現代史研究(1972. 8)參照.

盟으로 改造, 强化政策을 展開하였다. 朝鮮語學會, 震檀學會 등 韓國學
研究團體를 閉鎖 내지 解散시켜 民族文化의 抹殺을 企圖한 것은 이 즈
음의 일이었다.

더욱이 1941年에는 改正治安維持法을 急造하여 反日 鬪爭的 기미
만 보이면 逮捕 拘禁을 자행하였다. 1943년 8월에는 韓國의 徵兵令
을 公布施行하여 靑年, 學生을 戰爭터로 몰아넣었고 徵用 또는 勤勞
報國隊라 하여 男女不問코 總動員하여 神社新設, 飛行場 築造, 主要
農場 등에서 勞務에 從事시켰다.4)

또한 金屬供出이라 하여 金·銀·銅·鍮·鐵製의 각종 器具와 食
器, 祭器, 洗面器, 匙箸 등 金屬을 侵略戰爭의 祭物로 獻納케 하였
다. 最後的 手法으로 日帝는 造船材料라 하여 各處의 材木을 濫伐해
가고 가솔린 代用이라 하여 松根油를 煮取하고 관솔도 바치게 하여
賦役供出로 職業에 從事할 근력마저 沮害하였다. 이로 因해 우리의
녹색 山野는 거의 荒廢化를 免치 못하였으며 國民들의 生活은 安全
과 均衡을 잃은 채 처절한 狀況 속에서 延命해 갔다.5)

한편 카이로宣言으로 世界 輿論이 韓國의 獨立을 熱望하여 實行
方向으로 움직이게 되자 日帝는 보다 더 强力한 同化政策 및 彈壓策
을 강구하였다. 基督敎人의 神社參拜를 强要하고 國內 各地의 憲兵
隊, 警察署에서 密會하여 소위 要視察人을 逮捕 暗殺하려는 行動에
착수한 것도 國際情勢의 緊迫性에 비추어 취해진 斷末魔的 强力 軍
國主義의 末期的 현상에서 나온 最後의 抑壓 수단이었다.

海外獨立運動의 本部格인 大韓民國臨時政府는 1919年 中國 上海
에서 樹立된 이후 파란곡절을 겪다가 1940년에는 長沙에서 韓國獨
立黨을 조직하고 同 9月 中國政府 所在地인 重慶으로 이동하였으며
다음해(1941) 9월에는 李靑天을 總司令官으로 한 8,000여명의 光復
軍을 조직 抗日戰을 과감히 展開했고 이들의 各戰線에 걸친 피나는

---

4) 韓國獨立運動史 5(國史編纂委員會編刊), pp.37~38 (1969. 12. 20.)
5) 近藤釰一, 太平洋戰下の朝鮮, 5, p.17, 韓國獨立運動史(愛國同志援護會編), p.245.

救國的 노력은 海外 他地域에서의 抗日戰 및 獨立運動과 함께 光復을 맞이하는 데 주요한 內的 要因을 成熟시켰다.

1941年 12月 9日 大韓民國臨時政府에서도 世界大戰과 自主救國的 모색의 일환으로 對日宣戰聲明書 5개항을 냈으니 그 내용은 다음과 같다.6)

1. 韓國 全人民은 現在 이미 反侵略戰線에 參加하였으니 한 個의 戰鬪單位로써 樞軸國에 宣戰한다.
2. 1910年의 合倂條約 및 一切의 不平等 條約의 無效를 거듭 宣布하며 아울러 反侵略國家의 韓國에 있어서의 合理的 旣得權益을 尊重한다.
3. 韓國 中國 및 西太平洋으로부터 倭寇를 完全히 驅逐하기 위하여 最後의 勝利를 얻을 때까지 血戰한다.
4. 日本勢力下에 造成된 長春 南京政權을 絶對로 承認치 않는다.
5. 루스벨트·처칠 宣言의 各條를 堅決히 主張하며 韓國獨立을 實現키 위하여 이것을 適用하며 民主陣營의 最後 勝判을 願祝한다.

大韓民國 23年 12月 9日

大韓民國臨時政府

韓國民의 自主救國的 內容이 가득 담긴 聲明書였음을 窺視할 수 있거니와 平和 安全 正義의 渴求 그리고 「無責任한 軍國主義가 世上에서 驅逐될 때까지」는 新秩序가 存立할 수 없다는 世界的 輿論, 그리고 原子彈의 威力 앞에 1945年 8月 15日 굴복하고 만 것이다.7)

이보다 하루 앞선 同 8月 14日 美國 大統領 트루먼은 日本軍의 戰鬪停止에 關하여 通告8)한 뒤 聯合國은 日本國 政府의 戰爭終結에

---

6) 同 聲明書 前文은 「吾人은 三千萬 韓國人民과 政府를 代表하여 삼가 中·英·美·加·濠·和·墺 其他 諸國의 對日宣戰이 日本을 擊敗케 하고 東亞를 再建하는 가장 有數한 수단이 됨을 祝福하여 玆에 특히 다음과 같이 聲明한다」고 그 性格을 闡明하고 있다.
7) 포츠담 宣言文(1945. 7. 26) 第6項
8) 每日新報 1945年 8月 16日

관한 回答을 수락하였으며 15日 日本天皇 裕仁은 降伏詔書를 放送하였다. 그에 의하면 「交戰이 이미 事勢를 閲하고 朕의 陸海將兵의 勇戰, 朕의 百僚有司의 精勸, 朕의 一億衆庶의 奉公이 各各 最善을 다하였음에도 不拘하고 戰局은 필경 好轉되지 않으며 世界의 大勢가 또한 我에 不利하다」고 하여 軍國主義가 서식할 계제가 못됨을 自認하고 「이 이상 交戰을 계속한다면 종래에 우리 民族의 滅亡을 招來할 뿐더러 結局에는 人類의 文明까지도 破却하게 될 것이다」고 민족의 멸망과 人類 文明의 종말을 내다보고서 共同宣言을 수락하였다는 것이다.9)

이에 따라 朝鮮總督 阿部信行은 敗戰 諭告를 發表하였으니 「皇國 官民의 4個年에 가까운 必死敢鬪에도 不拘하고 마침내 敵側으로부터 未曾有의 破壞力을 가져 人類를 亡滅시키고 文化를 滅盡하는 作用을 갖춘 新爆彈의 使用을 봄에 이르러 臣民의 康寧과 世界의 平和를 求하게 되었다」고 하였으니 原子彈의 威力이 降伏의 도화선이 되었음을 일별할 수 있다.10)

侵略戰爭은 이래서 日本의 敗戰으로 끝났으며 太平洋艦隊司令官 니밋산大將은 同日 隷下全部隊에게 日本에 대한 戰鬪停止를 命令함으로써 完全終結을 보게 되었다.11)

이때까지도 日帝下에 예속되어 있었던 韓國警察은 모든 국민과 같이 이제 新局面 新世界를 맞이하게 되어 몽매에도 못 잊을 自由·自主·獨立의 열의를 街頭마다 방방곡곡마다 絶叫하였다.

---

 9) 日本天皇의 降伏詔書
10) 每日新報 1945年 8月 15日, 李炫熙 著, 韓國史大系 <日帝强占期>(1973), 參照
11) 每日新報 1945年 8月 17日

第2節 民族의 光復과 治安狀況

1. 民族의 歡喜

1945年 8月 15日, 이날은 自意이건 他意이건 간에 길게 잡아 50年間의 日帝抑壓에서 벗어난 기쁨으로 全韓國民은 歡喜에 가득 차 작약한 날이었다.

우리는 世界平和 조류와 聯合國의 國際的인 公約, 韓國民의 甲午東學革命 이후부터 50여년에 걸친 피나는 獨立 自主 自立에의 熱望과 고난의 극복을 통해서, 日帝의 敗退로 光復을 맞이하게 된 것이니 이는 우리나라뿐만 아니라 유례없는 軍國主義 앞에 움츠리고 살아갔던 中國과 東南亞 諸民族 그리고 주검의 전쟁터로 끌려가야 했던 日本國民에게도 解放과 自由를 안겨다 준 숨 가쁜 契機였다.

그로부터 美·蘇 兩軍이 우리나라에 進駐할 때까지 약 3週日은 오랫동안의 壓迫 桎梏상태에서 해방된 기쁨으로 歡喜와 흥분 자유 공허가 交錯되는 가운데 과격한 자유 요구와 흥분 상태에 빠져 있었다. 거기에 아직 臨時政府와 그 要人들도 還國하지 못한 시기였으므로 受權態勢가 完備되어 있지 못한 政治 및 治安不在의 상태였다. 雨後竹筍같이 政黨 社會團體가 急造되어 政治活動은 開始되었으나 통제적 사명을 띤 核心的 모임체가 不在한 立場이었기 때문에 혼란 무질서 방종은 더욱 加重되었다.

이때 宋鎭禹 계열에서 臨時政府가 귀국하여 受權할 것을 主張하는 동안 呂運亨 安在鴻 등은 10月 8日까지 存續하였던 建國準備委員會를 조직하였으나 民族主義系보다 社會主義系가 더 많이 加擔하여 民族主義系는 탈퇴, 國民大會를 준비하는 한편 共産主義者들은 따로 소위 人民共和國을 急造하였다.[12]

---

12) 李炫熙 著, 韓國史槪論 1971. 5. 實學社刊, p.383.

2. 建準警察의　治安擔當

政治的으로　混亂상태가　계속되고　있을　때　우선　8월　15일에는　全國의　各刑務所와　警察署內에　구금되어　있는　思想　經濟　勞務關係犯을　全員　釋放하도록　關係方面에　示達한　후[13]　光復　第2日을　맞이하는　8月　16日　오후　1시「朝鮮建國準備委員會」委員長　呂運亨은　徽文中等學校　校庭에서　朝鮮總督府政務總監　遠藤隆作과의　會談經緯報告演說을　行하였는데　그곳에서　5가지　요구를　제출하여　즉석에서　無條件　응낙받았다.　그　가운데　두　번째로　治安維持와　建設事業에　아무　구속과　干涉을　하지　말라고　한　것은　治安유지에　있어서　제일단계의　安全조치였다.　이　자리에서　呂運亨은　비장한　각오하에,

> 이때　個人의　英雄主義는　단연코　없애고　끝까지　集團的　일사불란의　團結로　나아가자.　머지않아　各國　軍隊가　入城하게　될　것이며　그들이　들어오면　우리　民族의　모양을　그대로　보게　될　터이니　우리들의　態度는　조금도　부끄럽지　않게　하여야　한다……世界新文化　建設에　白頭山　아래에서　자라난　우리　民族의　힘을　바치자.　이미　專門　大學　學生의　警備員은　配置되었다.
>
> 이제　곧　여러　곳으로부터　훌륭한　指導者가　오게　될　터이니　그들이　올　때까지　우리는　힘은　적으나마　서로　協力하지　않으면　안　될　것이다.[14]

고　절규하였다.　團結을　通한　韓國民族의　獨立的　自主的　의욕을　進駐軍에게　보임으로써　自主獨立의　達成을　기대하였던　것이고　혼란　무질서한　治安狀況을　수습하기　위하여　學生들로　하여금　警備를　철저히　시켜　질서　유지에　萬全을　期하려　한　初期의　치안상황을　엿볼　수　있는　것이다.

---

13)　每日新報　1945年　8月　16日字　15日에서　16日까지　旣未決合　1100名을　즉시　석방하였다.

14)　每日新報　1945年　8月　17日.

이를 더욱 確認시키고 同胞의 自重과 安定을 要하는 다음과 같은 傳單이 16日 서울 市內一圓에 撒布되었다.15)

重大한 現段階에 있어 絶對의 自重과 安靜을 要請한다.
우리들의 將來에 光明이 있으니 輕擧妄動은 絶對의 禁物이다.
諸位의 一語一動이 民族의 休戚에 至大한 影響 있는 것을 猛省하라.
絶對의 自重으로 指導層의 布告에 따르기를 留意하라

8月 16日
朝鮮建國準備委員會

여기서 당시 自由至上主義的이었던 治安不在의 사실을 역력히 알 수 있는 것이다. 輕擧妄動을 금하고 安靜을 要하며 自重의 猛省을 促求하고 있는 傳單에서 「建準」의 治安유지를 위한 一念이 얼마나 진지하며 熱望的이었나를 엿볼 수 있는 것이다.

傳單을 撒布한 建國準備委員會는 이날 治安의 確保를 期하기 위하여 韓國人警察官이 중심이 되어서 「朝鮮建國準備委員會」保安隊를 組織하여 鍾路警察署에 本部를 두고 當日 야간부터 각 要所마다 治安確保를 위하여 活動을 開始하였다. 동시에 「建準」準備委員會의 자격으로 安在鴻이 韓日兩民族의 自主互讓할 것을 骨子로 한 放送을 하였는데 그 속에서 「建準」소속의 警衛隊가 이미 組織되어 있음을 엿볼 수 있는 바,

첫째 民族大衆 自體의 日常生活에서 生命 財産의 安全을 圖謀함이요 또 다른 하나는 朝日兩民族이 自主 互讓 태도를 堅持하여 秋毫도 摩擦이 없도록 하는 것입니다…… 그 때문에 警衛隊의 結成으로 一般 秩序를 整理하는 것입니다.
學生及青年隊와 警官隊 즉 本建國準備委員會의 所屬 警衛隊를 두어 一般秩序를 整理하는 것입니다. 이外에 따로이 곧 武衛隊 즉 正

---

15) 每日新報 1945年 8月 16日.

規兵인 軍隊를 편성하여 國家秩序의 확보를 圖謀하는 중입니다.16)

라고 하여 警衛隊가 우선 「建準」에 소속되어 서울의 治安을 確保하는 「簡易警察」의 役割을 擔當한 것으로 보인다. 이때 또 한 가지 문제는 食糧의 確保였던 것으로 16日 現在 1, 113, 876石이 在庫되여 있음을 放送을 통해 全國的으로 알려 安心시켰다.17)

결국 朝鮮建國準備委員會(本部는 桂洞)는 新政權樹立에 必要한 모든 準備를 하는 동시에 당면 과제로 「治安確保」에 全力을 기울이고 있었음을 알 수 있겠다.18) 그 性格과 使命에 관해 呂運亨은 다시금,

이 건국준비위원회의 가장 필요한 것은 첫째 治安을 유지함이요 둘째는 모든 건국에 소요되는 힘과 자재와 기구 등을 잘 보관하고 육성하여 새로 탄생되는 국가를 되도록 건전하게 건설하자는 것입니다. 치안유지에는 治安隊와 武衛隊를 차례로 조직 사용하는 한편 기왕에 있는 町里組織도 활용할 수 있을 것이오 대중의 식량 확보에는 최대한의 노력을 하기로 합니다.19)

治安維持를 최대의 目標로 삼았음을 再確認시키고 8月 18日에는 建國工作에 적극적으로 協力할 것을 指令하였다. 그에 의하면 自治機關으로서는 治安隊를 새로 編成하는 것인데 學徒層의 動員 혹은 종래의 警防團의 改編 등 地方의 실정에 알맞도록 組織키로 되었다. 指令 內容을 보면,

1. 어느 期間까지 우리는 自發的으로 自治수단을 講究하여야 하겠다.
2. 이 自治 수단은 가장 신속하고 가장 效果的인 方法을 選擇하여야 되겠다.

---

16) 每日新報 1945年 8月 17日.
17) 每日新報 1945年 8月 17日.
18) 每日新報 1945年 8月 18日.
19) 每日新報 1945年 8月 18日.

3. 이 自治 수단은 어디까지든지 平和的이라야 되겠다.

4. 모든 公私機關의 機能을 확보하기 위하여 소속 인원은 現職場을 嚴守하여야 되겠다.

5. 各員은 각기 職域에서 적극적으로 建國準備委員會 工作에 協力하여야 되겠다.

는 것이다. 그리고 自治기관의 名稱은 公安隊로 하되 각기 地方有志가 中心이 되어 靑年層 學徒 등을 動員하든지 또는 종래의 警防團을 改編 조직하여도 無妨함을 알려주고 있어 시급한 自治的 治安確保의 熱望을 表해 주고 있는 것이다.[20) 8월 26일에는 同企劃部全鮮職域 自治組織本部에서 各職域從業員들에게 職域別 自治會의 組職을 通告한 바 있다.[21)

3. 各地의 自治隊 組織狀況

朝鮮建國準備委員會의 自治隊 組織에 관한 談話 및 勸告指令에 따라 職域別 地域別 自治隊가 編成되어 自治的으로 治安을 맡고 나서고 있었다.

먼저 8월 17일 서울 北阿峴洞 주민 200여명이 모여 自衛團을 組織함을 필두로[22) 18일에는 忠北堤川郡內 유지들이 모여 民心安靜對策을 協議한 結果 自治治安維持會를 組織하고 종래 警防團員들도 第1線에 나서서 要所마다 경비하여 民心은 극히 安定되어 갔다.[23)

8月 19日에는 서울 120萬 市民의 治安維持에 대하여 긴급히 協議하고 「全서울洞總代聯合會」를 조직하였다.[24) 이 연합회는 本部와 各區에 支部洞會의 조직으로 되어 本部는 總務 經濟 自衛 衛生의 4部로 부서를 정하였는데 同 委員長에는 蘇完奎가 選任되었다.[25)

---

20) 朝鮮建國準備委員會 指令(1945. 8. 18.)
21) 每日新報 1945年 9月 2日.
22) 每日新報 1945年 8月 18日.
23) 每日新報 1945年 8月 18日.
24) 이때 同會 本部는 서울 西大門內 支魚善 聖經學園이었다.

自治團體의 조직과 치안유지의 열의는 學生들에게도 波及되어 8月 29日에는 서울 시내 中等學校 이상 全學徒들이 府民館(現 國會議事堂)에 3,000여명이 모여 朝鮮學徒總蹶起大會를 열었다. 이들은 解放 團結 治安確保의 3가지 목표를 세우고 區別로 地域을 分擔 治安유지에 총력을 경주하였다.26)

이 같은 自治的인 警備隊, 朝鮮學徒隊, 學生隊, 靑年隊, 自衛團, 保安隊 등 각종 治安團體는 비록 亂立된 현상을 보였으나 그래도 美軍이 進駐한 9月 9日까지의 治安유지에 微力이나마 이바지한 바가 있었다.27)

民族의 光復으로 3주일이라는 너무나도 긴 空白狀態가 계속되는 동안 未曾有의 혼란, 무질서, 동요, 방종 등을 수습하고 秩序를 바로잡아놓은 것은 그들의 힘이 컸었다.

---

25) 每日新報 1945年 8月 24日.
26) 每日新報 1945年 9月 1日.
27) 每日新報 1945年 9月 3日.

第2章 警察制度의 發展

第1節 軍政警察制度의 形成과 確立

1. 軍政의 實施와 警察의 發足

1945年 9月 2日 오전 9시 日本의 降伏文書調印式이 橫濱近海에 投錯한 美艦 미조리號 위에서 聯合國軍最高司令官 맥아더 元帥, 美軍 代表 니밋스 元帥, 英軍 代表 프리이거 大將, 蘇聯代表 체레부양코 中將, 中國代表 徐永昌 軍令部長, 滿洲代表 가게에미 大將 등 8名의 各國 代表와 日本 代表 重光外相, 梅津參謀總長 兩 全權 사이에 擧行되어 15분 만에 調印을 完了하였고1) 降伏文書에 基한 一般命令 第1號(陸・海軍)에 의하여 聯合軍의 進駐地域이 分擔 決定되었다. 이에 의하면 美軍占領 지역은 日本 國土外에 北緯 38度 以南의 韓國이었고 蘇軍占領地域은 滿洲外에 北緯 38度 以北의 지역이었다.2)

한편 이 날짜로 在韓國美國陸軍司令官 존・알・하지 中將은 韓國民衆에게 告하는 布告를 發布하였는데 그 안에서 「當軍은 日本 東京에 있어서 調印될 日本軍 降伏에 基하여 聯合軍 代表로서 上陸하는 것으로 貴國을 民主主義制度下에 있게 하고 國民의 秩序維持를 圖謀

---

1) 每日新報 1945年 9月 3日.
2) 降伏文書 一般命令 第1號.

함도 또한 今 同上陸의 目的이라고 할 수 있다」3)고 南韓 進駐의 根據를 提示함과 동시에 韓國에서의 民主制度 實現과 治安確保에 주력할 方向을 闡明하였다.

美國 第24軍司令官 하지 中將은 명령에 따라 9月 8日 이후 서울 仁川 地區에 午後 8시부터 다음 날 午前 5시까지 警察官 消防署員 警防團員 夜警員 往診醫師 管轄警察署長이 認定하는 證明書 소지자 이외의 사람은 通行을 禁止하는 命令이 京畿道知事 명의로 布告되었다4) 마침내 9月 9日 在 韓國 美國陸軍司令官 하지 中將은 그 麾下의 第24軍 將兵이 韓國에 進駐함에 있어서 「韓國의 再建 및 秩序 있는 政治를 實行하고자」上陸하게 되었다고 前提한 다음, 平靜을 지키라고 告하고는 「指示된 것을 忠實히 지키면 貴國은 急速히 再建되고 동시에 民主主義下에서 幸福하게 生活할 시기가 速히 到達할 것」이라고 進駐軍의 立場을 밝혔다.

美軍이 仁川을 경유 進駐한 날(9日) 오후 4시 在韓國日本軍 및 總督의 降伏文書調印式이 朝鮮總督府 第1會議室에서 美國側 代表로 하지 中將과 킹케이트 海軍大將, 日本側 代表는 朝鮮軍管區 司令官 上月良夫 中將 朝鮮總督 阿部信行 사이에 擧行되었다. 하지 中將은 韓國同胞에게 告하는 聲明을 發表하였는데 그 內容 가운데

> 余는 茲에 法律과 秩序를 維持하는 동시에 韓國의 經濟狀態를 昂揚시키며 人民의 生命財産을 保護하며 其他 國際法에 의하여 占領軍에게 課하여진 諸義務를 履行하노니 占領地域에 있는 諸君도 또한 義務를 다 하여라5)

고 한 속에서 軍政警察의 성격을 들어 내놓고 있다.

한편 이날 太平洋美國陸軍總司令部(맥아더司令部) 布告 第1號(韓

---

3) 한국일보 1945年 8月 18日.
4) 每日新報 1945年 9月 8日.
5) 每日新報 1945年 9月 9日.

國住民에 布告함) 6개조가 公布되었다. 그 前文에서는 韓國占領의 目的이 降伏文書의 條項 履行과 朝鮮人의 人權 및 宗教上의 權利를 保護함에 있음을 朝鮮人은 인식해야 하며, 第1條에서 北緯 38度線 以南에 軍政이 實施됨을 말했고, 第2條에서 종전의 職務에 계속 從事할 것, 第3條에서 모든 命令은 즉각 이행하여 위반함이 없도록 하라고 하였다.

하지 中將은 9月 11日 記者會見에서 美軍政의 施政方針을 發表하였다. 「從前의 警察은 매우 强壓的이었다. 8月 15日 이후는 無政府的 狀態로 되어 있는데 治安收拾의 方策은 무엇이냐」는 記者 質問에 대하여 하지 中將은

> 日本警察이 惡質的인 것은 나도 잘 알고 그 警察對策을 研究中에 있다. 이에도 一般의 協力이 있기를 바라는 바이다. 自治를 해 나가는 사람은 警察力이 不必要하다. 各自가 愼重하고 韓國의 장래를 생각하는 態度로서 단속하고 社會秩序를 持한다면 警察은 그리 必要한 것이 아니다. 旣往의 警察은 壓制와 惡政의 標本이었음으로 우리는 곧 이것을 改編하려 한다6)

이라고 答辯하였다. 社會秩序를 잘 유지하고 愼重을 기해 自治해 간다면 警察은 꼭 必要한 것은 아니라 하고 日帝式 警察은 압제와 악정의 標本이기에 改編할 意思가 있음을 비치고 있는 것이다.

社會秩序와 自治保安을 위한 一念은 다음 날 51개의 政治, 文化團體 代表를 府民館에 초청하여 協助와 自重을 당부하였음으로 더욱 재확인되고 必要性을 강조한 것으로 보인다. 이 자리에서 하지 中將은 거듭 美軍의 進駐는 우리나라에 獨立을 주기 위함에 있음을 强調 確認하였다7)

9月 12日 元朝鮮總督 阿部信行이 解任되고 軍政長官에 美第7師團

---

6) 每日新報 1945年 9月 12日.
7) 每日新報 1945年 9月 13日.

長 아놀드(A. V. Arnold) 少將이 任命됨과 동시에 西廣忠男 元朝鮮 總督府 警務局長을 罷免한 다음 美國朝鮮駐屯軍 憲兵隊長 로렌스임 쉬크(Lowrencem Schick)이 代行하기로 決定하였으니 軍政이 실시됨 과 동시에 軍政警察도 그 근거가 확립되었던 것이다8)

2. 首都警察의 嚆矢

한편 9月 9日 오후 서울9) 鍾路警察署에는 소위 學兵同盟員學徒隊 라 칭하는 10여명의 청년이 나타나 警察權의 접수를 요구하였으나 崔燕 署長과 崔雲霞 警部는 거절하였다. 거절당한 그들은 다시 100 명을 동원하여 접수를 강요하면서 일단 물러섰다가 同 16일 오전 署長은 美軍과 交涉하여 再執務하였다. 崔署長과 崔警部는 日警은 서울 치안에서 손을 뗄 것을 强力히 要求하였으나 그들은 거절한 뒤 日本人 직원을 本町(中區) 龍山 永登浦 各警察署에 집결시키고 각 警察署의 韓國人 직원 등은 서울 市內 餘他 警察署에 분산 배치하여 日人警察과 분리하였다. 이것이 韓國警察이 독자적으로 警察事務를 맡아본 最初의 일이었다.

3府20郡	人口	3,080,427名
警察部	1	
警察署	支 署 257	出張所 8
	派出所 126	
職員	幹部 韓國人	54
	日本人	235
	巡查 韓國人	1,347
	日本人	1,368
	計	3,009

---

8) 每日新報 1945年 9月 13·15日.
9) 在朝鮮美國陸軍司令部가「京城」의 명칭을 1945年 9月 14日 이후부터는「서울」 로 統一 使用케 하였다(每日新報 1945年 9月 14日字 參照).

이때 그들은 太極章帽票의 美軍政補助官이라는 腕章을 차고 始務하였다.

이때의 京畿道警察力 狀況은 表와 같다.

그리고 1945年 8月 15日부터 9月 9日 美軍 進駐까지의 警察官出勤率은

    韓國人　　20%
    日本人　　90%

등으로 나타나 있다.10)

3. 軍政警察의 機能

美軍政警察은 軍政의 實施와 함께 始務할 수 있었다.

처음 서울市內 각 警察署는 물론이려니와 各派出所에도 美軍 憲兵이 4, 5名씩 배치되어 治安유지에 心血을 기울이기는 하였으나 解放 직후의 과잉적 흥분 및 자유와 國外로부터의 계속된 歸還同胞의 輻輳 및 捏造된 流言蜚語로 인한 人心의 浮動 자극 不安 초조는 社會秩序를 未曾有의 混亂狀態로 陷入케 하였음과 동시에 이를 이용한 각종 虞犯 惡質反動分子들은 晝夜를 不問코 作黨 橫行하며 脅迫·恐喝·殺傷·掠取·强盜를 恣行하였으므로 一般 善良한 민중은 공포 속에 있었다.

한편 日帝下의 韓國 警察官들은 그들에 協力한 民族叛逆徒輩라는 民衆의 흥분된 怨聲과 함께 國內 各處에서 集團暴行 구타를 當하는 일이 非一非再하였으므로 본래의 사명인 治安維持의 직무를 충실히 履行치 못하였다.

그러나 9月 7日 太平洋美國陸軍總司令部 布告 第1號 第2條에 의

---

10) 首都警察發達史, pp.92∼94(1947. 7. 31.), 首都管區警察廳 發行.

하여 일단 職場을 離脫하였던 韓國人 警察官도 巷間의 雜音을 一蹴하고 大部分 원대 복귀하여 治安 確保에 主要 任務를 遂行하였다11)

이로서 旣存의 모든 國家機關은 暫定的으로 다시 그 本來의 機能을 회복하게 되었다. 이날(12日) 美蘇兩軍將校는 北緯 38度 境界線의 區劃을 협의하였고12) 美軍司令部情報關係責任者 해이워드 中領은 記者會見에서 言論 結社에 관하여 所信을 피력하였으며13) 14日에는 警察組織 等에 관하여 問答하였다. 「警察組織에 관하여 改革할 생각이 없느냐」는 質問에

　　당분간은 현존해 있는 警察組織을 그대로 利用하겠다. 현재 귀향 군인 또는 귀환학도들이 治安隊라 하여 警察의 임무를 하고 있는데 앞으로는 이러한 일은 금지할 방침이다14)

라고 하며 現存警察組織을 그대로 利用할 뜻을 示唆하였으며 日本警官도 그대로 두겠다는 것을 闡明하였다. 그리고 美國軍으로는 될 수 있는 대로 빨리 韓國人을 警察官으로 養成하여 全部 再編成할 것을 示唆하였다. 하지 中將은 現存警察官에게 武器를 所持할 權利를 주고 검거 진압 등 治安維持에 관한 權限도 賦與한 것이다.

京畿道憲兵司令官 스튜워드 准將은 行列 및 集會의 許可制를 發表한 이후인 9月 15日부터는 許可願 提出이라는 절차를 밟도록 결정하여 혼란 무질서 방종을 철저히 규제함으로서 治安확보에 전력함과 동시에 종전의 學徒隊 自治隊 등에서 맡던 治安의 業務는 軍政下 韓國警察로 移管되었음을 알 수 있다.

---

11) 同 布告 第2條는 「政府 公共團體 또는 기타의 名譽職員과 雇傭과 또는 公益事業 公衆衛生을 包含한 公共事業에 從事하는 職員과 雇傭人은 有給無給을 不問하고 또는 其他 諸般 重要한 職業에 從事하는 者는 別命이 있을 때까지 종래의 職務에 종사하고 모든 記錄과 財産의 保管에 任할 事」였다.
12) 每日新報 1945年 9月 13日.
13) 每日新報 1945年 9月12日.
14) 每日新報 1945年 9月 14日.

9월 14일 軍政長官 아놀드 少將은 다음과 같은 4個項의 聲明書를 發表하여 警察力行使團體의 解散을 命令하였다. 이로써 韓國警察은 韓國人으로 새로이 發足運用됨을 示唆하고 있는 것이다.

1. 聯合國軍最高司令部 布告 제1호 제2조에 의하여 현재 韓國(北緯 38度 以南)의 警察機構는 그 機能을 계속하고 있다.
2. 政治團體 歸還兵團 又는 他의 一般 市民隊가 警察力 또는 그 機能을 行使하며 또 行使하려 하는 것을 禁함.
3. 現在의 警察機構는 종전의 日本政府와는 全然 관계없고 軍政長官인 나의 밑에 運營되어 그 組織의 實權은 내가 이것을 부여한다. 그 組織은 憲兵司令官 쉬크 准將에 直屬한다.
4. 警察官은 나로부터 다음과 같은 職權을 保有함.
   가. 武器의 携帶
   나. 逮捕
   다. 紛爭의 鎭壓
   라. 法規 及 秩序의 維持
   마. 韓國人과 日本人으로 되어 있는 現在의 警察官은 終局에 있어서 全部 韓國人으로서 組織하기로 한다. 有能한 韓國人의 採用 및 訓練을 加하여 速히 實施될 것이다[15]

이라고 하여 9月 14日 이후부터 私設警察機關인 각종 名目의 保安隊 治安隊 自衛團 學徒隊 靑年隊 등 團體는 全部 解體케 되고 治安은 韓國警察官의 手中으로 移管됨을 確認하게 되었다.

그리고 旣存 警察機構의 活用方針이 確立되자 不良警察官의 逐出과 韓國人 警察官의 募集이 行하여지고 治安確保를 위한 緊急措置와 日帝時의 각종 惡法이 廢止되어 갔다.

---

15) 首都警察發達史, p.105.

4. 韓國人 警察官의 募集

美軍政下에서 韓國人 警察官을 募集하는 근거는 9월 14일 아놀드 少將 聲明書 第2項에 의한 것으로 모든 私設 治安團體는 解體케 되고 社會秩序維持의 任務를 가진 韓國人 警察官이 必要하다는 立場을 闡明한 데서 실시하게 되었는데, 同 16日 日本人 警察官을 全員 免職시키고 韓國人 警察官을 採用한다는 發表에 따라 이는 더욱 굳어진 것이다. 韓國人 警察官을 採用하는 데 있어서 종래의 경험자 가운데서도 採用하여 民主主義的으로 再訓練을 시키고 물론 新規採用도 할 것이며 그 人員은 5, 6천명이 必要 함으로 警察官 訓練所를 설치하고 희망자를 대량으로 모집하기로 하였다.

따라서 警察官 募集 요령을 보면 希望者는 9月 16日부터 22日 동안에 오전 8시부터 正午까지 서울 光化門 前 警察官講習所에 신청하라고 明示하였다.16)

人力의 不足을 痛感한 美軍政 當局은 韓國人 警察官을 모집하는 데 있어서 資質을 顧慮치 않고 大量으로 신규 採用한 결과17) 많은 缺格者 내지는 前科犯도 潛入 은신케 되었으며 短期의 敎養과 形式的인 訓練은 그들에게 警察官職權의 限界와 任務를 分別치 못하게 하여 職權濫用이라는 의외의 시행착오적인 결과를 가져오게 되었다. 또 새로 特採한 幹部警察官들은 民主主義를 理解하지 못하고 私慾에 눈이 어두워 民衆으로부터 外面 내지는 唾棄當하는 등 警察官의 위신과 公信力은 低下되고 말았다. 同 10月 1日頃에 不良警察官을 陶汰시킨 것은 這間의 理由에서였다.18) 때문에 이 時期에 있어서 警察官은 모름지기 民衆에게 親切히 奉仕하는 社會의 公僕이어야 하며 그 親切義務는 한낱 道義上의 任務일 뿐 아니라 나아가 法律上의 義務임을 力說 强調하여 一般 警察官에게 民主警察의 理念과 目標를

---

16) 每日新報 1945年 9月 16日.
17) 아놀드 少將 聲明書(1945. 9. 14.) 제4項 5項 參照.
18) 首都警察發達史, p.114 「不正警察官陶汰」項 參照.

철저히 鼓吹하고 注入시켰다.

여하간 韓國人 警察官의 任命宣誓式이 9月 18日 光化門에 있는 同 訓練所에서 거행되었다. 이날 오후 5시 177名의 새 警察官을 임명하는 宣誓式에는 A. F. 브렌드스테터 少領 司會下에 열려 治安確保에 활약 할 결의를 굳게 다짐하였는데 式이 끝난 후 이들은 우선 서울市內 各要 所에 配置되었다. 그리고 9月 19日 오후 4시에 이러한 宣誓式이 거행 되었던 것이다.[19]

治安問題가 서서히 정상궤도에 오르기 始作하자 美軍政 當局은 종 전의 夜間 通禁시간을 단축하였으니 9月 8日 오후 8시부터 다음날 오전 5시까지의 通禁시간 연장을 9月 19日부터는 韓國民이 절대적 인 협조로 질서가 잡히기 때문에 오후 10시부터 다음날 오전 4시까 지로 夜間通禁 시간을 단축 實施할 것을 發表하였다.[20]

한편 10月 2日에는 朝鮮警察官講習所를 朝鮮警察學校로 改稱한다 고 軍政廳憲兵司令官 쉬크 准將이 發表하였으니 이것이 오늘날 警察 大學의 前身인 것이다[21]

5. 治安確保의 緊急措置

軍政官長 아놀드 少將의 聲明에 의하여 治安確保를 위한 舊機構의 活用, 警察權의 歸一, 警察官의 武器携帶 逮捕 등의 諸權能이 인정되 었으나 가장 火急한 것은 全國에 散在 氾濫하고 있는 武器 彈藥의 回收 및 廢棄處分이었다. 이를 해결하기 위하여 9月 23日 軍政廳法 令 第3號에 의하여 一般 人民의 武裝解除가 公布되었다. 그 內容을

---

19) 每日新報 1945年 9月 19日.
20) 每日新報 1945年 9月 18日.
21) 每日新報 1945年 10月 2日.
　　9月 18日 이후 3回에 걸쳐 新規採用한 警察官 984名과 郡部各署에서 신규 채용
　　한 경찰관의 광범위한 교양 전문 지식 습득을 위한 目的으로 10月 15日 이후는
　　採用을 中止하고 現警察官 훈련의 開校式을 거행하고 차례로 入校시켜 警察 精
　　神訓練에 至大한 貢獻을 하여 왔다.

보면.

　法令 第3號
　一般人民의 武裝解除
第1條 一般人民의 武裝解除
　　朝鮮內의 一般人民은 其種族을 不問하고 朝鮮政府와 혹은 그 委
　　任한 官廳이 命令을 發하여 指定한 場所와 時間에 각종의 劍과
　　切腹刀를 引渡할 事.
第2條 傳家寶 或은 歷史的 遺物인 武器
　　劍과 切腹刀로서 現所有者가 傳家寶나 歷史的 遺物로 貴重히 여
　　기는 것은 그 소유자가 自己의 氏名 住所의 札을 附할 事. 如斯한
　　所有者는 朝鮮政府 或은 그 委任한 官廳이 命令을 發하여 指定한
　　場所와 時日에 說明書를 提出하여 그理由를 證할 事.
第3條 罰 則
　　本法令 規定을 犯하는 者는 軍律裁判의 有罪判決을 受하는 同時
　　그 所定한 刑罰에 處함.

1945年　9月　23日[22)]
在朝鮮美國陸軍司令官 指令에 의하여
朝鮮軍政長官 美國陸軍少將 A. V. 아놀드

　라고 發表하여 治安確保와 秩序確立에 열의를 쏟고 있음을 엿보게
하며 이날 軍政長官은 「韓國 사람들이 자기의 責任을 잘 지키면 그
만큼 獨立은 빨리 實現된다」고 하면서 「軍政當局을 신뢰하고 協力이
있을 것」을 바라는[23)] 態度를 言明하였는데 이를 더욱 뒷받침하기 위
하여 9月 29日 法令 第5號로 一般 國民의 武裝解除, 武器彈藥 또는
爆發物의 不法所有 禁止에 관한 內容을 公布하였는데 同 法令 第3號
의 改正 및 補充이었고 그것은 治安確保와 秩序유지에 도움이 컸다.
　한편 10月 1日頃에는 不良警察이 續出하여 非難이 자자한데다가

<hr>

22) 軍政廳 法令 第3號(1945. 9. 23.)
23) 每日新報 1945年 9月 23日.

開城警察署에서는 警察 刑事가 被疑者 取調時 구타하여 人權을 蹂躪
하였음으로 逐出되었다. 인권유린 문제에 대하여 開城地域美軍政官
추립플은,

> 　民主主義 國家法은 過去 日本法律과 같이 人權을 유린하는 司法
> 行事는 認定치 않는다. 따라서 警察의 卽決 處分같은 것은 全혀 없
> 다. 民主警察이란 民衆을 壓迫해서 罪를 만들려는 것이 目的이 아니
> 라 警察官은 社會의 奉仕者라는 觀念을 가지고 일해야 할 것이다.24)

라는 談話를 통하여 그것이 비록 開城이라는 地域的인 문제에서 야
기되었다 해도 一般 警察官으로 하여금 民主警察제도의 觀念을 昂揚
시킨 좋은 본보기가 되었던 것이다.

　軍政警察은 警察制度史上 重要한 一轉機를 劃하는 轉換點을 이루
었다. 즉 우리나라의 警察이 六陸法系인 獨, 佛 또는 敗戰前 日本의
警察制度와 系統을 같이 하는 類型에 屬하였으나 軍政警察은 大陸法
系와는 극히 類型이 다른 英美法系의 警察에 屬하는 것이고 거기에
우리는 운영방식을 따르고 있는 것이다.25)

　軍政廳은 10月 9日 警務局어 李 英, 朴璋淳, 黃義權, 金泰日, 崔慶
進 등이 任命되었다고26) 발표한 것을 보면 軍政下였으나 적극적인
協助와 秩序維持에 도움이 있어 自治的으로 運營해 나갈 수 있다고
믿은 것으로 보인다.

　따라서 다음날 서울市內 각 保安署에 配置되었던 美軍은 一般의
自覺과 協力으로 治安이 확보되었다고 인정하고 韓國警察官만이 治
安 維持에 臨하기로 하고 전부 本部隊로 돌아갔던 것이다.27)

---

24) 首都警察發達史, p.114.
25) 全體主義國家群 계통의 神秘主義, 彈壓主義를 核心으로 하는 警察制度를 제외한
　　다면 英美法系와 大陸法系로 區分할 수 있는 것이 오늘날 世界 警察制度의 類
　　型別 特徵인 것이다.
26) 每日新報 1945年 10月 9日.
27) 自由新聞 1945年 10月 11日.

6. 警察力의 强化措置

비록 治安은 어느 정도 確保되었다고 해도 韓國人 警察官의 수준이나 장비로 보아 아직 未熟한 단계에 놓여 있음으로 憲兵司令官 補佐官 제치 마아샬 中領은 10月 17日 다음과 같이 談話를 發表하였다.

美國軍隊는 現在 南朝鮮의 重要 都市에 全部 주둔하고 있다. 地方에서는 官吏와 美軍을 대단히 友好的으로 서로 도와주고 있으며 全國을 통하여 平和와 秩序가 잘 維持되고 있었다. 그러나 日本人 警察署長은 가급적 속히 罷免시키는 중으로 各警察署長에 대하여는 日本人 警官을 韓國人으로 바꾸어 現在의 警察力을 强化시키도록 指令을 내렸다.28)

고 하여 각 警察署長에 대해 警察力을 强化시키도록 指令하였다.

이보다 앞선 10月 16日에 京畿道警察部에서는 日本人 騎馬警官隊를 해산시키고 새로이 韓國人 警察官만으로 騎馬警察隊를 組織하여 訓練을 强化하였고 서울市內로 出動하여 交通整理와 治安確保에 萬全을 期하고 있음으로서 秩序維持와 治安確保를 側面에서 協力하고 있었다.29)

이 問題에 관하여 10月 26日 警察課長은 다음과 같이 警察行政力 强化 및 不良警官 숙청을 言明하였다.30)

韓國의 警察行政을 새롭게 꾸미고 統一하는 것이 내 使命이라 하겠는데 新國家를 建設해 가는 과정에 있어 우리는 軍政下의 治安을 確保하는 것이 先決條件이라는 것을 잊어서는 안 된다. 警察本來의 使命은 治安에 重點을 두는 것이며 民衆의 生命과 財産을 保護하는 데 있으므로 종래 日本主義的인 壓迫과 威脅 恐喝의 機關일 수 없으며 종래 朝鮮民族의 意思를 抹殺시켰거나 人權을 유린한 者 혹은

---

28) 每日新報 1945年 10月 17日.
29) 每日新報 1945年 10月 16日.
30) 在朝鮮美國陸軍司令部軍政廳 任命辭令 第22號에 의하여 警務局 警務課長에 任命되었다.

　　직책 이상의 權限을 濫用한 警官은 점차로 숙청하여 民衆의 순전한
協力者인 警官을 配置할 것이다.31)

고 하여 民主警察의 使命과 警察力의 團結 强化를 呼訴하였다.

7. 日帝 制定의 諸惡法 撤廢

　　日帝下의 惡法은 民族의 光復과 함께 사실상 폐지된 것이나 다름
없거니와 形式的으로 지속하고 있으므로 10月 9日 軍政廳 法令 第
11號 日政法規 一部 改正 廢棄의 件을 公布하였다.

　　그 內容을 보면

　　　　法令 第11號
　　　　一般命令 第5號는 玆에 左와 如히 改正함.
　　第1條 特別法의 廢止
　　第2號 一般法令의 廢止
　　第3條 刑罰의 制限
　　第4條 罰 則
　　　　　(가) 政治犯處罰法(1919. 4. 15 제정)
　　　　　(나) 豫備檢束法 (1941. 5. 15 제정)
　　　　　(다) 治安維持法 (1925. 5. 8 제정)
　　　　　(라) 出版法 (1910. 2 제정)
　　　　　(마) 政治犯保護觀察令(1936. 12. 12 제정)
　　　　　(바) 神社法 (1919. 7. 18 제정)

등의 6개 法令과 警察署長의 司法權(犯罪即決例)이 廢止되었다.32)
　　警察署長의 司法權 廢止라 함은 소위 警察官署 即決處分과 訓戒放
免 등 넓은 의미의 裁判權의 廢止인 것이다. 그러나 搜查段階의 司
法警察權마저 廢止된 것은 아니다.33)

---

31) 自由新報 1945年 10月 27日.
32) 軍政廳 法令 第11號(1945. 10. 9.)

다음 同 法令 第2條에 의하여 「其他 法律의 效力이 有한 條令 및 命令으로서 그 司法的 또는 行政的 적용으로 因하여 種族 國籍 信條 또는 政治思想을 理由로 差別을 生케 하는 것은 玆에 此를 全部 廢止함」이라 하여 運用上의 惡法을 철폐하였고 同 第3條에서 「어떠한 사람이든지 그 행위에 對하여 그 犯行當時의 現行法律에 處罰할 條文이 明白히 기록되어 있지 않았으면 罪名을 定하거나 判決을 言渡하거나 刑罰을 加하지 못함」이라고 규정하여 罪刑法定主義를 強調하고 同條 제2항에는 「犯罪 혹은 犯科의 확정이 없이 사람을 拘束하거나 法的 審問과 判決 없이 刑罰을 加함을 禁함」이라고 규정하여 人權擁護 正義의 實現을 강조하였다.

8. 主要 日帝官吏의 檢擧와 日警의 退陣

日警이 退陣할 즈음에는 行悖가 자심하였고 이래서 前法務局長 등 10여명이 韓國警察幹部에 의하여 檢擧되었던 것이다.34)

계 급	인 원(名)
警察部長	1
警 視	6
警 部	75
警 部 補	173
巡査部長	602
巡 査	3,952
合 計	4,819

이즈음 道警察部 및 관계 各警察署에서는 日人 警察官으로부터 인수인계를 끝내고 그들을 追放함에 따라 美軍進駐 직후부터 韓國警察官의 標識으로 左腕에 着用하던 「MG」라는 腕章도 철폐하고 10月

---

33) 每日新報 1945年 10月 13日.
34) 首都警察發達史, p.116.

20日 이후부터는 全警察이 韓國人으로 運用되게 되었다.

이때의 總人員은 **4,819**名이었다고 하는데 階級別 人員數는 다음 표와 같다.

이것은 光復 당시와 비교하여 볼 때 人員에 있어서는 상당히 增加한 셈이 되는 것으로 自治的 運營에서의 伸張을 意味한 것이다.35)

第2節 軍政警察制度의 發展

1. 各課의 新設과 廢止

治安維持法 등 思想取締를 目的한 法令의 廢棄에 따라 그 執行機關이었던 道警察部 高等課는 廢止되고 10月 19日 새로이 情報課를 設置하였는데 9月 10日에 任命된 美軍大尉 스타린 京畿道警察部長은 이날 記者에게 다음과 같이 談話를 發表하였다.

從來의 高等課가 廢止되고 情報課가 생긴데 대하여 世上에서는 혹시 誤解하고 있는 듯도 하므로 그 性格을 밝히려 한다. 情報課에서는 그 이름과 같이 巷間의 輿論을 蒐集하여 上部에 傳達하므로써 人民의 利益을 위하여 일하는 것이다. 그런데 거리에 붙은 벽신문 같은 것을 보면 그 中에는 理致에도 안 맞는 말이 있는데 이런 것은 人民을 위하여 不利할 뿐이라고 우리는 생각한다. 施政上 지장을 가져오기 때문이다.36)

라고 言明하였듯이 民間에서 일어나는 輿論을 종합 수집하여 國民의 利益을 增進시키려는 데에 目的이 있었다. 이것은 日帝 때 高等警察이라는 非難이 藉藉하였었기 때문에 解明을 겸한 말이었다.37)

---

35) 首都警察發達史, pp.116～117.
36) 每日新報 1945年 10月 20日.

그 후 情報課는 1946년 6월 通報課로 改稱되었다가 同 9月 12日 査察課로 再次 改稱 變遷하였다.

이보다 앞선 9月 24日에는 在朝鮮美國陸軍司令部 軍政廳 法令 第1號로 警務局 衛生課는 衛生局으로 昇格하였다가 10月 27日 同 法令 第18號로 多年 警察側의 所管事項이던 것이 保健厚生局으로 移管 分離되었다.38)

10月 24日付 法令 第17號로 朝鮮總督府警務局經濟警察課가 廢止되고 그 義務와 職務는 政府로부터 一切 消滅됨을 公布하였으며39) 10月 30日付 同法令 第20號로 警務局에 刑事調査課를 新設하는 등 다음과 같이 公布되었다.

一. 刑事調査課의 設置
二. 法務局刑事課指紋係를 警務局에 移轉
三. 施行期日
第1條 刑事調査課를 玆에 朝鮮政府警務局內에 設置하고 다음의 職務를 實行케 함.
　(가) 軍政廳에서 交付한 刑事事件의 調査를 行할 事
　(나) 犯人의 調査 及 체포에 관하여 請求가 有할 時는 陸軍警察, 逆情報團 및 朝鮮警察은 援助 協力할 事.
　(다) 內國諸紋錄의 刑事調査制를 設定 維持할 事
第2條 法務局 刑事課指紋係의 諸般義務, 職務, 文書, 財産 및 職員을 玆에 警務局에 移轉함.
第3條 本令은 1945年 10月 31日 夜半에 效力을 生함.40)

이라고 하여 刑事調査課의 직무 3가지와 指紋係가 警務局으로 移轉

---

37) 高等警察이란 日帝 國家 社會 一般에 影響을 미친다고 생각되는 政治思想 出版 宗敎 經濟 社會運動 外事 등의 警察을 意味하는 것이다.
38) 美軍政廳 法令 第1號(1945. 9. 24.), 同 第18號(1945. 10. 27.)
39) 同 法令 第17號(1945. 10. 24.)
40) 同 法令 第20號(1945. 10. 30.)

된 것을 確認하였다.

　11월 1일에는 警察署長의 權限에 屬했던 即決과 訓戒放免의 處分權은 裁判所에 移屬하게 되었고 地方法院에 治安官制度를 新設하여 治安官을 各警察署에 配置하고 治安官으로 하여금 從前 警察署長이 行使하던 職務를 遂行케 하였으며 警察署所在地에 駐在토록 결정하여 보다 높은 次元에 民主的 警察制度도로의 移行을 엿보게 한다.

　서울 鍾路警察署에는「在朝鮮美國陸軍司令部 京城裁判所」를 設置하여 在朝鮮美國陸軍司令部軍政廳法令의 위반자는 그곳에서 美國人 裁判官이 執行하게 制度化 하였다.[41]

　軍政廳法令 第28號(1945. 11. 13)로 國防司令部가 新設되었고 그 아래 軍務局이 설치되었으며 軍務局下에 陸軍部, 海軍部를 두어 軍務局과 警務局은 國防司令部의 감독 지휘하에 屬하게 되었는데[42] 다음해(1946) 3月 29日 軍政廳 法令 第63號로 警務局은 國防司令部로부터 離脫하였다.[43]

---

41) 首都警察發達史, p.120.
42) 軍政廳法令 第28號(1945. 11. 13.)
　　第1條 朝鮮의 終局의 獨立을 準備하며 世界國家에 伍하여 朝鮮의 主權과 大權의 保護 安全에 必要한 兵力을 急速히 準備하며 民間安寧의 維持와 民間 無秩序에 對하여 民權을 擁護하는 民間警察機構의 補助 及 宗敎 言論의 自由, 財産權을 維持하며, 必要한 陸海軍의 召集 組織, 準備를 始作하며 國民의 政府革命을 保證키 爲하여 玆에 朝鮮軍政廳國防司令部를 設置함.
　　第2條 朝鮮政府 軍務局을 政府의 局으로서 創設함. 軍務局內에 陸軍部 海軍部를 設置함. 現存 警務局, 軍務局은 國防司令部의 監督指揮下에 置함.
　　第3條 如何한 者와 團體라도 如何한 種類의 警察 陸海軍 軍事活動의 召集 訓練 組織 準備 및 警務, 軍務局의 管轄에 屬하는 行動을 行使치 못함. 旦, 國防司令官 或은 國防司令官이 認定할 그 權利賦與 代行기관의 書面許可를 得한 時는 除外함.
　　第4條 本令의 條規에 위반한 者는 軍政 裁判에 의하여 處罰함.
　　第5條 本令은 1945年 11月 13日 午前 零時부터 有效함.
　　1945年 11月 13日.
43) 軍政廳 法令 第63號(1946. 3. 29)
　　警務局의 國防司令部監督指揮下에서의 離脫에 關한 件.
　　第1條 警務局의 國防司令部監督指揮에서의 離脫.
　　朝鮮政府 警務局은 玆에 國防司令部監督指揮下에서 離脫함.
　　第2條 施行期日.

2. 民主的　治安維持策

美國　第24軍司令官　하지　中將의　指令에　의하여　9月　8日　이후부터　夜間通禁令이　내려　午後　8시부터　다음날　午前　5시까지　通禁이　실시된　이후　9月　19日부터는　午後　10시부터　다음날　午前　4시까지로　通禁時間을　단축　실시하였다가　近　2개월　뒤인　同　11月　1日부터는　밤　零時부터　午前　4時까지로　通禁時間을　다시　단축　실시하였는데　이는　대체로　오늘날까지　시행하고　있다.　이때　通禁시간　중　通行하려는　사람은　第7師團의　許可를　맡아야　된다고　함으로써　民主的　治安維持의　第1號를　내디디게　되었다.44)

이　시간만을　除外하고는　民主市民으로서는　法的　보장을　받는　가운데　自由로운　生活을　營爲할　수　있었다.

그리고　11月　8日부터　警察官은　허리에　차던　軍國主義的　遺習인　칼,　즉　帶劍制度를　과감히　撤廢하고　民衆의　지팡이　役割을　담당하기　위하여　방망이　즉　警察棒을　들게　되었다.　따라서　새　時代　새　制度下에서　國內　治安은　칼이　아닌　곤봉으로써　간편　명랑하게　代用할　수　있었다.45)

11月　3日　오후　3시　30분부터　서울市內　8個所의　保安署長을　筆頭로　地方法院檢事들의　協議會가　開催되었다.46)　이　날　軍政廳에서는　警察官들의　給料를　發表하고　다음과　같은　규정에　따라　警務局　관계　직원은　11月末日부터　支給하게　되어　警察官의　최저　生活에　대한　不安을　一掃함과　동시에　警察　本來의　使命에　매진토록　권장하였다.

종래의　봉급은　주로　人事課에서　決定하였고　또　번잡한　日本的인　계급이　많았음으로　이를　간편한　직제로　개정할　입장에서　級의　2계급　가량을　올려서　支拂하기로　하였다고　한다.47)

本令은　公布日時　10日　후에　效力이　生함.

1946年　3月　29日.

44)　每日新報　1945年　11月4日.

45)　每日新報　1945年　11月　8日.

46)　每日新報　1945年　11月　5日.

警部部長	912圓 32錢
警察署長	759圓43錢
警　部	601圓99錢
警部補	481圓25錢
巡査部長	440圓
巡　査	380圓

※(白米 1叭當價 比較)

舊　名	新　名
巡　査	巡　警
巡査部長	警　査
警部補	警　衛
警　部	警　監
警　視	總　警

民主的 警察名稱의 改正은 그 뒤에도 계속되었는데 1946年 1月 10日부터 服裝과 職名이 정식으로 변경되었다. 肩章, 帽章, 단추 등은 모두 在來의 별 대신 無窮花로 하고 特히 가슴에는 胸章을 달아 警察官이라고 明示하였으며 幹部 이상은 사벨을 차고 그 이하는 警察棒을 들기로 되었고 各警察署 監察을 目的으로 하는 監督官을 두고 道警察部長 同 次長이 취임 할 예정에서 改稱된 職名은 다음과 같다.48)

이렇게 民主的으로 治安을 담당해 간 警察로서는 과거 日帝 때의 인상을 一新하기 위하여 服裝개선, 警察棒휴대, 職名 개칭 등 일련의 民主化를 기도하였으나 初期的인 秩序紊亂을 진압하고 赤手空拳으로 武裝 괴한을 逮捕·拘禁할 수는 없어 治安維持上 武器携帶문제가 擡頭하였는데 11月 10日부터 各警察署에는 長銃 100挺, 郡部 各警察署에는 各 40挺式 배부함으로써 警察官은 武裝을 하고 執務를 할 수 있었다. 이것이 美軍進駐 이후 최초의 措置이며 同時에 警察部 指令으로 새로운 施策을 樹立하여 要所에 警察官을 增配하고 刑事의 夜間巡察을 强化하여 각종 犯罪의 豫防 및 檢擧 박멸에 多大한 成果를 얻을 수 있었다.49)

---

47) 自由新聞 1945年 11月 4日.
48) 東亞日報 1946年 1月 10日.
49) 首都警察發達史, pp.121~122.

3. 警察部署長會議 開催와 官名・組織의 編制

美軍政廳에서 韓國警察官의 力量을 믿고 警察行政을 讓渡할 제1단계로 11月 6日 趙介玉을 初代 京幾道警察部長에 任命하였다. 그러나 警察部長에 任命된 趙介玉은 11月 12日附로 龍山警察署, 本町警察署 등에 殘留한 日本人 警察官 322名을 罷免하고 38度線 以南의 各道 分割, 信託論과 飮食店, 妓生에 대한 制度改革을 주장할 뿐 아니라,50) 李承晚의 숙소인 敦岩莊 警護 문제로 城北警察署長 李熙祥을 留署處分하는 등 民主警察로서 資格을 喪失해 마침내 11月 17日로 罷免, 10여일 간의 「短命部長」이 되었다.51)

그 뒤 軍政廳은 12月 12日부터 3日間 38度線 以南 各道察警部長 會議를 開催, 民主主義 원칙에 立脚한 警察官 素質向上을 目標로 職員을 배치함에 있어서 警察部長 아래 同 次長 警察監察官을 두게 하였으며 各警察署長은 首都 群部를 莫論하고 一律的으로 警視로 昇進시키기로 決定함으로써 보다 强力한 警察陣容으로의 編制를 공고히 하였다. 1945년 12月 10日附로 「警察官名 分掌改正案」과 같이 警察部次長과 警察監察官을 添加하였다.52) 그리고 中央의 警務局 組織에

---

50) 自由新聞 1945年 11月 14日.
51) 自由新聞 1945年 11月 17日.
52) 警察官名 分掌改正案
　　1. 道警察部長
　　　道警察部長은 道政上에 警務局長을 代表하는 者다. 道內의 法律 及 秩序의 維持, 犯罪의 豫防, 犯人의 逮捕, 生命 財産의 保護 及 警察機能의 監督 及 施行을 掌함. 且 法務局 代表者와 密接한 聯絡을 保하여 犯人起訴를 進捗케 할 모든 助力을 함.
　　2. 警察部次長
　　　警察部次長은 道警察部長의 副官임. 部長 不在의 時 其의 職을 代行하고 그 職責에 任함.
　　3. 警察監察官
　　　警察監察官은 道警察部長에 隷屬하여 管區內警察 諸機能의 查察을 掌함. 警察員의 苦情 又는 警察員에 對한 苦情을 受理하고 其他 警察部長의 命하는 各般의 查察 及 調査를 함. 各道에 2名을 置함.
　　4. 警視
　　　(가) 警視는 警察署를 掌理하고 道警察部長에 報告함. 道警察部長의 指令의 實

施 及 管區內에 있어서 左記 警察機能을 掌함.
(1) 法律 及 秩序의 維持
(2) 犯罪의 豫防
(3) 犯人의 逮捕
(4) 生命 財産의 保護
(5) 紛失物 盜難物의 取戾
(6) 拘留한 者의 處遇
(7) 證據의 保存
(8) 其他 警察에 關한 又는 道警察部長의 命하는 各般의 機能
(나) 警視는 道警察部長下의 諸課를 分擔하고 指揮하는 바의 課의 機能 及 職務를 掌함.

5. 警部

警部는 各本署 所屬駐在所를 分擔함. 職務는 警察署의 長인 警視와 同함.(上記 第4條 參照)

警察署長補佐官 等은 警部로 함.

警察署의 係로서 其職務 警部의 官等을 有한 警察官으로서 此를 擔當케 함을 適當하다 할 時는 그렇게 할 수 있음.

6. 巡察部長

巡察部長은 道警察部의 自由裁量으로서 任할 수 있음. 其 掌握하는 바는 25名 以下로 함.

巡査部長은 巡査의 日常의 巡邏와 監督其他上司의 命하는 諸種의 職務를 掌함.

7. 巡査

巡査는 一定區域을 徒步 又는 自轉車로 巡邏함을 任으로 하고 犯罪의 豫防, 犯人의 逮捕, 生命 財産의 保護, 法律 及 秩序의 維持, 法令規則의 實行督勵, 紛失物 盜難物의 取戾, 其他 上司의 命하는 職務를 掌함.

刑　事

8. 警視

警視는 道에 있어서 探偵活動 全般을 統制하고 道警察部長에 隷하여 犯罪捜査課長이 됨. 官等 及 俸給은 制服警察의 警視와 同等으로 함.

9. 警部

警部는 警察署의 犯罪捜査活動을 監督하고 又此에 從事함.

旦, 署의 指揮는 制服警察 警視가 此를 行함. 本條 警部의 官等 及 俸給은 制服警察의 警部와 同等으로 함.

10. 巡査部長

巡査部長은 駐在所의 犯罪捜査活動을 監督하고 又此에 從事함.

旦, 所에는 最小 3名의 刑事를 置함. 本條 巡査部長의 官等 及 俸給은 制服警察의 巡査部長과 同等으로 함.

11. 刑　事

刑事는 道內의 諸般의 犯罪捜査에 從事함. 刑事의 俸給은 制服警察보다 高率로 함.

旦, 巡査部長의 俸給을 超하지 못함.

12. 技術員

관하여 「警務局 組織 及 參謀將校職掌에 關한 件」을 實施함으로써
經濟警察課, 警備課, 圖書課, 衛生課, 保安課 등을 廢止하고 消防課,
人事課, 犯罪調査課, 通信課, 用度課, 經理課를 新設하였으나 1946年
자주 改廢과정을 밟게 되었다.53)

警察의 部內에 勤務하는 技術員은 一般 文官職員과 同樣의 官等 俸給 及 特典
을 享受함.
13. 書　記
事務室에 있어서 書記의 役에 있는 者는 모든 文官職員으로서 任用함.
14. 其他의 職員
其他의 職員은 모두 될 수 있으면 文官의 身分을 與함.
旦 日傭勞動者를 除함.

1945年 12月 10日

53) 警務局組織 及 參謀將校職掌에 關한 件
 (가) 警務局長은 警務局을 統率함. 그러므로 軍政府下에서는 朝鮮의 警察·消防
   兩制度에 關하여 全權能 及 全責任을 有한 將校임.
 (나) 警務局長을 補佐함에 參謀가 有하고 下記로써 成立됨. 副長 特別硏究將校
   警務·消防·人事·犯罪調査·通信·用度 及 經理課 各課長인 將校
 (다) 警務局長參謀各員職掌는 左記와 如함.
   一. 副長은 他 參謀員의 業務를 監督 整合하여 局長의 意志를 實行하도록 命
     令을 作成하며 또한 常例的 事項에 있어서는 局長을 代理함.
   二. 特別硏究將校는 局長이 命令하는 警察 及 消防의 組織 及 運營에 關한
     調査 硏究를 함.
   三. 警務課
    Ⅰ. 警務課長은 現行 또는 所要의 警察事務의 範圍에 關하여 常時 檢討를
      하며 警察法規 犯罪報告法 交通取締法을 統一 制定하여 警察事務의 運
      營을 監督하며 또한 屢屢視察을 行함.
    Ⅱ. 警務課長은 警察의 訓練에 關하여 計劃을 作成 整合하며 또 이것을 監
      督함.
     1. 訓練에 關한 指導課程 及 命令의 作成
     2. 警察諸學校의 組織 及 運營을 包含함.
    Ⅲ. 警務局長은 모든 犯罪의 統計的 記錄을 具備하며 또 法律實施에 關한
      事項에 있어서 局長에게 助言함.
   四. 消防課
    Ⅰ. 消防課長은 現行 또는 所要의 消防事務의 範圍에 關하여 常時檢討를
      하여 消火 및 火災 豫防方策을 統一立案하며 또 屢屢 視察을 行함.
    Ⅱ. 消防課長은 消防員의 訓練에 關하여 計劃을 作成 整合하며 또 이것을
      監督함.
     1. 訓練에 關한 指導課程 및 命令의 作成
     2. 消防諸學校의 組織 및 運營을 包含함.
   五. 人事課

Ⅰ. 人事課長은 消防·警察 兩施設의 文官職員에 關한 方針을 樹立할 것과 同行政處置의 施行을 監督함으로써 그 任務로 함.

Ⅱ. 人事課職掌의 細目은 左記의 關한 諸事의 企劃과 監督이 여기에 包含됨.

1. 一切 職員의 採用 等級決定 等級改正 配屬, 昇進, 轉任, 退職 및 免職

2. 表彰 賜金 및 其他의 賞與

3. 賜暇

4. 賞罰

5. 人員報告 人員圖表 及 其他 人事統計

6. 特別히 個人에 關係되는 一般規定 및 常例行政.

六. 犯罪調査課

1. 犯罪調査課長은 軍政府에서 委命받은 犯罪事件의 調査를 行함.

2. 要求가 있을 때는 憲兵隊 C. I. C 및 朝鮮文官警察에 助力協力하여 犯人의 搜査逮捕를 行함.

3. 全國的 指紋記錄 및 犯罪調査組織을 設定 維持함.

4. 寫眞技術室을 設置 維持함.

5. 科學的 犯罪探偵技術室을 設置維持함.

七. 通信課

通信課長의 職責은 다음과 如함.

1. 警察 消防 兩施設關係 通信組織의 企劃 및 監督

2. 警察無電局의 設置 維持 및 運轉

3. 信號 暗號의 作成 印刷 配付 및 說明

4. 通信用具의 需要, 入手, 保藏 및 配付의 決定

5. 通信用具의 技術的 點檢 및 其取扱 使用에 關한 注意

6. 通信作業의 技術的 取締 및 警察·消防兩施設에 依한 其使用의 整合

八. 用度課

Ⅰ. 用度課長은 諸供給品의 入手, 保藏 및 配付의 計劃을 樹立함.

1. 支給基準의 決定

2. 財産에 對한 責務 責任의 決定

3. 入手方法

4. 勘定手續

5. 配付手段

6. 支給方法

7. 裝備의 種類

8. 供給品의 保藏

9. 供給品, 徵發의 手續

10. 官舍支給의 配當

11. 建築物의 維持 및 修繕을 包含함

Ⅱ. 供給計劃의 實施를 監督함

九. 經理課

經理課長은 會計手續을 定하여 會計帳簿를 作成 監督함. 其職掌에 屬하는 것은 左記와 如함.

1. 支出見積의 作成

4. 美國人警察部長의 退任

軍政下의 韓國警察은 美軍警察部長의 취임과 퇴임에 따라 다소의 政策이 變更 實施되었으나 대체로 民主 警察本然의 자세와 범위 내에서 執行되었다.

스타린 警察部長이 辭任 歸國한 이후 밀러 中領이 11月 17日 警察部長으로 취임하였다. 그는 新民主主義 警察樹立을 目標로 해서 非民主主義的 諸要素를 排擊 驅逐할 것을 披瀝하였으며 캐치프레이즈(catch phrase)로 民主主義警察에서는 무엇보다도 「親切과 好意의 不仕」를 가지고 民衆을 대하고 人民의 生命과 財産을 保護해야 한다는 點을 強調하였고 그러기 위해서는 有能한 警察官, 교양을 갖춘 警察官이 되게 하려는 의도에서 警察의 充分한 訓練을 先行시켜야 한다고 力說하였다.

京畿道 警察部長 밀러는 警察機構組織과 大衆과의 協助를 強調하였으나 취임 이래 12月 7日 처음으로 道廳出入記者團에게 이렇게 言明하였다.

特히 警察官養成 朝鮮法曹界와의 연락, 犯罪의 消滅策 警察官服務要領服裝改良 警察法令系統의 확립에 관하여 다음과 같이 言明하였다.

韓國의 경찰은 非민주주의적인 것을 배격하고 軍政에 적극적으로 협력하는 동시에 전반적인 경찰기구를 新韓國건국에 이바지하고 있다. 이제 나의 포부로 중심적인 것을 말하면 ① 일반 警察官과 경찰 간부의 훈련에 힘쓰고 ② 새로 채용된 警察官은 정확한 교육을 하려하고 ③ 사법관계청과 韓國人 법조계와의 연락을 긴밀히 하여서 위법자 검거도 상호조력과 연락아래 하려고 한다 ④ 警察官 시험합

---

   2. 年度豫算案要求金額見積의 作成
   3. 資金의 受領 및 保管 會計 및 預入先의 指定
   4. 道警察豫算案의 査定
   5. 資金의 配當·分配에 關한 意見
   6. 經理報告의 作成
   7. 警務局 各課文官職員에 對한 支給

격자는 차례차례로 채용할 것이다 ⑤ 警察官의 용품과 복장을 속히 각서에 공급하며 ⑥ 교통문저 통신관계의 일도 속히 정리 중에 있다.54)

고 시책을 重點的으로 闡明하였다. 이와 같은 秩序維持를 위하여 警察官은 가급적 지식층을 採用하려 하며 각도에 警察學校를 設置하여서 교련과 재판소와의 연락 수속과 證據物 蒐集方法 그 外 必要한 법령과 규칙에 關하여 철저한 敎育을 展開 强化할 것을 힘주어 말하였다.

그로부터 3日 뒤인 12月 1日 朝鮮軍政長官 아놀드 少將이 解任되고 그 후임에 아처 러취 少將이 任命되었다.55)

한편 밀러部長은 刑事課內에 두었던 特務隊員은 使命이 完遂되었다 하고 모든 搜査는 警察部 搜査課에서 이행되었음으로 罷免한 바 있으며 警察에서 非民主主義的 색채를 驅逐시킬 方法이 무엇이냐는 質問에 대하여 그는,

① 親切과 好意
② 奉仕
③ 公平無私
④ 國民의 生命과 財産의 保護
⑤ 警察係員의 訓練과 敎養
⑥ 警察官의 生活保障
⑦ 多年勤務者에게 年金과 恩給制 實施

등을 통해 民主警察로서의 方向과 士氣를 沖天케 할 것을 重點的으로 강조하였다.

---

54) 中央新聞 1945年 12月 9日.
55) 自由新聞 1945年 12月 10日, 러취 少將은 12月 16日 軍政長官에 취임하기 위하여 入京하였다(서울신문 1945. 12. 17.)

그러나 이 포부도 다 펴지 못한 채 밀러 部長은 同 12月 25日 退任하고 스톤 中領이 新任 警察部長으로 就任하였다.56)

軍政廳警務局長 步兵大領 참페니(Arthur S. Champeny)는 12月 17日 外國人 財産의 保管 報告 管理義務를 韓國人 警察에 賦與하기로 하였다.57) 이어 軍政廳警務局은 1946년 1월 21일 國防警備隊를 除外한 一切의 私設軍事團體는 解散하라고 命令하였다. 12月 20日 步兵大領이던 S. 참페니를 朝鮮軍政廳國防司令官에, 同 步兵大領 윌리암 H. 매글린(William H. Maglin)이 그에 대신하여 軍政廳 警務局長에 任命되었다.58)

5. 信託問題와 서울警察署長 波動

1945年 12月 28日 모스크바 三國外相會議 協定文에 韓國은 5개년간 信託統治를 실시해야 한다는 소식이 傳해지자59) 臨時政府에서는 이날 긴급 國務會議를 열고 4國 元首에게 보내는 反託決議文을 채택하는 등60) 反託의 소용돌이는 朝鮮獨立促成全國總聯盟 등 50여개의 團體에게 波及되었고 온 國民의 분노를 자아내게 하였다.61) 29日 오후 2시 서울 鍾路警察署에서는 市內 各警察署長이 信託統治 배격긴급회의를 열고 각 警察署長이 共同談話를 東大門警察署長 金正濟가 代表하여 다음과 같이 發表하였다.

신탁통치란 우리가 배격할 일이다. 우리는 치안을 확보하는 경찰진에 있는 몸이라 우리로서 중구난방이 될 수는 없다. 그러나 국가 없는 곳에 경찰이 있을 리 없고 민중을 떠난 치안은 허깨비의 파수

---

56) 首都警察發達史, p.125.
57) 東亞日報 1945年 12月 18日.
58) 軍政廳任命辭令 第57號(1945. 12. 20.)
59) 東亞日報 1945年 12月 29日.
60) 東亞日報 1945年 12月 30日.
61) 서울신문 1945年 12月 28, 30日.

병일 것이다. 우리는 지금 이같이 모여 결의를 했다. 경찰관의 직을
떠나 자주국가로서 완전독립기 올 때까지는 민중과 더불어 치안대
로서 결사의 사명을 다 하겠다. 마음과 마음 피와 피가 순결히 결합
될 때는 지금이라고 생각한다. 오늘 오후 4시부터 도에서 課署長회
의가 있는데 우리의 뜻을 피력하겠다.62)

고 비장한 결의를 다짐하였다. 國家가 없는 때에 무슨 警察이 存在
하겠느냐는 決議도 새로운 覺悟와 決心이었다.

　그리고 다음날인 12月 31日 警察官代表들은 서울 京橋洞 臨時政
府를 訪問하고 금후 全警察官이 臨時政府의 지령 밑에서 民衆의 治
安確保에 重任을 다하겠다는 결의를 表明한 바 그곳에서도 全警察官
이 國民總動員委員會의 지시 아래 重大한 임무를 다 할 것을 거듭
당부한바 있었던 것이다.63)

　그러나 스톤 警察部長은 警察官에 대하여 정치적 문제에 干與치
말고 직장을 嚴守하여 政黨 혹은 政界要人과의 會見 交涉 등을 禁止
하라는 命令이 下達되었다.

　이때 서울 8개 警察署長(昌德宮, 永登浦 제외)이 國民統一戰線에
대한 각계 인사의 의견을 청취하고자 서울市內 駱山莊 근처에서 內
務部長官 申翼熙와 密會하였다 해서 命令不服從이란 이유로 1月 4
日 전원 辭職하였다.

　이들은 다음과 같은 決議文을 發表하였다.

　원래 군대와 경찰은 그 사명에 비추어 가장 민족적 양심으로 行
動할 것이며 반동적 偏僻을 嚴避하며 불편부당한 입장으로서 과도
기 치안확보에만 매진함이 우리가 찾을 노선임을 충분히 인식하였
노라. 연이나 경찰의 고유한 기능을 발휘하려면 국민을 기반으로 한
정부의 保援이 있어야 할 것은 굴론 국민 된 우리로서 어찌 국민통

---

62) 自由新聞 1945年 12月 30日.
63) 東亞日報 1946年 1月 2日.

일을 希求치 못하오리까.64)

라는 決議文 속에서 비록 軍政에 예속된 個人의 身分이지만 國民統
一戰線에 대한 抱負와 經綸을 들음은 국민 된 도리라 함을 명확히
闡明한 것이다.
　이때 사임한 서울의 各警察署長은 다음과 같다.

鍾　路	警察署長	李聖實	本　町	警察署長	孫錫度
龍　門	警察署長	金貞彩	城　東	警察署長	李熙祥
西大門	警察署長	崔雲霞	東大門	警察署長	金正濟
麻　浦	警察署長	朴朱植	城　北	警察署長	金一錫65)

　그 뒤 1946年 1月 26日, 그러니까 20여일 만에 서울市 9個 警察
署長이 새로 임명되었다. 그 氏名은 다음과 같다.

鍾　路	警察署長	尹 明 運(前 永登浦警察署長)
本　町	警察署長	李 九 範(前 開城警察署長)
東大門	警察署長	李 益 興(前 博川 警察署長)
西大門	警察署長	林 誠 鎬
城　東	警察署長	李 仲 秀(道 保安課庶務主任)
城　北	警察署長	尹　巴(警察學校庶務課長)
永登浦	警察署長	文 學 周(道 警務課人事主任)
麻　浦	警察署長	金 虎 羽(前 寧遠警察署長)
龍　山	警察署長	金 亨 鎭(鍾路警察署保安主任)66)

　이들의 면모는 대체로 警察에 경험이 풍부한 人士들이었던 것이고

---

64) 서울신문 1964年 1月 5日.
65) 首都警察發達史, p.127.
66) 朝鮮日報 1946年 1月 27日. 그런데 前揭 首都警察發達史, p.135에 의하면 대체
　　로 任命된 新任 警察署長의 氏名이 同一하나 前揭書에는 西大門警察署長이 林誠
　　鎬가아닌 張箕相으로, 麻浦警察署長이 金虎羽가 아닌 姜信昌으로 각기 明記되어
　　있다.

1月 29日 最初의 課署長會議가 開催되었는데 張澤相 警察部長의 새로운 포부와 새 결의로서 警察行政에 臨해야 함을 强調하고 力說한바 있었던 것이다.

第3節 國立警察의 出帆

1. 軍政警察의 性格

軍政警察은 韓國이 自主獨立하여 政府를 樹立할 때까지의 과도기적인 3년 동안 韓國民을 위하고 治安을 確保하는 임무를 띤 警察이었다.67) 따라서 軍政警察은 日本人의 登記를 命令하고 그 시행을 제한하였으며68) 其他 韓國에서의 財産을 封鎖 團束히었다.69)

軍政警察은 美占領軍의 安全과 그 兵力의 維持 및 軍事行動의 成就를 協助하는 것을 使命으로 하였으며 이는 解體를 前提로 한 警察이었고70) 日帝 植民地 警察에서 獨立自主國家의 國立警察에로의 교량적인 역할을 담당하였다. 때문에 이 시기에는 警察의 制度 機構 組織 運營에 있어 제반준비가 成熟되어 갔다. 따라서 國立警察을 出帆케 한 準備時代이기도 하였던 것이다. 또한 이는 民主主義와 그 시책에 입각한 民主警察이었기에71) 民衆에 대한 奉仕와 秩序維持를 重要 任務로 하였다. 公僕精神과 民主的使命을 띠고 出發한 軍政警察은 警察棒, 新徽章으로 小型無窮花, 女子警察의 新設, 公報室의 創設, 警務總監府와 監察署 創設, 經濟警察의 폐지, 衛生警察, 消防警

---

67) 美軍政廳 法令 第19號 第1條.
68) 同 法令 第10號.
69) 同 法令 第2號 第4號.
70) 太平洋美國陸軍總司令部 布告 第1號 第1條(1945. 9. 7.)
71) 同美軍政廳 法令 第19號(1945. 10. 30.)

察, 檢閱警察, 風俗警察 등의 市·道에의 移管 即決權의 폐지, 拷問의 撤廢72) 등을 과감히 단행 전개하였다.

軍政警察은 大陸系가 아닌 英美警察 類型에 속하는 民主警察이며 戰鬪警察로서의 군사 훈련과 특수한 장비가 必要하였다.

2. 國立警察의 創立과 그 機構

1945年 8月 15日 民族의 光復과 동시에 美軍政이 실시하게 되었으나 초기에는 日本式 舊機構, 組織이 그대로 利用되었다. 그러나 美軍이 9月 9日 進駐함으로써 民主 奉仕 秩序의 警察로 과감히 轉換해야 함은 너무나도 당연한 귀결인 것이다. 따라서 1945年 10月 16日 하지 中將이 軍政의 性格을 發表한 뒤 同 21日을 기하여 軍政廳에 警務局을 創設하고 官房, 總務課, 公安課, 搜査課, 通信課를 그 隷下에 設置하였으며73) 地方에서는 各道知事 隷下의 警察部長을 두고 그 밑에 소속 보조기관으로서 警務課, 保安課, 刑事課, 經濟課74), 情報課, 消防課(京畿道에 限함), 衛生課75)의 7個課를 設置함으로서 國立警察의 創設을 기할 수 있었던 것으로76) 全國的인 警察을 장악 支配統率한 그 첫째의 機構이었다.

이러한 경로로 發足한 國立警察은 제일 처음 既存 現況을 살피기 위하여 美陸軍大領 아서 S. 참페니를 警察監察官으로 임명하고77) 南韓 全警察署에 대한 監察을 실시하였다.78)

---

72) 1948年 6月 4日附 警務部長 趙炳玉 및 部長顧問官 H. E 에릭슨의 명의로 예하 各警務總監 各管區廳長 各管區公安將校에게 「警察에 의한 毆打에 關한 件」을 發送하였다. 이에 관한 地方신문 보도를 振起케 하였다.

73) 美軍政法令 第20號(1945. 10. 30.)
本法令은 1946年 3月 2日 法令 第56號로 改正되었으나 內容은 大同小異하였다.

74) 美軍政法令 第17號(1945. 10. 24.)

75) 美軍政法令 第1號(1945. 9. 24.) 衛生局 設置에 관한 件으로 1945年 9月 24日附로 警務局 衛生課를 폐지하고 그 대신 保健厚生部에 衛生局을 設置하였다.

76) 國立警察이란 軍政權에 근거를 두고 軍政當局이 관리 운영하는 軍政警察인 것이다.

77) 1945年 10月 29日字.

78) ① 警務局長의 命令에 의하여 朝鮮警察의 조직 임명 등에 대한 定期的 시찰.

따라서 同年 12月 27日字 美軍政長官 命令에 따라 「國立警察의 組織에 關한 件」을 發布하여79) 종전 各道知事 權限下에 있던 경찰행정권을 분리하고 各道警察部를 獨立시켰으며 그 隷下에 總務課, 公安課, 搜査課, 査察課, 通信課의 5課를 두었다.

翌 1946年 1月 16日附 「경찰국 경무부에 관한 건」에 依하여 중앙기관의 개혁을 기도하더니 同年 4月 드디어 이를 단행, 종래의 警務局을 警務部로 개칭하는 동시에 課를 局으로 개편하여 總務, 公安, 搜査, 通信, 敎育의 5局으로 재편성하였다.

軍政時代 警察機構表를 보면 다음과 같다.

---

　　② 局長 명령을 代行함에 必要한 警務局 내부의 사두조사.
　　③ 警察官은 警務局長에게 시찰 또는 조사한 결과를 正式으로 보고하고 地方軍政官에게는 각 地方警察 組織에 대한 보고의 一部를 제공함. 보고에는 矯正할 方策에 관한 要綱도 포함되었다
79) ① 朝鮮警察은 한個의 國立警察部隊임. 朝鮮人 警務局長은 朝鮮內 全警察의 最高司令官임.
　　② 警務局長은 國立警察의 組織 管理 訓練 手續 活動 人事 등 문제에 관하여 책임이 있음.
　　③ 警務局 예산자금은 警務局長에게 배당되며 警務局長은 이를 各道 警察部長에게 割當함. 此에 대하여는 如何한 政府機關이고 간섭할 권한이 없음.
　　④ 各道 警察部長은 其 道內에서 法律과 秩序를 유지하고 警察에 부과된 職務를 完遂함에 있어서 道知事에 대하여 책임이 있음. 道知事는 警察의 조직 관리 수속 재정 인사 등에 관한 命令을 發할 권한이 없음.
　　⑤ 市最高警察責任者는 市管轄區域內에서 法律과 秩序를 유지하고 警察에 부과된 職務를 完遂함에 있어서 市長에 대하여 責任이 있음. 市長은 이 목적을 달성하는데 必要한 지시를 市最高警察責任者에게 할 수 있음. 市長은 警察의 조직 관리 수속 재정 인사에 관한 命令을 發할 권한은 없음.
　　⑥ 警務局長은 常例的 사항에 관하여서는 各道 警察部長과 직접 通信함. 各警察部長은 그 道內의 모든 隷下 警察官과 직접 警察事項을 처리하고 그 道內에서 발생한 모든 重要事件을 道知事에게 통보할 事. 市警察最高責任者는 市에서 發生한 모든 重要事件을 市長에게 通報할 事.
　　⑦ 道知事는 警察의 행동에 관하여 不滿히 생각하는 상례가 있으면 警務局長을 통하여 軍政長官에게 보고할 事
　　⑧ 道知事 各警察部長 市長 市警察最高責任者는 이 警察體制를 원활히 運用하는 데 모든 노력을 다 할 의무가 있음.
　　⑨ 地方分權的으로 운용하는 동시에 中央集權的 統轄을 하는 것이 現 警察의 관건임.

軍政時代　警察機構 (1946년)

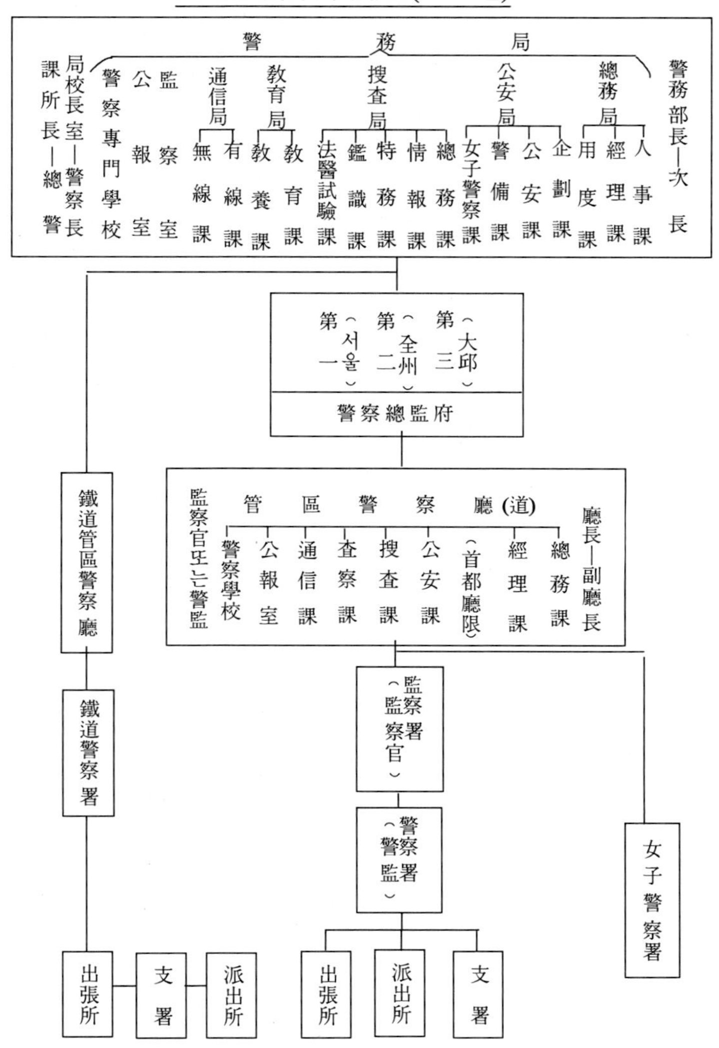

이와 같이 行政警察權을 道知事의 권한으로부터 분리하여 독립된 警察部를 설치한 데 관하여는 그 후 兩者間의 마찰과 권한쟁의가 문제화하여 1947年 4月 10日 및 11日 兩者間에 亘하여 개최된 道知事 및 部處長共同協議會에서 「國立警察과 道知事 및 서울市長과의 關係」로서 討議되었으며 同 協議會에서 任命한 9人委員會가 따로 詳細히 檢討하였는데 同委員會의 會議 및 建議의 요점은 다음과 같았다.

① 道知事와 部長과의 共同會議
이의 一致한 의견은 國立警察制度를 變更하지 않고 從前과 如히 존속하기로 되었으며 中央集權的 統轄政策을 그대로 存續시키기로 되었다.

② 秩序維持의 問題
그러나 그 合同會議의 회원은 누구나를 막론하고 國立警察과 道知事, 서울특별시장과의 관계는 後者가 권위를 유지하고 그 관할구지역에서 행정장관으로서 법률과 질서를 유지하는 데 관한 중대사를 安堵感을 갖고 성취할 수 있도록 國立警察은 後者와 적극적으로 協力할 것이라는 데 의견의 일치를 보았음.

③共同會議의 結論
第2項의 目的을 達成하기 爲하여 合同會議의 各員은 以下의 結論을 하였음.
1945年 12月 27日字「國立警察 組織에 관한 通牒」및 1946年 3月 8日字「國立警察과 道知事, 서울특별시장과의 관계」를 규정한 통첩을 爲始하여 그 후에 여러 가지 통첩의 目的과 의도를 警務部長의 재확인으로써 그 관계를 한층 명확케 함이 필요하다고 의견이 일치되었음.

④ 國立警察의 諮問機關 新設
共同委員會에서는 또한 아래와 같이 의견이 일치를 보았음.
國立警察을 한층 더 공정하고도 協和的으로 운용해 나가기 위해서 各道와 各地方別로 國立警察에 대한 諮問機關을 신설하자는 勸告가 있었음.
㉮ 軍政廳에는 警務部長 고문 매글린 대령의 諮問機關으로 國立

警察 참의원을 설치할 것

　　㈏ 各管區警察廳에는 공동위원회 보고에 계획된 바와 같이 區警
察評議會를 설치할 것

　　㈐ 各區 警察署에는 공동위원회 보고서에 기재된 바와 같이 區警
察委員會를 설치할 것[80)

등에 依하여 1947年 9月 11日字로 警務部長이 예하 各管區警察署長
에게 警察行政運營 改選에 관한 件을 지시하였다.

3. 警察行政運營의　發展策　講究

1947년 9月 10日부로 警務部長이 예하 각관서장에게 「경찰행정운
영 개선에 관한 건」을 지시하였는데 冒頭를 省略하고 本文만을 소개
하면 다음과 같다.

　　① 道知事와 국립경찰과의 관계

　　1945年 12月 27日字 「國立警察組織에 關한 件」에 依하면 道知事
는 各管區警察廳長에 對하여 警察의 조직 운영 훈련 재정 인사 관
계로 명령할 권한이 없고 各管區警察廳長은 「관할구역 내의 法令
질서의 유지와 경찰에 負荷된 모든 직무를 수행함에 있어 道知事에
대하여 책임을 지고」[81)라고 했으며 도내에서 발생한 중요사건을 道
知事 또는 특별시장에게 통보[82)할 의무가 있을 뿐이다. 此責任 及
義務는 1946年 3月 8日字 美國人 公安장교에 대한 「경찰협력에 관
한 件」지령으로도 확인되어 있고 1946년 10월 22일字 軍政法令 제
114호 「道기구 개혁령」에도 「道경찰부는 폐지」되고 「道경찰부의 임
무 직능 文書 財産 및 직원은 關係道와 관할구역을 같이 하는 警察
廳에 移管」되어 「경찰청장은 도지사와 대등으로 상호 협력하여 치

---

80) 1947年 5月 27日字로 民政長官이 軍政長官에게 보낸 道知事部長共同委員會의
　　決議文.
81) 同 指令 第4條.
82) 同 指令 第6條.

안 확보에 대한 책임을 완수」할 것으로 규정되어 상호협조의 정신이 일관되어 있는 故로[83]

㉠ 各管區警察廳長은 管區內에서 발생하는 治安上의 重要事件을 즉시로 道知事에게 通報하고

㉡ 道知事가 道內 一般行政의 最高責任者로서의 權限과 責任을 수행할 수 있도록 援助 協力하며 상호 和暢親睦裏에 지방행정실적 擧揚에 邁進하시압.

서울特別市長과 首都警察廳長과의 관계, 運輸部長과 철도 管區警察廳長과의 관계도 道知事와 各管區警察廳長과의 관계에 準함.

② 管區警察評議會 조직에 관한 件

지방경찰행정에 관한 중요 정책 실적이 援助協力을 얻고 民心을 收攬하여 警察本來의 責任 완수를 강력히 推進하기 위하여 各管區警察廳內에 다음 요령에 의거하여 管區警察評議會를 조직하고 運用의 萬全을 기필하시압.

㉠ 管區警察評議會의 구성

要員은 下와 如히 선정하고 道知事를 議長으로 함.

1. 道知事
2. 道會議長(道會成立後 참가)
3. 地方檢察廳長
4. 警備隊長
5. 美國人 道行政顧問(特別市는 市政顧問)
6. 美國人 警察顧問
7. 管區警察廳長

㉡ 管區警察評議會의 審議事項

1. 警察廳長이 제출한 치안에 관한 사무연락
2. 폭동, 파업 기타 治安攪亂事件 收拾에 관한 協議와 對策
3. 警察綱紀와 人權問題에 관한 정보교환과 의견토의
4. 지방행정 事務實施에 대한 警察協力方策과 其限度
5. 警察公知事項 及 警民一體 實現에 관한 사항에 대한 審議
6. 기타 지방경찰사무 중 중요 사항에 대한 審議

---

83) 軍政法令 第114號(1946. 10. 22)

ⓒ 기타 사항

1. 管區警察評議會는 정기, 임시의 **2種**의 회의운용방책을 樹立할 것.

2. 會議日字, 出席人員, 審議事項, 決議事項 등에 관한 기록을 작성하여 둘 것.

3. 회의 성질에 따라 前記 임원 외에 임시로 필요한 임원을 추가 참가시키는 경우를 고려할 것.

③ 區警察委員會 조직에 관한 件

警察事務 執行에 관하여 適切 타당한 협력 援助를 얻고 지방사정에 적합하게 경찰권을 발동하고 處理함으로써 지방민심을 收攬하여 警察 본래의 責務를 원활 명랑히 수행하기 위하여 各區警察署內에 다음 要領에 의거하여 區警察委員會를 조직하고 運用의 萬全을 期必하시압.

㉠ 區警察委員會의 구성

임원은 下의 範圍로 함

1. 郡守 又는 府尹

2. 警察署長

3. 地方有力者는(郡守 又는 府尹과 警察署長의 회의로 選定함)

㉡ 區警察委員會의 審議事項

1. 경찰관의 綱紀와 인권문제에 관한 정보교환과 의견토의

2. 地方治安攪亂事件에 대한 收拾對策

3. 기타 경찰사무상 치안에 관한 사항의 수시 연락

㉢ 區警察委員會의 운영

區警察委員會는 회의의 형식상보다 실질을 취하여 到處에서 수시로 開催하여 지방민심의 동향과 요망을 파악하고 상호 연락 협조와 和暢 親睦을 토대로 하여 명랑한 지방행정 건설을 추진할 것.

④ 기타 유의사항

㉠ 管區警察評議會의 조직을 完了한 後 회의규칙, 其 組織內容, 기타 상황을 보고 할 것.

㉡ 管區警察評議會 회의 내용은 開催時마다 當部에 報告할 것.

㉢ 區警察委員會의 지도 감독은 警察廳長에게 委任함.

등이었다.

4. 警察參議院 設置의 問題

警察參議院 설치 요령을 보면 다음과 같이 記述되어 있다.

① 警察參議院을 다음 要領에 依하여 玆에 설치함
② 參議院의 構成
　㉠ 입법부 대표 2명
　　過度立法議院의 의장이 대의원 중에서 選任함.
　㉡ 사법부 대표 2명
　　軍政長官이 사법관 중에서 임명함.
　㉢ 행정부 대표 2명
　　韓國人 民政長官이 部·處長 中에서 選任함.
　㉣ 美國人 대표 2명
　　軍政長官이 美國人 中에서 임명함.
　㉤ 警察部長
　　직무상 當然히 參議가 되나 票決權은 없음.
　㉥ 參議院 議長은 軍政長官이 임명함.
③ 參議院의 機能
　㉠ 경찰정책 中 중요사항의 자문
　㉡ 警務部長이 提宰한 警察政策 및 실시사항에 대한 승인
　㉢ 警務部長이 推薦한 總督 이상의 任免에 대한 승인
　㉣ 警察査問委員會 결정에 對한 不服上告 再審
　㉤ 軍政長官이 提議한 사항의 審議
④ 警察參議院의 參議에 대한 特別報酬는 없음.
⑤ 警察參議院의 參議는 경찰조직체의 구성분자가 아니므로 개인으
　로서 경찰권행사의 권한이 없음.
⑥ 警察參議院은 軍政長官에게 직접 책임을 負함.[84]

---

84) 警務局 警務部에 關한 件(1946. 1. 16.), 軍政警 第23104號.

5. 警務局 警務部의 組織과 職能

國立警察은 日帝 때의 모든 不合理한 요소와 운영의 묘를 一新하기 위하여 과감한 職制의 개정과 계급을 새롭게 하였다.

그 내용을 보면 대략 다음과 같다.

① 경무국 경무부조직, 직능, 정원 및 官名을 玆에 발표하여 관계자 일동의 參考와 지침에 供함.

② 組　織

　㉠ 警務部는 법률 및 질서의 維持, 犯罪의 방지와 犯人의 逮捕에 관여하는 경무국 제복경찰관 전부를 포함하는 것임.

　㉡ 同部는 경찰관 전부에게 高等專門的 警察業務를 교습하기 위하여 국립경찰학교 조직, 수속, 통계를 掌理하는 경무과 및 경찰조직과 감찰을 分掌하는 公安課를 서울의 警務部에 置함. 公安課에는 교통과 풍기의 二係가 있음.

　㉢ 각도에는 도경찰부장을 置하고 警務局長을 대표하는 자로 함. 경찰부차장이 이를 보좌하고 소방, 총무, 문서, 공안, 형사, 교통, 통신의 諸課를 설치하여 본부로 함. 此本部諸課의 수는 상황에 의하여 此를 감소할 수 있음. 그러나 여하한 때에도 警務局長의 허가 없이 증가할 수 없음.

　㉣ 市域內에 一署 以上의 경찰서를 有한 市에는 경무감을 置함. 其官等은 下記에 의하여 總警 又는 監察官으로 함.

　7 乃至 10署　　　　　總　警

　3 乃至 6署　　　　　監 察 官

　2署 以下　　　　　　先任警監

　㉤ 警察署長은 管區內의 警察 諸活動에 관하여 道警察部長에 隸屬케 함. 旦 경찰서 市域內에 在할 市에는 同市의 警務監이 責任을 負함.

　㉥ 支署(駐在所를 改稱함)長은 其支署의 屬하는 警察署長에게 隸屬케 함.

③ 定員과 官等

　㉠ 制服警察官과 刑事를 合하여 總人員 25,000名을 초과하지 않

음. 此의 총수의 一割王分을 刑事部에 配當함.

㉡ 道別定員數는 如下함.

  1. 京畿道　6,300名　2. 江原道　1,700名

  3. 忠淸北道 1,800名　4. 全羅北道 2,800名

  5. 慶尙北道 3,300名　6. 忠淸南道 2,600名

  7. 全羅南道 3,100名　8. 慶尙南道 3,300名

㉢ 警務部의 官等은 如下함.

  警務部長 道警察部長 道警察部次長 總警 監察官 警監 警衛 警查 及 巡警

㉣ 警察制服 諸官의 比率은 如下함.

  巡警 6名에 對하여 警査 1名, 警査 4名에 對하여 警衛 1名, 警衛 5名에 對하여 警監 1名, 警監 3名에 對하여 監察官 1名, 總警의 數는 8名을 초과하지 아니하고 1名은 國立警察學校長에 補職, 1名은 京城警務監에 補職함.

  道警察部長과 道警察部次長은 各道 一名으로 함.

④ 諸官의 任務

㉠ 警務部의 「長」은 「警務部長」으로써 官名을 삼고 道警察部長의 俸給額을 支給함(이는 誤譯인 듯하다) 同部의 課의 長은 「課長」으로써 官名으로 하고 국장의 재량에 의하여 總警으로써 最高로 하는 官等과 俸給을 賦與 함.

㉡ 道警察部長

  道警察部長은 道政에 있어서 警務局長을 代表하는 者이다. 道管內에 있어서 法律과 秩序의 維持, 犯罪의 防止, 犯人의 逮捕, 生命과 財産의 保護, 犯罪者起訴를 爲한 證據를 蒐集하는 것 및 警察과 消防 諸課 諸署 及 諸機關의 監督과 運營을 任務로 함.

㉢ 道警察部次長

  道警察部次長은 道警察部長의 實務擔當官이다. 部長 不在時에는 其職을 代行하고 其職責에 任함.

㉣ 總警

  1. 上記 제2항 ㉣ 호에 제정한 바에 의하여 市의 警務監

  2. 國立警察學校長

  3. 上記 제4항 ㉠ 호에 제정하는 바에 의하여 警務部의 課의

長에 補職함.

㉺ 監察官

道監察部는 監察官을 置하여 當道內의 監察 又는 指揮任務에
當함을 得함. 其職責에 의하여서는 局長의 허가를 得하여 上
記 제2항 ㉣호에 定하는 바의 市의 警務監에게 此의 官等과
俸給을 賦與할 수 있음. 其任務에 依하여서는 警務部의 課長
又는 係主任 又는 道警察部의 課長에게 此官等과 俸給을 賦
與할 수 있음.

㉻ 警 監

法律과 秩序를 維持하며 又는 生命과 財産을 保護함으로써
任務로 함.85)

이와 거의 동시에 당시까지 習用하던 日帝時의 警察階級을 일소하
고 새로 警務部長, 警務部次長, 각도경찰부장, 경찰부차장, 총경 감
찰관, 경감 경위, 경사 및 순경의 10계급을 제정하였으며 포장, 肩襟
章, 腕胸章, 표어장 등을 결정 착용케 하고86) 철도화물을 보호하기
위한 鐵道警察隊를 운수국 산하에 설치하였으며87) 경찰관주재소를
지서, 주재소 수석을 지서장88)이라 개칭하고 또 과와 서에 係 및 班
을 설치하였다. 이보다 앞서 중앙에 조선경찰학교, 지방에 각도 경찰
학교를 설치하여 시급한 경찰관 육성에 노력하였으며 1946年 2月
25日에는 各道警察部 공안과 소속으로 騎馬警察隊를 창설하고 또
동년 4月에는 경무부 수사국에 감식과를 신설하여 指紋업무를 통합
관장하였다. 그리고 동년 4月 15日을 기하여 다시 행정기구를 개혁
함으로써89) 각도경찰조직의 개편을 보아 종전의 各道 警察部를 관

---

85) 局과 課를 部와 局으로 改稱한데 關한 公文書는 「警務局警務部에 관한 件」以外
    는 없고, 當時의 殘存公文書綴에 依하면 1946年 3月末까지는 「警務局長」의 名
    稱을 使用하고 동년 4月 1日부터는 「警務部長」으로 改稱하고 있다.
86) 1946年 1月 29日 시행.
87) 1946年 1月 31日 시행.
88) 1946年 8月 26日 이후 主任이라고 改稱함.
89) 1946年 4月 11日 國立警察組織에 關한 件.

구경찰청으로 하고 관구번호제로 하여

제1관구 警察廳(경기도 경찰투)
제2관구 警察廳(강원도 경찰투)
제3관구 警察廳(충청남도 경찰부)
제4관구 警察廳(충청북도 경찰부)
제5관구警察廳(경상북도 경찰쿠)
제6관구警察廳(전라북도 경찰쿠)
제7관구警察廳(경상남도 경찰쿠)
제8관구警察廳(전라남도 경찰쿠)

으로 하였고 각도경찰서도 이에 준하여 관구 내에 있어서의 區번호
제로90)하는 동시 5개 내지 6개 警察署를 감독하기 위하여 따로이

---

90) 서울특별시
(수도관구경찰청시대) (제1관구경찰청시대)
　　제 1구경찰서　　제 9구경찰서 　(서대문 경찰서)
　　제 2구경찰서　　제10구경찰서 　(종로 경찰서)
　　제 3구경찰서　　제11구경찰서 　(창덕궁 경찰서)
　　제 4구경찰서　　제12구경찰서 　(동대문 경찰서)
　　제 5구경찰서　　제13구경찰서 　(성북 경찰서)
　　제 6구경찰서　　제14구경찰서 　(영등포 경찰서)
　　제 7구경찰서　　제15구경찰서 　(마포 경찰서)
　　제 8구경찰서　　제16구경찰서 　(용산 경찰서)
　　제 9구경찰서　　제17구경찰서 　(本町(중구) 경찰서)
　　제10구경찰서　　제18구경찰서 　(성동 경찰서)
京畿道(1946. 11. 2일 경공 제1041호), 第1管區 警察廳
第1區警察署(甕津警察署)　　第2區警察署(延白警察署)　　第3區警察署(開城警察署)
第4區警察署(長湍警察署)　　第5區警察署(坡州警察署)　　第6區警察署(抱川警察署)
第7區警察署(加平警察署)　　第8區警察署(江華警察署)　　第9區警察署(楊洲警察署)
第10區警察署(金浦警察署)　　第11區警察署(仁川警察署)　　第12區警察署(富平警察署)
第13區警察署(安養警察署)　　第14區警察署(廣州警察署)　　第15區警察署(楊平警察署)
第16區警察署(水原警察署)　　第17區警察署(龍仁警察署)　　第18區警察署(利川警察署)
第19區警察署(驪州警察署)　　第20區警察署(平澤警察署)　　第21區警察署(安城警察署)
江原道 第2管區警察廳
第1區警察署(春川警察署)　　第2區警察署(洪川警察署)　　第3區警察署(江陵警察署)
第4區警察署(橫城警察署)　　第5區警察署(平昌警察署)　　第6區警察署(旌善警察署)
第7區警察署(三陟警察署)　　第8區警察署(原州警察署)　　第9區警察署(寧越警察署)

第10區警察署(蔚珍警察署)　第11區警察署(麟蹄警察署)　第12區警察署(注文警察署)
忠淸南道　第3管區警察廳
第1區警察署(瑞山警察署)　第2區警察署(唐津警察署)　第3區警察署(溫陽警察署)
第4區警察署(天安警察署)　第5區警察署(洪城警察署)　第6區警察署(禮山警察署)
第7區警察署(鳥致院警察署)　第8區警察署(保寧警察署)　第9區警察署(靑陽警察署)
第10區警察署(公州警察署)　第11區警察署(舒川警察署)　第12區警察署(扶餘警察署)
第13區警察署(江景警察署)

第5區警察署(洪城警察署)　　第6區警察署(禮山警察署)
第7區警察署(鳥致警察署)　　第8區警察署(保寧警察署)
第9區警察署(靑陽警察署)　　第10區警察署(公州警察署)
第11區警察署(舒川警察署)　　第12區警察署(扶餘警察署)
第13區警察署(江景警察署)　　第14區警察署(大田警察署)
第15區警察署(泰安警察署)　　第16區警察署(儒城警察署)
忠淸北道　第4管區警察廳
第1區警察署(鎭川警察署)　　第2區警察署(陰城警察署)
第3區警察署(忠州警察署)　　第4區警察署(提川警察署)
第5區警察署(丹陽警察署)　　第6區警察署(淸州警察署)
第7區警察署(槐山警察署)　　第8區警察署(報恩警察署)
第9區警察署(沃川警察署)　　第10區警察署(永同警察署)
慶尙北道　第5管區警察廳
第1區警察署(聞慶警察署)　　第2區警察署(醴泉警察署)
第3區警察署(榮州警察署)　　第4區警察署(奉化警察署)
第5區警察署(尙州警察署)　　第6區警察署(義城警察署)
第7區警察署(安東警察署)　　第8區警察署(英陽警察署)
第9區警察署(金泉警察署)　　第10區警察署(善山警察署)
第11區警察署(軍威警察署)　　第12區警察署(靑松警察署)
第13區警察署(盈德警察署)　　第14區警察署(星州警察署)
第15區警察署(漆谷警察署)　　第16區警察署(永川警察署)
第17區警察署(浦項警察署)　　第18區警察署(高靈警察署)
第19區警察署(大邱警察署)　　第20區警察署(慶山警察署)
第21區警察署(慶州警察署)　　第22區警察署(淸道警察署)
第23區警察署(鬱陵警察署)　　第24區警察署(南大邱警察署)
全羅北道　第6管區警察廳
第1區警察署(群山警察署)　　第2區警察署(沃溝警察署)
第3區警察署(錦山警察署)　　第4區警察署(茂朱警察署)
第5區警察署(金堤警察署)　　第6區警察署(全州警察署)
第7區警察署(鎭安警察署)　　第8區警察署(扶安警察署)
第9區警察署(井邑警察署)　　第10區警察署(任實警察署)
第11區警察署(長水警察署)　　第12區警察署(高敞警察署)
第13區警察署(淳昌警察署)　　第14區警察署(南原警察署)
慶尙南道　第7管區警察廳
第1區警察署(咸陽警察署)　　第2區警察署(居昌警察署)

管區警察廳과　區警察署　중간에　地區警察署를　설치하고　監察官을　배치하였다. 그리고 경찰계급도 고쳐　警察部長을　警察廳長, 警察次長을　副廳長으로　하고 이하總警, 監察官, 警監, 警衛, 警查, 巡警의　8계급으로　재조정하였다.

6. 民主的 制度의 施行

國立警察의　조직과 기능이 발전할수록 경찰제도면에서도　바람직한 시책이 저변에서부터 일어나기 시작하여 同年 5月에는 새 服制에 依하여　夏服을　縫着, 每職員에게　二着씩　配付　着用케 하여　威信保持와 職務遂行에　지장이 없도록　하였으며 7月　1日에는　警務部　公安局에 女子警察課를　설치하고 8月　1日　濟州道가　설치됨에91)　濟州道警察(第

```
        第3區警察署(陜州警察署)          第4區警察署(昌寧警察署)
        第5區警察署(密陽警察署)          第6區警察署(梁山警察署)
        第7區警察署(蔚山警察署)          第8區警察署(山淸警察署)
        第9區警察署(晋州警察署)          第10區警察署(宜寧警察署)
        第11區警察署(咸安警察署)         第12區警察署(馬山警察署)
        第13區警察署(鎭海警察署)         第14區警察署(金海警察署)
        第15區警察署(釜山警察署)         第15區警察署(北釜山警察署)
        第17區警察署(水上警察署)         第13區警察署(東萊警察署)
        第19區警察署(河東警察署)         第20區警察署(三千浦警察署)
        第21區警察署(固城警察署)         第22區警察署(忠武警察署)
        第23區警察署(巨濟警察署)         第24區警察署(南海警察署)
  全羅南道　第8管區警察廳
        第1區警察署(靈光警察署)          第2區警察署(長城警察署)
        第3區警察署(潭陽警察署)          第4區警察署(谷城警察署)
        第5區警察署(求禮警察署)          第6區警察署(咸平警察署)
        第7區警察署(羅州警察署)          第8區警察署(光州警察署)
        第9區警察署(和順警察署)          第10區警察署(順天警察署)
        第11區警察署(光陽警察署)         第12區警察署(木浦警察署)
        第13區警察署(靈岩警察署)         第14區警察署(寶城警察署)
        第15區警察署(麗水警察署)         第16區警察署(珍島警察署)
        第17區警察署(海南警察署)         第18區警察署(康津警察署)
        第19區警察署(長興警察署)         第20區警察署(高興警察署)
        第21區警察署(莞島警察署)         第22區警察署(光山警察署)
        第23區警察署(務安警察署)         第24區警察署(筏橋警察署)
```

91) 法令　第94號로　濟州道에　설치함.

8管區警察廳 第22區警察署)은, 第8管區警察廳에서 분리하여 제주경찰감찰서로 新發足92), 該一圓지역을 同監警署에서 管轄하게 되었다. 濟州監察署는 독립된 기관으로서 서장은 감찰관의 직위를 보유하되 일반 管區警察廳長과 마찬가지로 보고서의 작성 제출 등 직접 경무부장에 대하여 직능을 갖고 책임을 부담하였다.

同年(1946) 8月 15日에는 中央의 朝鮮國立警察學教를 國立警察專門學校로 승격하여 종래 各管區警察學校에서 最短 1週, 最長 3個月을 한도로 실시하던 訓練을 一定한 規準에 依하여 均一化할 方案을 樹立하였으며 9月 17日에는 各管區廳의 警察活動을 一般的으로 監督하기 위하여 警務總監府를 新設하였는데 그 管轄區域에 따라 三部로 區分되었다.

第1警務總監部(第1, 2管區) 本部 京城

第2警務總監部(第3, 6, 8管區 및 濟州監察區) 本部 全州

第3警務總監部(第4, 5, 7管區) 本部 大邱

警務總監은 警務部長에 依하여 任命되고 警務部長을 代理하여 隷下 管區廳의 警察活動을 一般的으로 監督하되 警務部次長의 指揮命令에 服하며 警務部次長과 同一한 職位와 俸給을 賦與받는다. 그러나 警務總監은 狹義의 行政機關이 아니므로 警務部長의 特命이 없는 限 一般 警察事務에 關하여는 命令系統에 설 權限이 없고 單只 主로 監督을 行할 수 있을 따름이었다. 그 職務를 보면,

① 管轄內 各管區警察活動의 一般的 監督 및 調整

② 訓練, 手續, 規律, 記錄(文書) 및 警察規則 指示에 對한 服務에 關한 監督

③ 警監 以上의 警察官에 關한 懲戒委員會의 統理

④ 警察部長에 의하여 指示된 其他 職務

---

92) 그 후 濟州道 監察廳으로 개칭하였다가 1947年 3月 10日 다시 濟州警察監察廳으로 改名 되었음.

이고 所屬職員은 總警 1名, 監察官 2名, 警監 3名, 警査 4名이었다. 그리고 總監部의 經理 用度 等 그 維持 管理는 그 所在地의 管轄警察廳에서 擔當키로 되어 있었으니 즉 第1總監部는 首都管區廳이, 第2總監部는 第6管區廳이, 第3總監部는 第5管區廳이 이의 維持 管理에 當하였던 것이다.

同月(1946. 9) 18日에는 서울特別市가 設置되어93) 第1管區警察廳 所管區域이 서울特別市와 京畿道로 兩分됨에, 서울市 一圓을 管轄하는 首都管區警察廳이 分離 創設되었으며 이에 따라 第1警務總監部는 首都管區, 第1, 第2管區警察廳을 監督하게 되었다(1946年 9月 24日字 警務部長 名儀로 各關係官에게 서울市 首都地區 10個 警察署를 管轄하는 首都管區警察廳의 設置를 通牒함)

同年(1946) 10月에는 警務部 敎育局의 分掌事務인 警察官敎養事務를 地方에서 施行하기 위하여 各管區警察廳 公安課에 敎養係를 設置하였으며 다음해인 1947年 2月에는 서울을 비롯하여 仁川, 大邱, 釜山 等 國內 主要都市에 女子警察署를 新設하고 同年 3月에는 警務部令 第1號로 本部에 警察公報室을 設置하였다. 이에 따라 各管區警察廳도 차례로 公報室을 附設하였으며 同 5月 5日에는 警務部令 第2號로 運輸部 所管 特別警察인 運輸警察廳을 國立警察에 접수 編入하여 一個管區로서 鐵道管區警察廳의 設立을 보았다.94)

1946年 4月 管區警察廳이 發足한 以來 各廳의 編制가 區區하고 事務分掌의 統一이 缺如되어 있을 뿐 아니라 一部管區에서는 任意로 機構를 改編하는 等 事例가 있어 全國的으로 警察組織 및 運營上 支障이 적지 않았으므로 本部에서는 누차 事務分掌統一 乃至 警察機構에 關한 指令을 遵守토록 嚴達하였고 課名의 改稱, 課의 新設 等 警察機構 改編을 遂行치 못하게 하였으며 特히 警察廳副課長, 警察署副署長 및 警察署의 課制 等을 廢止케 하였다. 그러나 그것이 簡單히

---

93) 法令 第106號(1946. 9. 18.) 서울特別市의 設置.
94) 1947年 3月 1日 警務部 指令 第1號.

固守되지는 않았으니 그것은 當時 主로 警務部의 最高幹部職에 있는 者와 首都管區警察廳의 最高指揮職 및 第1警務總監部의 總監職을 兼한 者 사이에 私的인 宿嫌이 있어 이것이 나아가 命令系統을 輕視하고 警察規律을 紊亂케 한 緣由를 만들었던 것이다. 그리하여 首都警察廳에서는 1947年 다시 總務課와 公安課를 各各 警務課와 保安課로 改稱하였었다. 當時 國際政局의 動向과 1948年에 實施 豫定인 總選擧 및 非合法團體의 活動과 謀略的 破壞的 行動의 盛行에 따라 從來 査察課를 두지 않았던 管區에서도 반드시 査察課를 新設하도록 하고 또 各區警察署에서도 이에 準하여 査察係를 設置케 하였으며 1947年 12月 13日字 警搜總 제411호 「管區警察廳에 査察課설치에 관한 件」, 翌 1948年 2月 5日에는 警公 제395호 「管區警察廳 관명통일에 관한 件」을 관계관에게 송부하여 신설 창설과명 개칭은 上下의 명령계통과 조직단결 및 경찰규율상 지장이 적지 않음을 강조하여 개별 관구의 종래 관습을 타파하고 원칙적으로 6課1校1室로 개편 실시케 하였는데 그것은 다음과 같다.

總務課	公安課
搜査課	査察課(除 濟州警察 監察廳)
通信課	女子警察課(第 1, 5, 7관구에 한함)
管區警察學校	警察公報室

　그리고 同年(1948) 5月 5日에는 警務部 訓令 第26號로써 警察署 等級制度를 신설하여 警察署를 1級地(감찰관 서장)와 2級地(경감 서장)로 구분하였고 6月 10日에는 기구의 번잡을 제거하고 사무처리의 민속한 기능과 간소화의 적정을 期하는 한편 실질상 사무능률의 증진을 圖謀하고자 警務部의 副局長 副官房長 副室長 本部 및 관구의 부과장 그리고 관구청 副校長制를 일괄 폐지하였고[95] 또 同年 7月 5日에는 各主要都市와 경비중요지역에 特別警備隊를 설치하였다.

---

95) 1948年 6月 10日 警人秘 第166號.

第4節 民主警察의 組織과 運營

1. 民主警察權의 特色

① 民主警察의 性格

1945年 8月 15日 이후 無政府的 혼란상태는 1945年 9月 9日 美軍의 진주와 同 10日 아놀드 少將이 軍政長官으로 취임하여 軍政警察을 실시함으로써 安定을 되찾게 되었다.

이 때 警察署나 파출소에는 美軍人 4名 내지 5名씩 배치하여 治安을 확보하고 자유, 혼란, 무질서, 방종, 울분, 감격의 수라장화한 상태를 진무하기에 심혈을 경주하였다.

이 무렵 太平洋美國陸軍總司令部에서는 布告 第1號에서;

1943년 11월 27일 카이로 선언으로 美, 中, 英 3국은 한국인민의 노예상태에 유의하고 적당한 슨서를 밟아서 한국을 자유독립국으로 할 결의를 표명하였으며, 1945年 7月 26日 포스담 선언으로 카이로 선언 條項의 履行을 다짐한 연합국은 同年 8月 15日 일본이 무조건 항복한 후 9월 7일 太平洋美國陸軍總司令部로 하여금 布告 第1號를 한국주민에게 공포케 하였는데, 同 文書中 美軍이 북위 38도 以南 韓國 지역을 점령한 사실을 확인하고 同占領의 목적이 한국인의 인격, 종교상의 권리를 보호함에 있음을 闡明하며 주민에게 이 목적 달성을 위한 적극적인 협조와 노력 있기를 促求하였는데 이것은 美軍政의 민주적 성격과 민주행정의 원리를 中外에 公布 宣揚한 것이었다. 그리고 同年 10月 30日字로96) 「韓國으로부터……일본의 모든 군국주의 국민주의적 觀念을 一掃할 것과…… 韓國의 자유독립 책임의 회복을 務圖 할 것 및 경제의 民主化政策을 再闡明하였으며 同年 11月 16日字로97) 朝鮮職員檢査委員會를 창설하여 軍政廳에 관직을

---

96) 法令 第19號 第 1條.

有한 또는 그 官廳에 청원하는 韓國人의 親日 또는 利敵行爲를 探査 審問케 하여 該事業의 務圖 촉진을 沮害하는 者를 除去케 하였다.

② 衛生事業의 移管

警察 任務가 국민의 生命, 身體, 財産의 보호와 범죄의 예방, 公安의 유지와 기타 法令의 집행에 있음은 모든 민주국가의 法令에서 明言하고 있다. 그러나 이를 적극적으로 廣汎하게 해석하여 전국적인 강력한 조직망을 가진 一般警察 機關으로 하여금 전국의 각 행정 분야에 亘하여 광범위하게 그 勸力을 浸透 行使케 한다면 그 형세는 警察의 萬能化를 가져오고 따라서 자연 국민의 자유와 권익을 부당히 침해 내지 위협하는 결과를 가져올 것이다. 이에 민주국가의 모든 警察은 警察業務를 소극적인 治安目的에 국한시키고 保健警察, 經濟警察, 出版警察, 産業警察 등 特殊警察을 일반경찰기관으로부터 분리시킴을 원칙으로 하고 있는데 이것이 民主警察 본연의 자세이며 필연의 귀결인 것이다.

이에 착안한 美軍政廳은 1945年 9月 24日字 法令 제1호로 「衛生局 設置에 관한 件」을 공포하여 警察局의 衛生課를 폐지하는 동시 衛生局을 신설하고 그 업무를 이에 移管한 뒤 同年 10月 27日에는 衛生局의 名稱을 保健厚生局으로 變更하고 警務局 防護課 戰災民係의 업무도 引受케 하였으며[98] 同年 11月 7日字로 각도에 保健厚生局를 설치하고 道警察部 衛生課, 警察署 衛生課, 道警察部地方公醫, 道警察部軍人援護課의 警察業務를 전부 이에 移管하였다.[99] 그리고 翌 1946年 5月 13日에는 法令 第83號 「公設浴場 및 飮食店의 免許에 관한 件」을 공포하여 浴場 및 飮食店의 허가권도 各道 保健厚生部에 移管하고 警察機關은 단지 附帶許可만을 取扱하게 되었다.[100]

---

97) 法令 第29號.
98) 法令 第18號 保健厚生局 設立.
99) 法令 第25號.
100) 法令 第83號(1946. 5. 13.)

즉　公設浴場免許申請書에는　免許申請한　營業所에서　風紀를　적당히
保全할　수　있다는　警務部의　증명서를　첨부하게　하였으며　요리　또한
無酒精飮料　판매에　관하여　종속적　업무에　종사하는　요리　또는　無酒
精飮料　판매인은　警務部　또는　其他　所管　官廳으로부터　如斯한　종속
업무에　관하여　부가적으로　또는　個別的으로　免許를　得함을　要하게
하였다. 그리고　1946年　7月　25日字　法令　第96號「藥品營業取締令
及　其施行規則　改正」에　있어　第3條　나項에「警務部長　及　警察署라는
語句는　何處에　있든지　玆에　削除하고　道保健厚生局라는　語句를　代置
함」이라고　規定하여　法令　解釋上의　의문을　一掃하였다.101)

　③　日帝　法令의　폐지와　警察司法權의　환원

　다음　軍政官은　1945年　10月　9日字　法令　第11號를　公布하여102)　日帝
下　韓國人에게　差別　및　壓迫을　加하던　모든　政策과　主義를　소멸하고
韓國人에게　正義의　政治와　法律上　均等을　회복케　하기　위하여　政治犯
處罰法(1919年　4月　15日　制定), 豫備檢束法(1941年　5月　15日　制定),
治安維持法(1925年　5月　8日　制定), 出版法(1910年　2月　制定), 政治犯
保護觀察法(1936年　12月　12日　制定), 神社法(1919年　7月　18日　制定)
및　警察署長의　司法權에　관한　制令(1910年　12月　制令　第10號　犯罪卽
決例), 法律의　効力을　갖는　條令　및　命令을　폐지하고(法令　第11號　第1
條) 또　其他　法律　및　法律의　効力을　有한　條令　및　命令으로써　그　司法
的　또는　行政的　適用으로　因하여　種族, 國籍, 信條　또는　정치사상을　이
유로　差別을　生케　하는　一般法令을　全部　폐지하였으며103)　한편　刑罰法
不遡及　等　罪形法定主義의　原理와　不法拘禁處罰의　禁止(第3條)를　規定
公布하여　日帝下의　모든　非民主的　秩序를　打倒함에　注力하였다.

　韓日合倂後(1910年　12月)　이어　制定되었던　制令　第10號　犯罪卽決
例의　廢止　즉　警察司法權의　廢止로　因하여　1945年　11月　1日　警察署

---

101)　法令　第124號　藥品　及　藥品營業取締令　及　其施行細則　改正　第2條　나項.
102)　法令　第11號(1945. 10. 9.)
103)　法令　第11號　號2條.

長의 即決處分 및 訓戒放免權을 正式으로 司法部에 還元 移管하는
同時 治安官制度를 신설하여104) 治安官이 警察官署 또는 署所在地에
駐在하여 警察民主化를 목표하고 있는 것이다.

④ 經濟警察의 廢止 및 移管

日帝下의 모든 經濟統制는 그 大部分이 民主社會와 自由經濟秩序
의 原理에 違背하는 것이었으므로105) 1945年 10月 24日 夜半을 期
하여 法令 第17號를 公布함으로써 警務局經濟警察課를 廢止하고 그
職務를 政府로부터 一切 消滅시켰다.106) 그러나 新設經濟秩序에 對
한 亂動 및 暴利行爲 等을 團束하기 爲한 經濟統制는 새로 必要하였
으므로 1946年 5月 28日字 法令 第90號 「經濟統制에 關한 件」에 依
하여 經濟警察事務를 一部 復活시켰으나 이의 處務를 위한 警察機關
을 따로 設置하지 않고 關係機關인 新設物價行政廳의 管掌下에 두었
었다.107)

⑤ 檢閱警察 및 出版警察의 移管

1946年 4月 12日字로 法令 第68號 「活動寫眞의 取締에 關한 件」
을 公布하여108) 從前 活動寫眞필름의 檢閱 및 取締에 對한 責任을
前警務局 檢閱課에 附與하였던 1945年 4月 17日字 朝鮮總督府 訓令
第18號 第18條 第6項의 規定을 廢止하고 그 責任을 公報部로 移管
하였다.109) 그리하여 活動寫眞의 製作 配給 및 上映의 감독 取締에
關한 從來 警務部의 전직무를 公報部에서 擔任하게 되었으며110) 同
年 5月 29日字 法令 第88號 「新聞 及 其他定期刊行物 許可에 關한
件」111) 및 1947年 3月 20日字 法令 第136號 「法令 第88號 改正에

---

104) 法令 第41號 (1946. 1. 10.), 特別審判員制度 設立.
105) 法令 第19號(1945. 10. 30.) 第1條.
106) 法令 第17號(1945. 10. 24.)
107) 法令 第90號(1946. 5. 28.)
108) 法令 第68號(1946. 4. 12.)
109) 朝鮮總督府 訓令 第18號(1945. 4. 17.) 第18條 第6項.
110) 法令 第68號 및 法令 第115號(1946. 10. 8.) 영화의 허가.
111) 法令 第88號(1946. 5. 29.)

依하여 出版警察을 처음 商務部로 나중에는 公報部로 移管하였다.112) 그리하여 新聞 및 其他 定期刊行物의 인쇄, 發行, 出版, 配布, 配付, 판매 또는 販賣勸誘, 우송, 전시, 陳列 等에 對한 許可業務를 全部 公報部에서 取扱하게 되었다.

⑥ 消防部 및 消防要員會의 創設과 事務移管

1946年 4月 10日字 法令 第66號로 「소방부 및 소방요원회의 창설에 관한 건」을 公布하여113) 各 市, 邑, 面의 直接監督과 운영 관리 下에 독립된 消防部를 창립하고 從來 警務部에서 行하던 消防部의 운영 및 관리를 停止하는 한편, 消防部에 관한 警務部의 제반 의무, 직무, 문서, 財産 및 職員을 全部 各市邑面 消防部에 配置 移管하였으며 地方 商務部 土木局內에 中央消防委員會를, 各道에 道消防委員會를 창립하여 이들로 하여금 消防豫算案을 作成하며 消火 防火上 중요하다고 認定되는 諸般 裝蒲의 規格化, 市邑面 消防部의 組織的 計劃, 消防에 對한 給水 및 用水配給, 火災警報 및 傳達制度 등을 연구 준비케 함으로써 消防을 警察로부터 완전 分難 移管하였다.

⑦ 기타 許可權의 移管 및 廢止

1947年 12月 30日字로 법령 제158호 「許可權의 移管 及 廢止에 관한 件」을 公布하여114) 총포화약단속, 홍신업, 渡船 및 여관업, 典當鋪業, 古物商業, 印刷業, 自動車 또는 운전수에 관한 警務部의 許可나 免許事項을 除外한 기타의 모든 許可權을 道知事 또는 서울시장에게 移管하고115) 用達業, 荷車, 馬車, 製造場, 원동기, 노점 등에 관한 警務部의 許可權을 廢止하더니116) 그 후 1948년 7월 15日字로 법령 제205호(「법령 제158호의 개정법」)를 公布하여 법령 제158호 제4조를 개정함으로써117) 기타 일체의 許可權을 全部 當該道知事 또

---

112) 法令 第136號(1947. 3. 20.)
113) 法令 第66號(1946. 4. 10.)
114) 法令 第158號(1947. 12. 30.)
115) 法令 第158號 第2, 3, 4條.
116) 法令 第158號 第5條.

는 市長에게 移管하였다.[118]

⑧ 刑事訴訟法의 改正

1948年 3月 20日字 法令 第176號 「刑事訴訟法의 改正」 및 同年 3月 31日字 法令 第18號 「法令 第176號의 補充規定」으로 刑事訴訟法을 改正하였는데 이것이 美英의 刑事訴訟制度의 長點을 輸入하여 불법구속에 대한 人民의 自由權을 充分히 保障하기 위한 획기적인 立法措置이었다. 이는 勿論 同時에 경찰의 민주화를 위한 하나의 巨大한 礎石이기도 하였다.

⑨ 中央警察委員會의 設置

1947年 11月 25日字 法令 第157號 「中央警察委員會의 設置」에 依하여 中央警察委員會를 南韓 政府內에 設置하였는데 그 위원은 非警察人으로서 구성하고[119] 註에 명시한 拔萃條文의 內容과 같은 警察의 重要事項에 關與케 함으로써 警察의 超然獨立의 弊害를 구제하

---

117) 法令 第205號(1948. 7. 15.)

118) 法令 第158號에 關하여 1948年 1月 29日 民政長官으로부터 軍政長官에게 「法令 第158號에 關한 建議上程의 件」을 發送한 일이 있는데 이것은 당시 立法의 錯雜 해결의 無秩序를 보여주기도 하므로 參考를 위하여 그 全文을 揭記한다.
「今般 法令 第158號에 依한 警務部 所管 許可事務의 一部가 地方長官에게 移管됨에 있어 1944年 府令 第197號에 取扱한 內容의 事務(劇場興行許可)도 移管키로 되었다 하오나 同府令은 行政的 適用으로 種族 及 政治思想을 理由로, 差別을 生케 하는 法令이므로 法令 第11號 第2條에 의하여 廢止되었다고 認定하고 警務部에서는 同府令에 관한 사무를 廢止하였거니와 文敎部로서는 예술과를 설치하고 同府令에 관한 內容의 事務를 指導 及 敎化的 立場에서 所管取扱하여 오던 바 最近 警務部에서 南韓의 政治的 現狀에 鑑하여 思想取締의 便策으로 同府令의 一部(劇場興行許可)를 實施하게 됨으로 因하여 劇場及 興行에 관한 事務는 文敎部와 重疊되어 業者에게 多大한 不便과 支障을 끼치어 그 對策을 公憲法(立法議院 通過)에 依存코자 하던 바이나 閣下께서 同府令의 存續을 認定하신다면 比察에 中央廳과의 事務的 統一 及 連絡上으로나 藝術文化 及 劇場共演面의 指導連絡을 擔當하고 있는 現狀에 비추어 당연히 文敎部 系統인 市道學務局에 移管함이 妥當하다고 믿사오니 此旨를 通察하시어 左記와 如히 法令 第158號의 追加發布를 玆에 建議하나이다.
記
1944年 法令 第197號에 관한 사무는 文敎部에 이관함.

119) 全委員은 7人인데 各部處長中 2人, 審判官 1人, 檢察官 1人, 其他 2人. 警務部長은 票決權 없는 委員.

고 나아가 그 民主化를 도우려 하였던 것이다.120)

⑩ 法務局 刑事課 指紋係의 警務局에로의 移管

1945年 10月 30日字 法令 第20號 및 1946年 3月 2日字 法令 第56號(法令 第20號의 개정)에 의하여 警務局은 指紋錄(Finger print record) 및 刑事調查制度의 수립과 維持의 직능을 갖게 되었으며 동시에 法務局 刑事課 指紋係의 諸般의 직무, 직능, 문서, 재산 및 職員을 警務局에 移管하였다.

民主警察은 무엇보다 人權을 존중해야 한다. 따라서 범죄를 搜査함에 있어 考問이나 脅迫의 수단으로 자백을 강요하여서는 안 되며 또한 迷信이나 五行說에 置信할 수 없음은 말할 필요조차 없다. 그리하여 民主警察의 귀의할 바는 오직 과학에 있으니 歐美諸國이 警察의 과학화와 과학적 수사에 전력을 傾注하고 있는 까닭은 여기에 있다. 1945年 가을 軍政이 實施되면서 곧 指紋에 관 업무를 警務局으로 移管 계획한 것은 民主警察의 수립, 과학경찰의 발전에 있어 不可缺의 하나의 礎石이었다고 간주하여야 할 것이다.121)

---

120) 法令 第157號 中央警察委員會의 設置
　　제3조 中央警察委員會의 職務 及 權限은 如下함.
　　　가. 重要한 警務정책의 수립 及 警務部長이 回附한 警務정책 及 그 運營의 審議 決定
　　　나. 警察의 處分行爲에 관하여 警察官吏의 召喚 及 訊問
　　　다. 警務部長이 推薦한 5級 以上의 警務官吏의 任免異動의 審議 決定. 且 그 任免異動手續은 現行法에 依함
　　　라. 警察査問委員會의 決定의 再審
　　　마. 其他 警務部關係事項으로서 軍政長官이 회부한 事項의 심의
　　제4조 警務部 기타 各官署, 代行機關은 中央警察委員會가 요구할 경우에는 諸般資料 及 施設을 提共하며 其他의 助力함을 要함.
　　제5조 中央警察委員會는 委員6人으로 구성하며 군정장관이 此를 임명함.
　　　그 외에 警務部長은 표결권이 手兵한 위원이 됨.
　　　그 중 2명은 민정장관이 각부처장 중에서, 2명은 사법부장이 審判官 또는 檢察官中에서 각각 추천함.
　　　有給官公史는 中央警察委員會의 집무에 대하여 수당을 受함을 不得함.
121) 1947年 3月 7日 警務部事務分掌表 中의 搜査局.
　　隸下 法醫實驗所의 직능을 摘記해 보면 다음과 같다.
　　　1. 剖檢과 醫學的 試驗에 관한 사항

⑪ 公報室 創設

民主主義 社會에 있어서는 公衆에 接한 이해와 지원 없이는 관청이나 회사나 사업을 추진할 수 없다. 警察이 그 임무와 직능을 수행함에 있어서도 또한 그러하니 민중으로 하여금 警察의 계획과 업무의 내용, 長點과 短點을 充分히 납득케 하여 그들의 內心으로부터의 支援을 얻는 것이 民主警察로서 가장 緊要하며 불가결한 일이다.

우리나라 민족은 과거 近半世紀間에 걸쳐 日帝警察의 酷毒한 虐待와 殘忍한 강압의 대상이 되어 왔으므로 警察을 불신 憎惡하는 習癖이 天性이 되어 버린 층도 적지 않다. 민중의 이 습성을 타파하고 그들의 신뢰감과 친근감을 얻기 위해서는 무엇보다 警察 자체의 사명과 위치를 국민에게 잘 이해 인식시켜야 할 것이니 이에 公報의 必要性을 새삼스럽게 느끼게 된다.

公報란 public information의 譯語인데 public이란 말은 公衆의, 公共의, 一般의, 公開의, 公然의, 周知의 공중, 社會, 世間 등을 의미하고 information의 語義는 通知, 報道, 消息, 情報, 見聞, 知識, 법률용어로는 고발, 고소, 밀고 등으로 쓰이고 있다. 그러므로 여기에 公報의 개념을 극히 평범하게 규정하여 보면 제1에 通常的으로는 일정

---

2. 血液 체액 모발의 분석시험에 관한 사항
3. 法醫實驗의 연구 補給에 관한 사항
4. 物資의 比較試驗 감정에 관한 사항
5. 物資의 定性 定量 분석시험 감정에 관한 사항
6. 血液 체액 모발 纖維 岩石 마취제의 화학시험 감정에 관한 사항
7. 銃砲 彈丸의 試驗 鑑定에 관한 사항
8. 發射方向 決定에 관한 사항
9. 道具表(상표번호) 再現에 관한 사항
10. 證據 기록 결정 사진에 관한 사항
11. 현미경사진 및 其 保管에 관한 사항
12. 僞造文書 및 필적감정에 관한 사항
13. 潛伏指紋鑑定 및 現像에 관한 사항
14. 化學試驗에 관한 사항
15. 기타 法醫試驗에 관한 설비 자료준비 서류작성보관 사항
16. 法醫試驗에 관한 기타 사항

한 내용을 공중에게 周知시키는 것을 의미하고, 제2에 사회적으로는 사회공공에 대하여 필요한 사항을 통보하는 것, 제3에 국가적으로는 정책이나 시정상항을 일반국민에게 공개하는 것이 되며 警察的 입장에서는 그 시책의 내용과 사실 및 意義를 사회공중에게 공명하게 전달하여 그들의 이해와 판단을 도와줌으로써 국민의 믿음과 支持 및 협조를 얻고자 함을 의미하는 것이다.

이와 같은 의미에서 軍政警察은 公報室 설치의 필요성을 痛感하고 1947年 3月 6日 警察部長 명의로 各警務總監 各管區警察廳長 및 濟州警察監察廳長에게 「경찰공보실 설치의 件」을 통보하여 이의 창설을 보게 되었던 것이니 民主警察 건설에 있어 또한 불가결의 一支柱이었다.122)

⑫ 監察組織의 强化

軍政警察의 또 하나의 특징은 감찰체계의 강화에 있었으니 1945년 10월 29일 美陸軍大領 아더 에스 참페니를 警察監察官으로 임명하고 이에 관하여 군정청경무국장으로부터 각도 경찰부장에게 다음과 같은 公文을 下達하였다.123) 그리고 다음해인 1946年 4月 15日 國立警察을 警務部와 8개 警察管區廳 및 各區警察署로 개편할 時 5개소 혹은 그 이상의 警察署로 監察區를 편성하여 1감찰관의 지휘감시하에 두게 하였으며 同年 9月 24日 경찰총감의 직위를 창설, 중앙의 경찰부장을 대리하여 경찰총감부에 隸屬하는 2개처 내지 2 이상 수의 관구경찰청의 경찰활동을 일반적으로 감독케 하였다. 경찰

---

122) 1947年 2月 28日 警察部令 第1號.
123) 警察監察官 新設에 關한 件
　　一. 미국 陸軍大領 아더·에이스 참페니氏는 경찰감찰관으로서 임명됨. 其의 임무는 下記와 如함.
　　　1. 警察局長의 명령에 의하여 조선경찰의 조직 임명 諸種의 활동에 대한 정기적 특수적 시찰을 함.
　　　2. 국장 명령을 대행함에 필요한 경찰국 내무의 사무조사를 처리함.
　　二. 警察官은 警察局長에게 시찰 또는 조사한 결과를 정식으로 보고하고 지방군정장관에게는 각 지방 警察組織에 대한 보고의 일부를 제공함. 보고에는 교정할 방책에 관한 요강도 포함함.

총감은 경찰부장에 의하여 임명되었으며 경찰부차장의 지휘명령이 따르되 그와 동일한 직위 및 俸給이 대여 되었으며 일반 경찰서무에 대하여 명령계통이 서지 못하고 單只 管轄內 각 관구 경찰활동의 일반적 감독과 調整을 행하여 諸般 경찰 복무에 관한 감찰을 직무로 하고 경감급 이상의 경찰관에 관한 징계위원회의 통리와 경찰부장의 특별지시 명령을 봉행할 따름이었다. 그리고 그 직원 수도 극히 小數로서 總警 1명, 監察官 2명, 警監 3명, 警査 4명에 불과하였다. 그러나 이것이 警察權力의 濫用을 監視 矯正 내지 징계하기 위한 기구이었으며 비록 上記 監察警察署와 屋上架屋의 無理는 있었지만 軍政 당국이 얼마나 警察의 腐敗를 憂慮하고 그 民主化에 노력을 경주하고 있었는가를 알려주는 하나의 史料이다. 參考를 위하여 당시의 監察指針 전문을 소개하여 둔다.[124]

---

124) 監察指針은 다음과 같다.

금번 南韓 全區 警察署의 監察은 시행하도록 되어 있다.

本監察指針은 각 감찰관으로 하여금 감찰대상 감찰기록 작성의 便宜를 위하여 편제된 것이다.

본 監察의 결과로서 各區 警察署의 개선과 표준이 완성됨을 기대하는 바이다. 각 監察官에게는 본 경무부로서 전체적 연구와 결과표 작성을 용이하게 할 수 있도록 전체에 亘한 보고를 요망하는 바이다. 정확한 보고 중에 있어 무슨 변동을 하고저 한다 하여 직원 개인을 비평 비난할 의사는 없다. 왜냐 하면 이미 한국에 있어서는 한 큰 사업은 완성됨을 보았고 다만 이제 요망되는 것은 각 구 警察署의 운영 조직의 표준화에 있어서의 개선이 있을 뿐인 까닭이다.

監察에 便宜를 부여하고 보고의 통일을 위함과 본 警務部로 하여금 결과표 작성을 더욱 용이하게 하기 위하여 玆에 보고서식을 제정 배부함. 組織圖도 역시 如上의 목적으로 배부하는 바임.

監察시행에 있어서 참고할 점 6가지

㉠「監察官이 온다는 것을 예고치 말 것」. 왜냐 하면 미리 알게 되면 監察官이 온다하여 그 준비에 특별한 노력을 하게 된다.

㉡「何物 何事이고 등한시 하지 말 것」. 만약 署長이 말하기를 총무계가 있다고 하여서 監察官도 그런 줄 알고 직무가 다른 총무계와 같이 생각한다면 그것은 잘못이다.

왜냐 하면 경찰의 총무처에는 他총무사무에 있지 않은 특별한 직무가 있는 것으로서 실례를 들면 유치장에 관한 제반 기록이라든지 유치인의 음식물 등에 관한 것을 2, 3인의 유치인과 면담하여 그들의 말과 기록과를 대조 조사하여 볼 것

㉢「監察 중에는 비판하지 말을 것」 왜냐 하면 민중에 반대되고 각자가 요망

하는 정보 수집에 지장이 있음.
ⓐ「각계 주임을 소집하여 各係의 직무와 적임이 무엇이라는 것을 각자의 말로 하도록 허락할 것」
署長은 그 직무가 무엇임을 알 것이나 監察官 각자는 其係에서 무엇을 실지로 하고 있는가를 알도록 할 것.
ⓑ「些小한 것이라도 조사할 것」. 직원의 경례 유무를 살펴 볼 것. 此는 監察官으로 하여금 직원이 받고 있는 훈련에 현재 사실 열심한가 여부를 알도록 할 것이다.
ⓒ 善事에 대하여 署長에 치사하고 개선할 필요가 있는 것이 있으면 內密히 교정토록 할 것.

2. 조 사 표
<조직기구>
ㄱ 도면으로 조직을 표시할 것.
ㄴ 其區警察署에서 사용하는 各係명을 기록할 것.
<人員배치>
ㄱ 各係에 여하히 인원배치가 되어 있나를 표시할 것.
ㄴ 警察署의 전직원수를 표시할 것.
<各係의 직무>
ㄱ 各係주임과 면담하여 그 담당계의 실제직무를 진술토록 할 것.
ㄴ 보통시 그 係에서 맡아 볼 직무를 실행치 않고 있다면 거기에 대한 충분한 설명이 있어야 할 것.
ㄷ 만약 어떠한 사무든지 경찰관의 지시대로 시행되지 않은 것이 있다면 그 사실은 기표하였다가 是正토록 할 것.

2. 記 錄
<會計事務>
ㄱ 어떠한 會計장부가 보관되어 있는가
ㄴ 어떠한 형식의 영수증을 누그한테 언제 발행하였는가.
ㄷ 여하히 금전을 各區 警察署로 전달되는가.
ㄹ 道에서 會計검사를 하는가, 그렇다면 언제 최종 검사가 있었는가.
ㅁ 회계장부는 안전하게 보관되어 있는가.
ㅂ 割當金의 잔액은 은행예금으로 되었나 또는 현금으로 보관되어 있는가.
ㅅ 小切手로 지불할 時는 몇 개의 捺印을 하는가.
ㅇ 物品購入者와 小切手 혹은 手形발행자와 同一人인가.

3. 決 算
<受入合計金>
支拂合計金－受入합계금에 대하여
現在金－現金 또는 은행예금
차이되는 때는 그 理由 說明
<搜査係>
ㄱ 大犯罪의 건수
ㄴ 終結된 件數
ㄷ 固有한 搜査方式의 使用

　　㉣ 規定대로 형사사건보고서를 警察廳 또는 警務部로 제출하였는가의 여부
　　㉤ 刑事事件 보고는 1946年 3月 29日 본 警務部 통첩에 의하여 기록 보관하
　　　고 있나의 與否
　　　<警察署의 일반상태>
　　㉠ 수선상태
　　㉡ 청결
　　㉢ 훈련시행방식說明
　4. 留置場 ─ 감방
　　㉠ 청결
　　㉡ 留置人의 유치기간의 조사.
　　㉣ 留置人의 건강상태 ─ 유치인중 발병하면 의사를 청하는 가의 여부.
　　㉤ 몇 명의 유치인을 질문함으로 그 진실한 기록과 대조하여 볼 것.
　5. 武　器
　　㉠ 數量 及 種類
　　㉡ 상태 ─ 실무로 몇 개 조사하여 볼 것.
　　㉢ 무기 탄약의 安全保管 여부를 조사할 것.
　　　탄약을 무기와 分離하여 보관하여 있나 與否.
　6. 車　輛
　　㉠ 型 종류 상황
　　㉡ 車輛의 必要性
　7. 通　信
　　㉠ 전화가 각 지서에 설치되어 있는가의 與否 및 사용가능 與否.
　　㉡ 교환대 장치與否 及 그 狀況.
　　㉢ 本廳과의 線은 적당히 사용되는가의 與否.
　　㉣ 라디오의 有無와 그 狀態.
　　㉤ 전화 혹은 전보의 기록을 취하고 있나 또는 如何히 取하고 있나.
　8. 制　服
　　㉠ 制服 착용의 警察數
　　㉡ 필요한 제복수량
　　㉢ 관찰된 제복상황
　9. 支署, 파출소, 출장소
　　㉠ 區警察署 관내의 지서 파출소, 출장소의 數
　　㉡ 각 지서 등의 배치인원수
　　㉢ 감찰한 지서 등의 상황
　10. 備　考
　　㉠ 기타 참고될 정보
　　㉡ 風紀狀態
　　㉢ 접촉한 직원의 자격에 대한 인상
　　㉣ 전경찰관의 指紋은 취하여 있나 그리고 서울로 수송되었는가의 與否
　　㉤ 國立警察學校 조사과정을 마친 刑事의 사용 與否
　　㉥ 결근자수 조사
　　㉦ 全逮捕者는 규정된 서식에 의하여 24시간 이내에 檢事에 보고되어 있는가

⑬ 女子警察의 新設

警察의 업무분야는 극히 廣範圍한데 그 중 여성피의자의 수색, 여자범죄인의 감시, 婦人을 대상으로 하는 諸取締, 불량소년소녀에 대한 조치, 迷兒와 老人 기타 要救護者에 대한 보호조치 등에 관한 업무는 男子警察官으로서는 그 處務가 비교적 合當하지 않으므로 女子警察官으로 하여금 이를 전담케 하여 警察의 능률향상을 도모함이 諸行政機構의 합리화와 운영의 능률화를 위하여 바람직한 일이라 아니할 수 없다.125)

이와 같은 이유에서 女子警察官(woman police)의 설치는 警察制度의 민주화, 경찰기구의 합리적 발전을 齋來할 것이므로 美軍政下 1946年 5月 15日 최초로 女子警察官을 채용하여 朝鮮國立警察學校(국립경찰전문학교의 전신)에서 훈련과 교육을 실시한 후 7월 16일 졸업, 배출케 하고 同年 8月 3日 女子警察官복제를 제정하였으며 (1946年 8月 3日 警公 第350호 女子警察官服制에 관한 件)126), 이보다 앞서 同年 7月 1日 警務部 公安局에 女子警察課를 신설하고 翌 1947年 2月 17日字 警官 제43호「女子警察署 新設에 관한 件」127)으

　　의 與否
　　11. 意　見
　　　자신이 說明할 것
125) 1947年 3月 8日字 제61호로 警務部長으로부터 民政長官에게 제출한 事務分掌表中 女子警察課(公安局의 소관사항은 다음과 같다)
　　① 女子警察 감찰에 관한 사항
　　② 부녀자의 風紀 및 수상한 者의 取締事項
　　③ 불량소년소녀의 지도 感化 및 取締
　　④ 여자범죄情報蒐集 及 搜査補助에 관한 사항
　　⑤ 부녀 소년 소녀의 유치장 간수에 관한 사항
　　⑥ 交通取締補助에 관한 사항
126) 1946년 8月 3日字(7月 10日 起案) 警公 제330호로 警務部長이 各管區警察廳長에게 발송한(여자경찰관 制服에 관한 件) 參照의 公文을 보면 다음과 같다.
127) 女子警察署 新設에 관한 件. 下記에 依하여 女子警察署를 設置하고 그 結果를 報告하시압.
　　1. (記) 首都管區警察廳 管內의 全女子警察官은 該警察署에 配置됨 該警察署는 女子警察署라고 칭하되 署長에는 女子警監이 任命됨.

로 首都管區警察廳에 女子警察署를 창설할 뜻을 警務部長으로부터
首道管區警察廳長에게 示達하였으며 곧 이어 同年 5月 23日 「女子
警察官組織 及 報告에 관한 件」을 各管區警察廳長 및 濟州警察 監察
廳長에게 通牒하고 있다.128) 그리하여 以後 서울, 부산, 대구, 인천

---

2. 女子警察官의 관할구역은 수도관구경찰청 管內 10개 경찰서의 全管下에 걸
   침. 女子警察署長은 수도관구경찰청장에 대하여 각 구 경찰서장과 같은 관
   계에 있음
3. 女子警察署는 女子警衛를 책임자로한 4단계로서 구성됨, 其係는 下와 같음.
  (1) 外勤係
     婦女와 아동을 보호 취체하기 爲하여 街路와 댄스·홀 기타 영업적 오락장
     소를 순회 경계함. 新町(現 忠武路 5街一帶) 유각 내의 娼婦에 관하여 그
     들이 自發的으로 娼婦가 되었는가 그렇지 않은가를 조사하고 검진규칙을
     실시함.
  (2) 調査係
     不良婦女子와 아동에 대한 취체. 적당한 社會團體에 위탁하여 그들의 更生,
     원호, 婦女와 아동의 법정호송, 무죄로 판결된 婦女와 아동의 措置에 관하
     여 심판관에 대한 원조, 화류병 치료, 기피자에 대한 치료촉진 등등
  (3) 留置場管理係
     경찰에 구금된 부녀와 아동에 관한 사항
     공판을 기대하는 소년범죄자를 구금할 소년유치장이 新設될 때까지 여자유
     치장관리계는 소년범죄자의 유치에 관한 사무도 취급함.
  (4) 總務係
     일반서무 보고서류 기타 서류작성, 全職員의 人事, 出勤 등 복무사항 경찰
     의 위신유지, 용도사항. 여자경찰관의 점검 등등
4. 女子警察署 청사로는 현 여자 유치장을 사용함.
5. 女子警察署 전용탁자는 10개서에서 각기 공급함.
6. 女子警察署의 活動은 首都管區警察廳長을 통하여 警務部 公安局여자경찰과
   로 긴밀히 연락할 事
128) 女子警察組織 及 報告에 관한 件
   머리件에 관하여 別紙와 如하오니 玆以通牒함.
  1. 組織
    (1) 본부女子警察課는 경무부장의 直係課로서 존재됨.
    (2) 여자경찰관에 대한 一切計劃은 警務部 女子警察課에서 기안케 됨.
       모집 敎育 승진 其他 제반규정 等에 관한 件
    (3) 女子警察署가 설치되는 각 관구에서는 女子警察課를 그 관구청 내에 設置
       하고 경감은 관구청 女子察警課長 및 警察署長을 겸임한다.
       女子警察署 設置所는 如左함. (수도관구청 내에는 女子警察課를 設置치
       않음)
       제1관구청 仁川
       제5관구청 대구

등지에 속속 女子警察署가 창설되었던 것이다. 그 후 同年 6月 21日 字로 警務部長은 各管區警察廳長 및 濟州警察監察廳長에게 「女子警察官 임무와 警察署 운영에 관한 件」을 通牒하여 운영의 萬全을 기하도록 노력하였던 것이다. 女子警察 창설당시의 상황을 엿보기 위하여 下達諸公文書를 記錄한다.129)

　　　제7관구청 부산
　(4) 경위 혹은 경사로서 여자경관의 책임자로 배치되는 관구청 내에는 여자경찰계를 따로 두어 역시 청장 직계로 存在함.
　(5) 女警官의 임무를 수행하기 위해서는 대개 이하의 부문범위에서 女子警察署 내와 各區警察署 내 女子警察係에 設置케 할 것.
　　　순시계 (班)
　　　조사계 (班)
　　　수용계 (班)
　※ 係는 女子察警署에, 班은 各區警察署 女子警察係에 둔다.
　2. 女警官과 그 임무
　　女警官의 특수한 사명에서 탈선하지 않도록 如下히 조목을 엄수할 것.
　(1) 女警官은 반드시 正服으로 그 任務에 從事할 것.
　(2) 女警官任務는 如下함.
　　　㉠ 街路에 行步하는 부녀자 소년 소녀의 注觀 保導 혹은 取締
　　　㉡ 遊興場 娛樂場所 等에 미성년자 부녀자들의 탈선적 出入 等에 對하여 보호 지도할 것.
　　　㉢ 부녀자사건에 關하여 조사와 그 助力對策에 盡力할 것.
　　　㉣ 일반가정문제에 있어서 그 原因을 조사하여 적절 調節할 것.
　　　㉤ 女子收監所를 別置하고 이를 擔當 보호할 것.
　3. 報告
　　各管區廳은 여자경찰에 對한 이하의 月末보고서를 작성하여 每翌月10日까지 警務部에 必着케 할 것. 人事報告 事件報告. 이상에 對한 보고서 형식은 別紙로 표시 함.
129) 女子警察官 임무와 警察署 運營에 관한 件
　　首題之件에 關하여 別紙와 如하오니 玆以通牒함.
　1. 任務
　(1) 年齡을 不問하고 부녀자를 취급할 것.
　(2) 14歲 미만의 남자를 취급할 것.
　(3) 女子警察署 所在地에 있어서는 부녀자 수용은 必히 여자경찰서에서만 此를 수용케 할 것.
　(4) 一般警察署에서는 女子警察署 중 부녀자수용사무소를 취급할 것(旦 首都管區는 除外)
　(5) 부녀자사건 취급에 있어서도 각 지구경찰서에서는 반드시 女子警察官 동석하에서 취급할 것.
　(6) 男子警察官은 부녀자 신체수사을 絶對로 금할 것.

⑭ 其他 諸問題

軍政警察官은 발족 당초부터 그 面貌를 一新 民主警察로 전환하기 위하여 1945年 11月 8日 日帝 壓制警察의 상징이었던 警察帶劍을 폐지하고 民衆을 보호하기 위한 警察棒으로 대체케 하였으며 위압적이었던 制帽 制服 및 諸標識을 철폐하고 민주국가인 美國警察의 제복의식 및 國花인 無窮花 徽章을 채택하였으며 또 경찰표어로「奉仕와 秩序」의 章을 恒時 制服에 着用하여 당국 諸員으로 하여금 그 執務上의 目標와 민주경찰의 業務가 무엇인가를 널리 알게 하였다.

그러나 이에 對하여는 效果 條件도 또한 적지 않았으니 그 第1은「占領軍의 保全을 圖謀하고 占領地域의 公衆治安, 秩序의 안전을 期하기 위해서는 思想, 言論, 宗敎, 集會의 自由를 제한 할 수 있었던 것130) 그리고 1946年 5月 4日字 法令 第72號「軍政違反에 對한 犯罪」는 82個 條項에 걸쳐 住民의 各種 자유를 제한하고 있으며 또 1947年 11月 3日字 法令 第153號「美國人의 軍令違反幇助禁止」는 住民에게 在韓國 미국육군군인 및 軍屬에 對한 軍令違反幇助禁止義務를 負課하고 있다. 그 第2는 해방직후 혼란과 左右 사상의 대립 및 共産分子의 불법 난동으로 軍政당국은 現地의 實政에 어두워 난국에 處함에 失期하는 경우가 非一非再하였다. 第3에 政治警察의 1種인 査察課·係를 두어 政界動向과 그 機密에 대한 內査 및 문화·外事警察을 管掌케 한 것131) 第4에 警察中立法의 未完成, 警察로 하여금 정치로부터 中立하여 개인의 권리와 자유를 보호하고 공공의 안녕 秩序의 維持에 專念케 하기 위한 中立法을 마련하지 못하였으니 이러한 法은 군정경찰이 능히 설치할

---

  2. 運用
　　(1) 女子警察署設置管區는 署名을 地區名으로 할 것.
　　(2) 巡視係를 巡邏係로 訂正할 것.
　　(3) 女子警察署에서는 總務係(人事班, 經理班) 조사계, 수용계, 巡邏係를 設置
　　　　할 것.
130) 太平洋美國陸軍最高司令官 布告 第2號
131) 1947年 12月 13日 警搜總 第411號 경무부장으로부터 各管區警察廳長에 대한
　　통첩, 管區警察廳에 査察課 설치에 관한 件.

수 있는 성질의 것이 아니었던 것이다.132)

---

132) 1947年 12月 13日 警捜總 第411號, 管區警察廳에 査察課 설치에 관한 件.
國際政局의 미묘한 動向을 反映하여 시시각각으로 동요되는 政界의 불안과 혼란은 극도에 도달하였을 뿐 아니라 明年度 實施 예정인 총선거를 위하여 活潑化하는 각종 운동에 隨伴되는 마찰과 軋轢이 격증되며 특히 비합법적 단체활동과 謀略的 파괴적 행동이 성행하여 國內治安은 중대 상황에 도달되었다. 玆에 경찰기능의 고도 發揮가 절실히 요청되는 現事態에 대비 有事卽應態勢 확립은 焦眉의 급무로 인정됨에 伴하여 捜査 及 査察事務의 일층 완벽을 기하고저 今般 別紙와 如히 各管區에 전면적으로 査察課를 설치, 捜査事務를 分擔 취급케 하니 各各 其機能을 완전히 발휘하여 책임수행에 精進하는 동시에 상호 協心진력하여 治安확보에 일층 만전을 기하시압.
追而. 于先 其 臨時處置로 左記事項에 유의하여 其實施上 유감없음을 期하시압.
記
ㄱ. 종래 捜査課 及 査察課를 택한 管區에서는 종전대로 實施할 것.
ㄴ. 현재 査察課를 택하지 않고 捜査課에서 査察사무를 취급중인 管區에서는 左記 각항에 준하여 早速 査察課를 설치 할 것.
　(1) 管區警察廳 捜査課內 査察관계 사무 취급관계 직원을 분산시켜 査察課를 신설하고 該當事務를 分擔시킬 것.
　　各區警察署의 捜査, 査察係도 此에 준할 것.
　(2) 人事배치는 臨時處置로 捜査課 副課長 또는 其他 유능한 인물을 選拔하여 査察課長사무취급을 命하고 其他 직원과 보충이 必要할 때는 적격자를 選拔 배치 할 것.
ㄷ. 管區警察廳에 査察課 설치에 관한 件
1. 管區警察廳, 査察課를 신설함
2. 査察課 分掌事務는 다음과 같음
　(1) 정치 사회단체 및 此를 배경으로 하는 범죄정보 수집에 관한 사항
　(2) 非合法的 집회 및 집단행동 사찰에 관한 사항
　(3) 폭동, 데모, 불법시위 행동 사찰에 관한 사항
　(4) 反군정적, 非민족적 범죄에 관한 사항
　(5) 前記 각항관계 범죄사건에 관한 사항
　(6) 前記 각항관계 제통계 및 브고에 관한 사항
3. 査察課의 정원수, 係의 분류 및 그 분담사무에 대한 세칙은 관구경찰청장이 此를 정함.
4. 課에 과장을 置하고 과장은 관구경찰청장의 지휘 감독에 따라 課務를 장리함.
5. 課員은 上司의 정한 각자 분담사무에 종사함.
　捜査課 분장사무 변경의 건
　査察課 설치에 의하여 수사과 분장사무는 下와 如히 변경되오니 양지하시압
　(1) 私服警察官의 인사 및 복무규율에 관한 사항
　(2) 捜査行政 제반기획에 관한 사항
　(3) 私服警察官 교양 및 감찰에 관한 사항
　(4) 一般犯罪(경제관계 포함)捜査에 관한 사항
　(5) 기타 사법경찰에 관한 사항

2. 國立警察의 一元化

경찰의 조직, 인사, 경비부담 등 警察을 유지 운영하는 주체가 국가이냐 지방자치단체이냐에 의하여 國立警察 또는 國家警察과 自治制警察과를 구별한다.

韓國은 국토가 편협한 위에 그것이 남북으로 양단되고 左·右 思想의 대립이 격심할 뿐 아니라 共産도배의 파괴공작은 熾烈하여 직접 간접 침략의 위협과 내부 顚覆수단이 강화되고 있으며 또 지방재정이 아직 빈약한 처지에 있으므로 지방자치단체의 警察運營이 비록 民主警察의 本旨에 부합한다 할지라도 다수단위로 구성된 자치 警察組織으로는 전국적으로 통일적이며 신속 활발한 유기적 활동을 전개하기 어려우므로 治安을 유지하며 국민의 생명 신체 재산의 안전을 보장할 수 없다. 이에 美軍政은 이웃 日本에 있어 많은 논란을 무릅쓰고 도시 빛 지방자치제의 警察을 수립하였음에 불구하고 韓國에서는 당초부터 自治警察의 건설을 단념하였으며133) 반면 國立警察을 일층 강화하기 위하여 일반행정 기관으로부터 분리 독립한 警務部와 각 管區警察廳을 창설하였던 것이다.

그리고 1946年 3月 8日字로 中央의 경찰국장 명의로 各道公安擔當將校에게 「警察의 협력에 관한 건」을 발송하였는데 1, 2항은 韓國國立警察의 장점을 열거하고 3항은 軍政警察의 사명 및 당면 임무를 지시하였으며 4항 내지 8항은 警察의 협력에 논급 이를 요청하고 있다.134)

---

(6) 前 각항관계 보고에 관한 사항

(7) 犯罪統計 월보에 관한 건

133) 1945年 12月 27日 「조선국립경찰의 조직」을 공포하여 조선경찰은 한개의 경찰부대임. 韓國인 경무국장은 「조선 내 全警察의 최고사령관임」이라고 선언함으로써 새나라 警察의 성격을 밝히고 있다.

134) 警察의 協力에 關한 件
1. 조선의 警察은 국가적 기초 위에 組織 構成되어 있는 것으로 如下한 제도의 유익한 點이 많은 中에 가장 重要한 점을 열거하면 如下한 것이라 하겠다.
(가) 組織方法, 手續, 給料 승진 등 其他의 통일화되어 있는 점
(나) 緊急事變 재난 때에 迅速한 對處의 총동원을 할 수 있는 점
(다) 管轄上으로 일어나는 軋轢 또는 些少한 감정의 대립을 제거할 수 있는 점

(라) 지방적 政治動向에 영향 받지 않은 점. 경찰관은 자기의 지위를 보전하고 昇進을 위하여서는 여하한 정치가이나 혹은 정당의 배후기관에 所屬하지 않아야만 된다.

(마) 不備不黨한 행동을 보증할 수 있는 점.

(바) 警察이 個別的으로 如下한 相立 적대되는 團體에 가입하는 가능성을 제거하는 점

2. 상기 열거한 제반 利點의 이익을 갖은 유리한 직무기능의 발휘를 위하여 국가경찰제도를 조직 정연히 함에는 지휘명령 權限 또는 職責의 連鎖관계가 全警察 조직 내에서 전적으로 원만히 실행되어야만 한다.

3. 軍政長官은 경무국장에 下記의 한 가지의 사명임무와 두 가지의 중요한 착안점을 지시하여 주었으니

(가) 사명임무

경무국의 사명임무는 군정하에 있어서 조선경찰제도의 확립과 其管理에 있다는 것

(나) 착안점

(1) 과거 일본시대에 운영되어 있는 경찰제도 중에도 좋은 요건은 있으면 보전할 것이며 또한 진보적 민주주의국가에 필요하다고 생각되는 제반 요소 方途를 취입할 것이라는 점.

(2) 조선인으로서 전경찰의 은영이 최단기간 내에 완수할 수 있도록 점차로 그 운영의 책임을 질 만한 조선인을 구하여야 한다는 점.

4. 1945년 12월 27일字 軍政長官의 명령을 받아서 발송된 「조선국립경찰의 조직에 관한 件」의 통첩이 그 사명임무와 착안점을 실천 수행함에 최초의 제시인 것이다.

5. 貴下는 그 통첩의 第4 及 第5項에 특별히 주의를 하여야만 한다. 물론 귀하는 각도군정관은 軍政長官의 直屬代理者인 것은 이미 잘 알고 있을 것이다. 그들에 道內에 있어서의 警察의 本來 고유한 직무는 其道의 군정관에게 거대한 이해관계가 있는 것이다. 指揮權을 代與받은 도군정관은 警察官에게 貴下를 通하여서 如何한 缺點 태만 或은 特別한 警察活動에 必要한 點을 指示함으로 警察 本來의 職務遂行을 要請할 수 있고 또 命令手續을 밟아 警察에 의뢰한 일에 對하여서 警察行動을 要求할 수 있는 것이다. 貴下의 任務는 마땅히 全警察의 完全한 一致協力을 圖謀하여 如上한 일에 있어 道軍政官에 기여하는 데 있는 것이다. 다시 말하면 警察은 서로 一致協力하여 職務를 完遂해야 한다는 것이다.

6. 同指示通牒의 第6項은 指示하기를 警察部長은 道知事에게 其道內에서 發生한 重要한 온갖 事件 또는 警察의 一定한 手續을 밟아 提出되어 있는 온갖 主要案件을 報告하여야만 한다. 또한 再言할 것은 其道軍政官에도 當然히 報告하여서 알도록 하는 것이 貴下의 職責인 것이다.

7. 이 處理 手續과 道에 있어서 韓國人 官吏를 選任하는 境遇에 實地適用될 手續과의 사이에는 아무런 抵觸이 되지 않는 것이다. 在來 道軍政官은 警察의 任命 組織의 變更 或은 人事 或은 法令 規定手續에 관한 限에 있어서는 아무 權限이 없다고 하여도 第1項에 列擧함과 같은 利點을 危殆하게 하는 것은 아님.

8. 貴下는 管轄內에 있는 全警察에 命令하여 警察에 관한 限에 있어서 道軍政

警察官署 一覽表

(各 年度末)

要項 年度	警察署			計	支署	派出所	出張所	消防署			計	派出所	出張所
	計	1級	2級					計	1級	2級			
1945	147		147	1,797	1,498	259	40	11		11	37	32	5
1940	152		152	1,878	1,552	264	62	13		13	37	32	5
1947	159		159	1,923	1,578	271	74	14		14	37	32	5
1948	163	48	115	2,131	1,596	294	194	18	8	10	40	34	5
1949	170	54	116	2,139	1,614	323	202	19	8	11	39	28	5

－警察 10年史－

3. 首都警察廳의 誕生

① 警務總監部의 設置

首都警察廳은 首都 서울의 치안 확보와 함께 南韓의 강력한 警察
조직을 확립하고자 軍政廳警務部에서 사무의 대부분을 美軍으로부터
이양받게 되어 警察行政을 쇄신할 의도에서 1946년 9월 17일 창설
되었다. 이것은 1946년 8월 14일 서울특별시 憲章이 公布되고 서울
市가 特別市로 승격하게 됨에 따라 首都치안을 확보하고 질서를 바
로 잡기 위해 취해진 단계적 조치였다.135)

따라서 南韓에 있어서 命令搜査계통을 一元化하기 위하여 同 9월
17일 警務總監府를 설치하고 수도 서울은 特別憲章 아래 道와 同格
의 입장에서 行政을 담당하게 될 뿐더러 한 國家의 首都로서 경찰사
무에 중점을 두어야 할 처지에서 다른 管區警察과 同格의 首都警察
廳을 설치하였다.136)

官으로 하여금 朝鮮軍政長官에게 責任진 職責을 完遂함에 있어 助力하도록
할 것이다.
135) 東亞日報 1946年 8月 15日.
朝鮮日報 1946年 8月 15日.
136) 東亞日報 1946年 9月 14日.
이 보다 앞선 同 8月 27日에는 시울 各警察署 정예분자 百數拾名으로 特別警

이에 第1管區警察廳은 서울을 除外한 京畿道內의 20個 警察署의 사무를 지휘 관장하게 되며 廳舍는 仁川으로 옮기고 서울 시내 11개 警察署를 관장하던 中央警察廳(漢城察警處)은 首都警察處에 흡수 통합되었다.

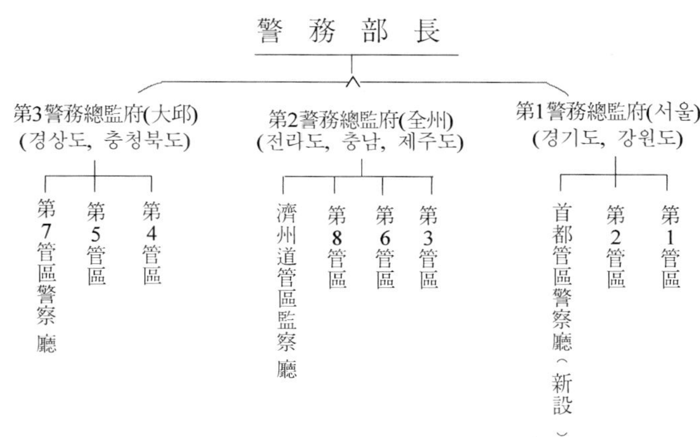

따라서 軍政廳警務部에서는 警察事務 운영책과 地方治安의 연락 등 警察협정의 당면과제를 토의하고자 同 9月 17日 警察學校에서 南韓管區警察廳회의를 개최하그[137] 行政權 이양후의 새로운 시책과 一部 警察機構 개정치안확보 등 문제를 토의하였다. 이에 의하면 警察機構는 경무부 아래 서울 全州 大邱 세 곳에 管區警務總監部를 설치하고 서울에 首都警察廳을 신설하는 것이고 이는 同 9月 20日부터 發足하게 되었다.[138]

軍政廳警務總監部의 직제를 보면 다음과 같다.

警務摠監府의 官制를 보면 다음과 같다.

察隊를 조직하여 주요 건물 美軍住宅 경호 테러 방지 등에 기동성 있는 民主 警察의 역량을 발휘 治安陣의 완벽을 기하고 있었다.
137) 서울신문 1946年 9月 14日.
138) 東亞日報 1946年 9月 17日.

㉠ 國立警察에 警務總監의 직위가 창설되었음. 경무총감은 경무
부장을 대리하여 警務總監府에 예속하는 2 내지 그 이상 數
의 管區警察廳의 경무활동을 일반적으로 감독함에 있음.

㉡ 警務總監은 경무부장에 의하여 임명됨. 경무총감은 警務部次
長의 지휘명령에 복종함.
단, 경무부차장과 동일한 직위 및 봉급이 부여됨

㉢ 省略함

㉣ 警務摠監의 職務는 다음과 같음.

1. 管轄內 各管區警察活動의 일반적 감독 및 조정
2. 訓練 수속 규율 기록 경찰규칙 지시에 대한 복무에 관한
監察
3. 警監 이상의 警察官에 대한 징계위원회의 統理
4. 警務部長에 의하여 지시된 기타 직무
5. 總監府 직원은 下와 如함.
總　警　1名
監察官　2名
警　監　3名
警　査　4名
6. 警務總監部 소재지는 경무부장이 지정함.

등이었다. 이로서 警務總監部의 기능과 업무가 계속 집행케 된 것이다.
② 首都警察廳의 業務强化

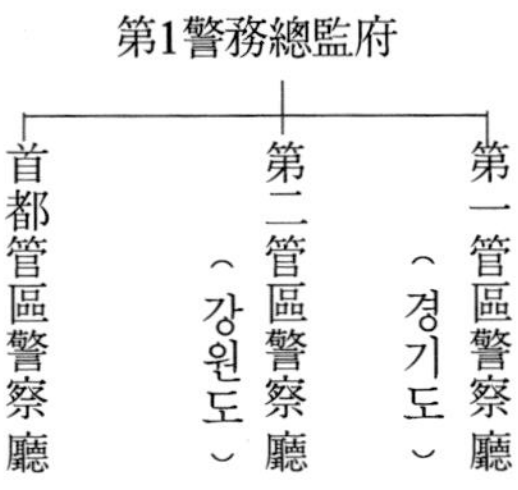

경찰기구강화에 제하여 서울은 정치 경제 사회 문화의 중심지로

사실상 重要한 업무가 집행되므로 서울市만을 관할하는 首都管區警察廳이 탄생하되 第1管區警察廳에서 分離되었던 것이다. 따라서 第1管區는 京畿道內 郡部만을 관장하고 仁川市로 이전하 였다.

　　首都管區警察廳의 定員 및 特殊部別人員은 다음과 같다.139)

正服警察官　　3,082名
　　廳　長　　　　1名　　副廳長　　　　1名　　監察官　　　　6名
　　警　監　　　11名　　警　衛　　108名　　警　查　　354名
　　巡　查　　2,601名
私服警察官　　528名
　　總　警　　　　1名　　監察官　　　　1名　　警　監　　　　2名
　　警　衛　　　25名　　警　查　　　55名　　刑　事　　444名
特別警備隊
　　監察官　　　　1名　　警　監　　　　2名　　警　衛　　　　8名
　　警　查　　　40名　　巡　警　　799名　　傭　人　　　80名
　　　　　　總　　計　3,610

　그리고 總務警監部에는 官房이 있어 이의 업무는 예하의 각 管區警察廳을 관리 감독하고 이와 같은 계통으로 管掌 처리하였다. 이렇게 경찰기구를 개편하여

軍政廳警務部長
　↓
各警務總監府
首都警察廳長
　↓
副廳長
　↓
各課 및 警察學校

등의 명령 계통으로 구성되어 있었다.140)

　경찰 행정의 監察과 人事 문제에 대한 통괄적인 사무집행으로써

139) 이는 1946年 9月 17日 現在를 기준으로 한 것이다.
140) 首都警察發達史.

경찰운영을 보다 효과적 체계적 능률적으로 처리하고 民主化를 기하
자는 데 경찰기구 개편의 의미가 포함되어 있는 것이다.

南韓 일대에는 共産徒黨이 준동음모 파괴공작 민심교란 등 질서파
탄을 일삼고 있어 폭동화의 우려마저 있었다.

10月 2日 第1警務總監은 市民제위에게 이렇게 告하였다.

> 우리는 국가와 민족적 존재가 위기에 임하였고 과거 불법 저항
> 난폭 망국적 풍경을 나타내고 있음을 보고 있다.
> 건설과 질서유지를 민족 반역이라고 호칭하고 파괴와 불법행위를
> 영웅적연한 찬사로 선동을 감행하고 있다. 우리는 이런 악질분자를
> 철저히 소탕하여야 하겠다. 경찰은 철저히 건재하니 법망 유지에 시
> 민제위의 협력을 務望함.[141]

이라고 하여 그 당시 大邱폭동 등의 혼란 무질서 흥분 초조의 연속
상황을 알 수 있다.[142]

이에 首都管區 警察廳에서는 경호별동대 총본부를 설치하고 萬一
의 사태에 대비케 하기도 했다.[143] 그리고 10月 9日에는 首都警察廳
에 350명으로 機關統巡警隊를 설치하여 치안 유지에 萬全을 기하였
다.[144] 그와 함께 10월 14일에는 종래 경찰관이 사용하던 日木製 三
八式 장총은 폐지하고 최신식 15연발 보병총을 관하 警察官에게 일
제히 배부하여 首都治安이 곧 大韓民國의 치안과 직결된다는 의도에
서 치밀한 장비계획도 실천에 옮긴 것이다.[145]

철통같은 치안확보 유지에도 불구하고 10월 16일 오후 1시 서울
茶洞美莊그릴에서 나오던 警務部長(趙炳玉)이 柳秉熙(22세)로부터 수
류탄으로 저격을 받으려는 순간 경호 순경이 저지하여 위기를 모면

---

141) 朝鮮日報 1946年 10月 3日.
142) 朝鮮日報 1946年 10月 5日.
143) 東亞日報 1946年 10月 5日.
144) 서울신문 1946年 10月 10日.
145) 朝鮮日報 1946年 10月 15日.

하는 등 아직도 치안문제는 유동적이었다.146) 이에 일반경비를 더욱 強化함과 동시에 特別警察隊를 조직하여 순찰경비에 일층 경계를 게을리 하지 않았다.

警察은 이와 같은 질서유지에 專念하는 가운데에도 民衆의 公僕으로, 또 民主主義를 실천하는 전위적 사명감에서 人道警察 확립에 心血을 경주하고 있었다.

③ 特別巡察隊의 組織과 治安

1946年 10月 1日 이후 南韓 각지에서 폭동사건이 빈발하자 南韓 주둔 美軍最高司令官 하지 中將은 「民主主義國家의 警察」이란 제목으로 그 원리를 糾明 全警察官에게 배부하고 警察의 座右銘으로 남도록 하여 民主警察의 정신함양과 민중의 지팡이로서의 사명을 다하도록 독려하였다.

사회적 동요와 무질서 혼란에다가 테러행위가 점차 노골화되자 警察官이 무장하고 집무한 것은 물론이려니와 민중의 생명과 재산을 보호하고 治安의 安全策을 강구하여 종전에 설치하였던 武裝警官遊動隊를 강화함과 동시에 首都管區警察廳內에서는 1946년 11월 14일 特別巡察隊를 조직하여 무전을 장치한 트럭으로 鍾路 西大門 龍山 등 4개소를 중심으로 순찰경비하기로 하였다.147) 조직 상황을 보면,

警　衛(隊長)	1名
警　査(長銃隊長)	1名
警　査(機銃隊長)	1名
巡　警(機銃隊員)	12名
巡　警(長銃隊員)	18名
運轉手	2名
通信士	2名
合　計	37名

---

146) 東亞日報 1946年 10月 17日.
147) 東亞日報 1946年 11月 16日.

④ 警察의 民主化와 그 努力

한편 하지 中將의 警察觀에 나타난 바와 같이 민주주의 국가에서 警察은 民衆의 公僕이며 國民의 생명과 재산을 보호 관리하는 것이고 正直하여 임무에 忠誠하고 피의자나 일반대중을 친절히 대할 때 良民에게 존경을 받는 것이다. 警察은 치안유지에 있어 국가에의 충성, 사회에의 충성, 上司에의 충성을 神聖한 의무로 삼고 사명감에 불타는 정신으로 자기 직무에 임해야 함을 강조한 것이다. 警察은 죄인을 취조할 때 우월한 입장을 취하거나 威風을 의식적으로 나타내서 위압감을 갖게 해서는 아니 되는 것이다. 무력은 罪人이 폭력으로 저항하거나 도주할 때 행사해야 하는 것이다. 구타나 고문으로 자백받은 것은 민주주의 국가 법정에서는 증거의 材料가 되지 못하며 오직 正道 正法한 입장에서의 임무수행이 最高法典이며 私的인 감정으로 복수하거나 탄압하지 않는 것이 民主國家의 警察인 것이다. 따라서 警察官은 政治的 단체와 같이 作用해서는 안되며 政黨의 支配를 받지도 않는 中立的 태도에서 그 本務를 묵묵히 수행해 나가야 國民의 敬愛를 받고 그에 親近해질 수 있는 것이다.

眞正한 民主主義라고 하는 것은 治安을 방해하지 않고 國民에 대하여 罪를 犯하지 않는 범위 내에서 각 개인의 思想 自由와 信仰自由를 광범위하게 의미하는 것이다. 理想的 민주주의의 최선의 표현의 하나는 민중의 신뢰를 받는 능률적이며 온건하고 정직하고 公正한 警察인 것이다.

警察의 本務를 지키기 위하여 心身의 단련과 정신교육을 철저히 주입시키기 위한 입장에서 1946년 11월 16일 國立警察專門學校 武道場에서 首都管區 警察廳 尙武會를 열고 그 구체적 단련을 전개하였다. 11월 18일에는 韓美共同騷擾對策委員會에서 警察行政 문제에 관한 토의 경과를 발표하였다.[148]

---

148) 서울신문 1946年 11月 19日.

이 토의에서는 「警察力 擴充에 있어서 봉착한 第一 難問題는 新入 경찰관들로 하여금 公平하고 威信 있게 人民을 취급하도록 敎育시키는 것을 지적하였다.149)

또한 警察의 政黨活動 금지, 人權自主强力保護 등을 강조하였고 警務部에서는 民主主義 警察저도 수립에 있어 集團敎育의 특성을 살려야 하며 首都警察廳에서는 警察力의 운용과 원리에 관해서 正黨을 초연해야 함을 力說하였다.

한편 惡質警官의 공갈 협박 등 惡弊를 감시 조절시키기 위한 조치로 1946년 12월 10일 首都管區警察廳에서 謀利査察隊와 特別工作班을 조직 謀利輩 검거에 박차를 가하였다.150) 12월 21일에는 경무부에서 監察長制度를 두어 民主警察 확립과 지도에 이바지하기로 했다.151)

朝鮮日報 1946年 12月 26日字 「다시 警察의 向上을 爲하여」라는 社說에서 경찰관이 된 모두의 동기를 물으면 建國을 위하여 라고 한다. 민중은 建國 役軍다운 警察이 되기를 원하고 있는 것이다. 同社說은 계속하여 警察의 기강과 질서가 확립되지 못한 것은 「차라리 幹部級의 정치적 색채와 그 지도력의 결핍」때문임을 지적하고 超黨的 자세 확립이 先行되어야만 바람직한 警察이 될 수 있다고 주장하였다. 「요컨대 정치적 간섭 문제에 있어서는 어떤 정치적 見解 내지 주장을 가졌느냐를 묻기 전에 먼저 그가 자기의 見解를 떠나서 嚴正中立의 입장에 설 수 있느냐 없느냐가 문제일 것이며 여기서 進退는 決定되어야 할」것임을 강력히 시사하였다.

그러면서 끝으로 同 사설에서 警察의 기강과 官權濫用 문제는 경찰관의 生活保障 問題의 해결 여하에 관건이 있다고 주장하여 오늘날의 문제와도 직결됨을 窺視할 수 있는 것이다. 이것이 해결되지 않고는 그 임무의 重大性과 特殊性에 비추어 특별조치가 先決지어져

---

149) 東亞日報 1946年 11月 19日.
150) 東亞日報 1946年 12月 21日.
151) 東亞日報 1946年 12月 21日.

야 함을 강조하였던 것이다.152)

1946년 말 第1警務總監은 1年間의 警察行政을 회고하는 가운데 「치안에 있어 강도 절도 등이 약 8割 가량 있었고 테러도 많이 감소되었고 조직과 제도에 불비하던 점이 많이 정리된 것은 공경해 마지않는다」고 하고 民主警察 육성발전을 위해 서울 시내 각 警察署 사찰계에 警察非行 調査班을 신설하여 民衆의 억울함이 없도록 경찰관의 비행을 철저히 취체할 것과 首都警察學校에 警察大學을 창설하고 각 警察署에 우수한 경찰관을 보내 3개월간씩 民主警察의 훈련을 치르게 하여 새 幹部 양성에 힘쓸 것을 新年 民主警察 발전을 위한 포부로 피력하였다.153)

따라서 1947년 1월 1일부터 시울시내 10개 警察署 査察係에 경찰비행조사반을 설치하고 악덕경찰관을 가차 없이 숙청 정리하여 民主警察에의 한걸음을 발돋움하였고, 不良學生을 善導하기 위해 學生風紀課를 설치하기도 하는 등 그밖에도 초기에는 의욕적인 사업을 박력 있게 전개하였다.154)

---

152) 朝鮮日報 1946年 12月 26日.
153) 朝鮮日報 1947년 1月 1日.
154) 1947年 1月 10日부터 서울市內 東和 和信 두 百貨店에는 警察問議處를 開設하여 警察行政의 民主化 명랑화를 圖謀하였다. (朝鮮日報 1947年 1月 8日) 그밖에 경찰관의 교양을 위한 英語學校의 開校. 각 관구경찰청에 公報室 설치, 軍政長官 직속을 警察委員會 설치 등이 警察의 民主化를 위한 집요한 노력의 일단이었다. 특히 同委員會는 警察部의 주요정책과 實施방법을 전개하였다. 同 委員들은 運輸部長 司法部長 警務部長 人事行政處長 서울市長 京畿道知事 忠南道知事 警務部次長 同 公安局長이며 同委員長은 民政部長이었다.
1947年 5月 26日에는 各管區에 警察評議會를 조직하도록 警務部長이 통첩하여 警察기강과 人權문제를 주로 다루게 하였다. (京鄕新聞 1947年 5月 29日字 參照)

第4篇
民主警察의 發展

第1章 大韓民國의 樹立과 警察

第1節 政府樹立

1. 美蘇의 對立

南北으로 韓半島를 分割統治한 美蘇는 軍事上의 목적을 떠나 政治的
理念으로 대립되어 제각기 軍政을 실시하였다.1)

소련은 金日成으로 하여금 北韓을 구성케 하고, 民族主義者인 曹
晩植 등 다수의 憂國人士를 축출하였던 것이니, 1947년 말까지 근
100萬 名의 北韓同胞가 越南한 갖은 박해와 非人道的인 압박 정치
에 환멸을 느끼고 自由大韓을 그리워하여 移住한 것이었다.

이 틈바구니에서 또다시 시련을 겪은 우리 民族은 하루 바삐 完全한
독립국가가 건설되어 福祉社會를 이룩하여야 하겠다고 갈망하였다.

거기에다가 南韓은 정치적 자유하에 雨後竹筍格으로 政黨이 亂立하
였으니 宋鎭禹 등의 韓國民主黨, 安在鴻(1891～1965) 등의 國民黨, 呂
運亨 등의 朝鮮人民黨, 朴憲永 등의 朝鮮共産黨 등 大小 50여개의 정
당이 각기 독특한 政綱을 내걸고 政見을 주장하였다. 이때, 1945년 10
월 美國에서 李承晩이 귀국하고 11월에는 臨政要人 金九 등 14名의 還
國에 뒤이어 12월에는 洪震 등 殘留臨政要人 23名도 귀국하였으나 事
態는 여전히 혼란하였다.2)

---

1) 李用熙, 三八線 劃定新攷, 亞細亞學報 1, 1965.

그뿐 아니라 經濟的인 악조건 때문에 정치적인 安定은 기하기 곤란하였다. 南北韓의 産業分布를 보면, 南韓에는 食糧과 機械, 一般 소비물이 우세할 뿐 石炭, 鋼鐵, 水力電氣, 化學藥品 등에서는 北韓에 비해 열세를 면치 못하고 있었기 때문에 더 심하였고 극심한 인플레 현상은 海外人口의 급격한 移住 등으로 이를 부채질한 셈이 되었던 것이다.

그러나, 1945년 12월 소련의 모스크바(Moskva)에서 美, 英, 蘇의 3개국 外相이 모여 5년간의 信託統治案을 결의하였다. 이에 한국은 결사적으로 共産主義者들의 신탁통치를 반대하는 反託運動을 전개하였다.3)

2. 美·蘇共同委員會의 決裂

서울에서는 撤市와 反對示威가 행해지고, 韓國人 직원은 罷業에 突入하였으니 民族의 統一은 더욱 요원하기만 하였던 것이다. 臨政에서는 뒤에 民主議院을 구성하게 된 非常國民會議를 소집하고 受權준비를 서둘러 結託을 배격하였던 움직임도 있었다.

그리하여, 1946년 3월 서울 德壽宮 石造殿에서 정식 委員會가 개최된 美·蘇共同委員會에서는 韓國의 臨時政府를 수립하기 위한 會合도 결렬되고(1946. 5) 말아 앞날이 더욱 복잡 미묘하여져 갔다.4)

이에 대해 다년간 海外에서 독립운동에 종사하고 돌아온 李承晩을 중심으로 한 韓國黨이 찬동하여 조직한 民族統一總本部는 건국 운동을 활발히 준비하였다.

이들은 韓國民에게 비운을 안겨준 38선 信託 등을 일소하고 獨立過渡政府를 수립하도록 종용한 것이다.5)

金九 등 臨政系의 韓獨黨은 國民議會를 구성하여 左右合作 및 南

---

2) 韓太壽, 韓國政黨史, 1961. 5.
3) 千寬宇, 史料로 본 解放十年略史, 한국일보, 1955. 8. 15～12. 1.
4) Mecune, Georg M., *Korea's, Postwar* Political Problems, 1947.
5) 千寬宇, 前揭資料.

北協商을 통한 民族統一의 실현을 강조하였다. 金奎植 등 中間右派
는 呂運亨 등 中間左派와 같이 合作統一을 주장하여 美軍의 지지를
받고 뒤에 立法議院을 구성하게 되는 등 統一과 자주 독립에의 열의
는 독립구국 운동 못지않게 간렬히 나타나고 있었다.

　立法議院을 구성한 美軍政은 大邱폭동 등 共産分子들의 南韓 교
란·파괴·선동을 위한 책동어도 不拘하고 韓國人의 大法院長 民政
長官 등 官吏를 임명하여 過渡政府를 수립하게 되었으며 이는 大韓
民國이 정식으로 탄생할 때까지 受權 태세와 혼란 무질서를 하나 둘
바로 잡아간 것이다.6)

3. 大韓民國의 誕生

　聯合軍에 의한 民族의 光復은 이루어 졌으나, 열망하던 統一과 獨
立은 한국민족의 최대의 숙원으로 남았다. 그런데, 뜻하지 않게 38
선 以北에는 소련군이, 以南에는 미군이 進駐하여 軍政을 시작하였
다.7)

　이때, 국내에서는 呂運亨(1885~1947)을 중심으로 한 建國準備委員
會가 조직되어 受任機關으로서의 任務를 담당하려 하였으나, 各要人들
의 의견대립으로 결렬상태에 놓였던 것은 이미 언급한 바와 같다.

　더욱이 제1차에 이어 제2차의 美·蘇共委도 두 나라의 相反된 주
장으로 의견 일치를 보지 못하고 교착 상태에 빠지자 美國은 韓國
문제를 美·英·中·蘇 4國 外相 회의에 넘겨 해결할 것을 제의하였
다. 그러나 처음부터 계획적이고 고의적인 反對로 일관해 온 蘇聯이
이를 거부함에 또 다른 묘안을 제안하지 않으면 안 되게 自主獨立의
상태는 流動的이었다.8)

　그러나, 獨立을 달성하기 위한 우리 民族의 熱望은 UN에 반영되

---

6) Mecune, George M., *Korea Today*, 1950.
7) 李用熙, 前揭 論文.
8) 世文社 刊, 解放 20年(기록편), 1965.

어 1947년 9월 제2차 UN 총회에서 UN 韓國 委員團의 감시하에 南·北韓 동시 總選擧를 제의하고, 政府가 수립되면 美蘇 兩軍은 철수할 것이며, 그의 권능을 인정할 것을 주장하였으나, 北韓이 이를 극력 반대하여 南韓만의 선거를 통한 獨立國을 추진하였다.[9]

따라서 1948년 5월 10일 總選擧를 실시하여 圖表에 나타난 바와 같이 各政黨別 人士가 당선되어 制憲國會가 200명으로 구성되고 5월 31일에는 최초로 現代的인 國會가 開會되었으며 7월 17일 憲法을 제정 공포하였고 곧 이어 8월 15일大韓民國政府의 수립을 선포하였으니 이것이 第1共和國의 誕生인 것이다.[10]

政黨別 立候補 및 當選狀況 <1948. 5. 10>

區　分	立候補者	當選者	區　分	立候補者	當選者
無 所 屬	417名	85名	大 成 會	2名	1名
獨 促 國	235	55	傳 道 會	1	1
韓 民 黨	91	29	民 　 總	1	1
大 同 靑	87	12	共 和 黨	1	1
民 族 靑	20	6	一 五 俱	1	1
韓 獨 黨	3	1	檀 民 黨	2	1
朝 民 黨	5	1	其 　 他	55	－
農 　 總	10	1	合 　 計	948	200
韓 　 靑	4	1			

－解放 20年 記錄篇－

이 보다 앞선 7월 20일에는 國會의 간접 선거로 大統領을 선출한 결과 초대 大統領에 李承晚이 當選되어 즉시 行政府의 탄생을 보았다.

초대 內閣 人士는 다음과 같이 선출되었다.[11]

---

9) 嚴詳燮, 解放 10年 政治史, 思想界,1955년 9월호.
10) 世文社刊, 解放 20年(자료편), 1965.
11) 大韓民國 建國10年誌.

國務總理	李 範 奭	內務長官	尹 致 映
外務長官	張 澤 相	國防長官	李範奭(겸임)
財務長官	金 度 演	文敎長官	安 浩 相
農林長官	曺 奉 岩	商工長官	任 永 信
社會長官	錢 鎭 漢	交通長官	閔 熙 植
遞信長官	尹 錫 龜	保健長官	具 永 淑
無任所長官	李 靑 天	總務處長	金 炳 淵
公報處長	金 東 成	企劃處長	李 順 鐸
制法處長	兪 鎭 午		

大韓民國 정부는 그간의 美軍政으로부터 政權을 인수하여 세계 각국에 獨立을 선포하였으며 그 해 12월 12일 프랑스 파리에서 개최된 UN 총회에서 48대 6이란 절대다수로 大韓民國이 韓半島에 있어서 유일한 合法政府임을 국제적으로 승인받았다.[12]

그 뒤에도 계속 個別的인 접촉을 통해 50餘個國으로부터 承認을 받아 南韓만의 獨立國家로 희망차게 出發할 수 있었다.

第2節 民主的 警察制度

1. 警察의 業績槪要

1945년 8월 15일 이후 美軍攻과 過政을 거쳐 民國政府樹立에 이르기까지 國立警察은 險難한 형극의 길을 걸어왔다. 共産徒黨들의 策動으로 말미암아 順厚하고 善良하였던 우리 民族은 左右兩쪽으로 分裂되어 民族相殘은 날로 尤甚하였었고 混亂한 社會相은 怒濤와도 같았다.

---

12) 千寬宇. 資料中心 政府가 樹立되기까지, 朝鮮日報 1959. 8. 18.

이러한 困難의 逆境 속에서도 國立警察은 毅然하고 기백에 찬 態度로써 民心의 啓導와 社會의 安寧 秩序의 維持에 全力을 경주하므로써 建國에 대한 사명감과 민족중흥의 役軍이 되었다.

民主警察發展을 爲하여 쌓아온 業績은 다음과 같다.

㉠ 1946年 9月 24日 鐵道罷業事件이 失敗에 돌아가자 南勞黨系列에서는 同年 10月 1日 大邱市를 爲始한 慶尙北道 全域에 걸쳐 農民과 學生 等 數千名을 煽動하여 官公署를 襲擊 破壞하고 警察官, 右翼陣營 要人 및 同家族을 無差別虐殺한 所謂 10. 1暴動事件을 비롯하여 1948年 4月 3日 國防警備隊員 文相吉의 指令下 濟州署管內 禾此 및 朝山支署와 慕瑟浦署, 翰林 및 亭山支署를 襲擊하여 警察官 및 右翼陣營 要人 56名을 殺害 또는 拉致하고 民家 數十棟을 放火 全燒케 한 所謂 4. 3事件이 있었으며,

1948年 10月 20日 全南麗水駐屯國軍 第4師團 14聯隊 陸軍少尉 金智會를 主動으로 麗水에서 叛亂을 發生시켜 順天, 光陽, 求禮, 筏橋, 寶城에까지 進出 占據케 한 所謂 麗順叛亂事件 等을 筆頭로 한 各種暴動事件의 鎭壓,

㉡ 5. 10總選擧를 爲始한 政府樹立 以後 各級選擧遂行의 警備.

㉢ 6. 25戰亂 以後 戰鬪警察隊의 創設로써 智異山, 太白山 等地를 根據삼아 各地에서 出沒하던 共匪의 掃蕩殲滅.

㉣ 警察病院의 設置運營으로써 1950年 12月부터 今日에 이르기까지 6. 25 戰亂 以來 戰死傷警察官 및 家族의 治療 其他 一般人까기도 施療하였음.

㉤ 鐵道機動隊의 創設로써 6. 25戰亂 以後 鐵道交通의 警備 및 軍需物資 護送에 萬全을 期하였음.

㉥ 8.15解放後 그리고 6. 25戰亂 以後 山野가 황폐일로에 있자 大統領의 뜻으로 1951년 이후 全國 各道에 綠化政策을 기울여 1953년 1월 1일부터 1957년까지 警察綠化 5個年계획을 추진하였음.

㉦ 海洋警察隊를 창설하여 1953년 이후 海洋主權線의 警備任務 수행 및 日本漁船의 不法漁撈작업의 단속과 密輸犯의 근절, 對南工作隊의 浸透路 차단 등13)

　빈약하고 낡은 장비와 不足한 警察 인원에도 불구하고 오직 國家
와 民族의 장래를 위하는 一念으로 벅찬 임무를 확실히 推進하여 왔
었다. 여기 民主警察의 신성한 의무와 使命感이 있는 것이다.

2. 機構 改編

　1948年 5月 5日에는 警察署의 等級制度가 新設되어 警察署를 1級
地 2級地로 區分하였으며14), 同 7月 5日에서 各主要都市와 주요 警
備 지역에는 特別警察隊가 조직되어 경비업무에 박차를 加하였다.15)
　1948年 8月 15日 역사적인 大韓民國政府가 수립되었다. 韓國警察
은 解放 이후 3년간에 걸쳐 美軍政下에서 민주적인 제반 시책을 습
득하여 혼란한 治安을 학보하고 左翼分子를 색출 검속 추방하여 紀
綱確立과 함께 새 共和國의 터전을 공고하게 다져갔다.
　우리 政府가 正式으로 樹立을 선포한 이후 首都警察廳에서는 民主
警察訓 6개조를 示達하여 그에 의해서 민중의 심부름꾼이라는 民主
警察 본연의 자세를 가다듬도톤 독려하였다.
　질서와 봉사를 목표로 하여 治安에 큰 공적과 제도 면에서 혁신적인
업적을 보인 美軍政下의 韓國警察은 大韓民國의 새롭고 희망찬 新警察
로 出發하였으며 서울의 首都警察은 民主主義의 대변자로서 民衆의 公
僕이라는 信念下에 거창한 出發을 다짐하였던 것이다.
　政府機構組織法을 제정16)한 뒤 마침내 政府樹立 이후 近 20여일
만인 그해 9月 2日 民主憲法에 따르는 최초의 정부기구가 탄생하였
는데 1院 2委員會 11部處를 두었으며17) 軍政 過渡政府로부터 國立

---

13) 內務部 治安局編, 警察 10年史, pp.24～25, 1958. 12.
14) 警務部 訓令 第26號.
15) 東亞日報 1948年 7月 6日.
16) 1948年 7月 17日 政府組織法이 제정되었음.
17) 이것은 한국 정부기구의 원형으로서 總督府機構와 軍政下의 개편과 先進諸國의
　　政府조직을 참고 반영한 것으로 충분한 政治・行政的 現實이 반영된 것은 아니
　　라 하드라도 그 이후 우리나라 政府機構의 토대가 되었음은 勿論이다.

警察을 이양받는 동시에 警務部는 內務部長官 산하로, 各道警察은 各市道知事 산하로 각기 지휘감독을 받게 예속되었다.18)

　그리고 1948年 9月 3日 警務總監府와 警察廳制度가 없어지고 警察階級이 警務官, 總警, 警監, 警衛, 警查, 巡警 等으로 되었으며 1948年 11月 7日 內務部 職制中 治安局 機構가 警務課, 保安課, 經濟課, 搜査指導課, 查察課, 鑑識課, 通信課, 女子警察課 및 消防課로 改編되고19) 翌年 2月23日 各管區 警察廳이 所轄 道의 警察局으로, 各管區警察署는 各地方名으로 還元 呼稱하게 되었다.20)

　이에 따라 서울의 治安을 담당하였던 首都警察廳도 市長管下로 들어가게 되었으며 서울特別市長은 內務長官의 지휘감독을 받게 되어 있었다.

　政府에서 제출한 地方行政組織法인 臨時措置法이 國會 第2讀會를 거쳐 1948년 10月 15日에 通過되었는데 이 條文은 5조에서 8조였으며 修正된 조목은 首都警察廳을 독립기관으로 하자는 골자였다. 그러나 이 같은 政府案은 부결되고 首都警察廳은 서울특별시장 예속으로 귀결되고 말았다.

　서울특별시는 首都警察廳을 引受하고 市行政과 警察行政을 一元化하는 방침을 굳혔다.

　職制개정상황은 그 뒤에도 계속되었는데 1949년 2월 23일에는 舊王宮을 관할하던 昌德宮警察署를 폐지하고 景武臺 警察署를 신설하여 大統領 관저 및 中央廳 경비를 철저히 담당하였다. 1949년 3월 18일에는 治安局에 다음 課를 두는 직제로 개편하였다.21)

　同年 4월 15일에는 智異山지구 特別警察隊를 설치하고 이곳을 中心으로 준동하여 민심선동, 후방교란 파괴공작, 약탈을 일삼는 殘匪

---

18) 內務部 訓令 第1號.
19) 大統領令 第18號.
20) 警察統計年報 제9호 (1965), p.16, 大統領令 第58號.
21) 大統領令 第304號 內務部職制改正에 의거함.

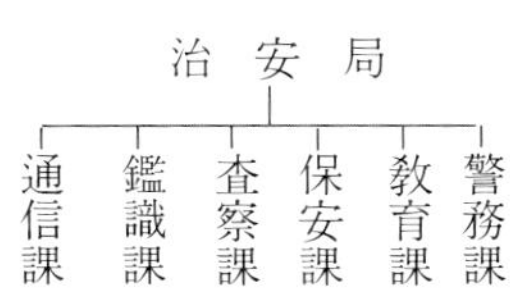

를 토벌케 하는 특별배려로 警察兵力을 강력하게 투입하였다.22) 그리고 同 9月 1日을 기하여 각 市道警察局 保安課에 非常警備司令部를 설치하여 警備 作戰 動員 武器에 관한 사항을 管掌케 하였다. 同 28日에 와서는 保健部에 소속되었던 衛生 사무가 內務部에 이관됨에 따라 衛生警察을 강화하여 國民의 보건과 위생시설을 관할 처리하였다.

3. 鄕保團 組織

首都警察廳에서는 정부의 명령에 따라 鄕保團을 조직하였으니 이는 경찰관만으로는 治安 확보에 萬全을 기할 수 없음으로 이를 보조하는 민간단체로 各洞單位의 강력한 조직이 필요하여 그 設置를 보게 되었다.

이의 임무는 盜難방지 美風良俗을 유지 지도하며 有事時에는 내무 치안에 종적 횡적 지원과 협력을 아끼지 않게 하였다.

이를 효과적으로 이용하고 활동을 더욱 강화 보강키 위하여 敎養과 訓練을 실시하였다.23)

4. 서울市警의 發足

이미 논급한 바와 같이 1948년 11월 17일 지방행정에 관한 臨時措置法이 公布되어 各市道에 警察局을 설치하기로 하여 首都警察廳이 서울特別市로 귀속됨에 서울特別市 警察局으로 새로운 發足을 보게 되었다.

따라서 사무 인계는 首都警察廳 사정으로 시일을 遲延하다가 그해

---

22) 內務部 訓令 第11號.
23) 서울特別市史 解放後 市政編, 1965.11.(서울특별시史編纂委員會 發行)

말(1948년 12월 30일경) 警察 事務를 인계하였다.[24] 1949년 1월 1일부터 서울特別市警察局으로 명칭을 바꿈과 동시에 새롭게 出發하였다.

首都管區警察廳의 機構(1946. 9. 17.)를 보면 다음과 같다.

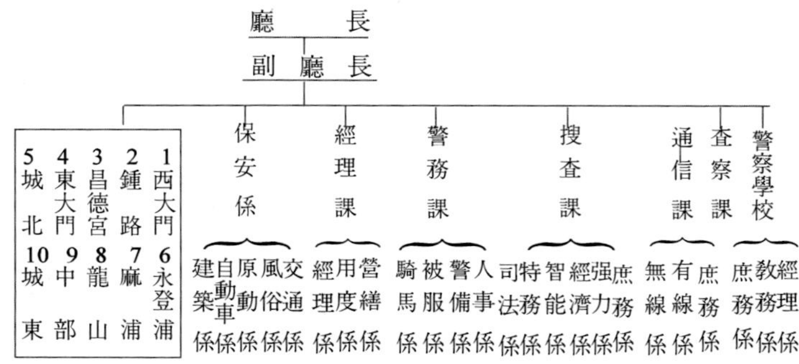

5. 6.25前 까지의 警察制度

1949년 3월 15일에는 警察署 이하 標札 規格 및 記載에 관한 訓令이 公布됨과[25] 동시에 경찰관 訓令口號가 一部 改正되기도 하였다.

이해 4月 26日에는 鐵道의 차안과 共匪의 침투 파괴 교란을 防止하기 위하여 鐵道警察隊를 설치하였다.[26] 이는 철도의 安全 운행과 軍需物資의 護送警備는 두말할 나위도 없고 鐵路 및 軍需用 送油管警備 等에서 혁혁한 공훈을 세웠으며 鐵道治安은 漸次 收拾되었음으로 中央에서는 1953年 10月 15日字로 全國警察官 大幅減員에 따라 兵力의 活用과 豫算의 節約을 圖謀코자 鐵道警察의 全面的인 解體의 前提로써 從來 鐵道에서 遂行하여 오던 제반 業務中 運輸送物資 護送警備 및 列車

---

24) 首都警察廳이라는 명칭은 1948年 12月 28日字로 없어졌다.
25) 內務部 訓令 第9號.
26) 大統領令 第75號.

移動乘務의 萬全을 期하고자 서울特別市警察局에 護送隊를 設置한 바 있으며 關係 各市道隊에서 移動乘務 編制要綱을 制定 實施케 하고 警備任務는 行政區域單位로 實施토록 革新을 期하다가 1955年 5月 18日에는 同隊를 解體하였다.[27)

同 5月 7日에는 京畿道 仁川에 水上察警署를 신설하여 水上警察業務에 박차를 가하였으며 同 17일에는 瓮津지구 銀淡山 鵲山 斗落山 일대에 北韓軍 1個연대가 침입하여 올 때 우리 국군과 警察隊 400여명은 이를 맞이하여 용감히 싸워 격퇴, 탈환한 전과도 올렸다.

한편 6월 6일에는 경찰이 나서서 反民特委를 포위하고 特警隊解散, 무기압수, 多散의 國會議員을 國家保安法 위반 혐의로 서울구치소로 送致하였다.[28)

同年 7月 25日에는 警察官服規則을 制定公布하였으며[29) 30日에는 警察官點檢 규칙을 定制하고 8月 11日에는 警察旗를 制定하기도 하는 등 民主警察은 힘차고 알찬 전진을 계속하였다.

한편 9月 3日에는 達城警察署를 南大邱警察署로 명칭을 변경하고 消防官服制를 制定公布하였으며[30) 10月 11日에는 京畿道 高陽警察署를 新設하였다. 다음 날은 銃器彈藥取扱規程를 公布하였다.[31) 그리고 10月 27日에는 警察禮法을 제정하였으며[32) 同 11月 23日에는 警察敎科書編纂委員會職制를 公布하였다.[33) 同 12月 13日에는 警察官吏 給與品 및 貸與品 규정을 公布하였다[34)

1950년 6. 25사변은 우리 민족에게 歷史上 그 유례가 없이 인명과 재산의 莫大한 손실을 입힌 것이다. 이해 3月 18日에는 內務部

---

27) 前揭, 警察10年史, pp.23~24.
28) 國會푸락치 事件이라고 하는 것이다.
29) 大統領令 第152號.
30) 大統領令 第180號.
31) 內務部 訓令 第19號.
32) 內務部 訓令 第20號.
33) 內務部 訓令 第22號.
34) 內務部 訓令 第23號.

職制개정에 의하여 治安局 기구를 다음과 같이 개편 정리하였다.35)

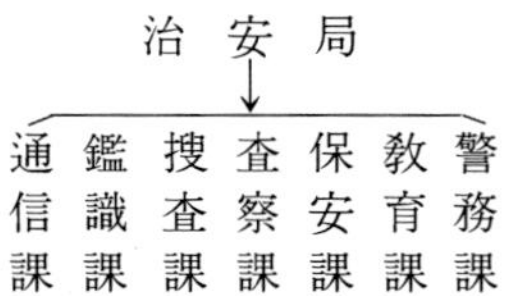

同 4月 5日에는 消防官點檢 規則을 제정하였고36) 8日에는 殉職 및 傷痍警察官補償金給與規程을 公布하였으며37) 5月 23日에는 警察官旅費規程을 제정하였다38)

이렇게 6.25事變 직전까지 韓國의 警察은 軍政下의 警察 발전 이후 각종 民主的 제도와 업무 및 行政一般에 이르기까지 先進國의 발전한 각종제도에 영향을 받아 하나 둘 착실히 실천에 옮기고 있었다. 그러는 가운데 자주 침투해 오는 北韓軍과의 무장 전투를 통해 격퇴 섬멸 위협을 加하여 名實히 治安確保에 心血을 경주하고 있었다.

---

35) 大統領令 第304號.
36) 內務部 訓令 第26號.
37) 大統領令 第335號.
38) 內務部令 第12號.

第2章 民主警察의 展開

第1節 6·25事變과 警察의 活動

1. 6.25事變

大韓民國이 자유선거에 의하여 政府를 수립하고 부흥을 꾀하고 있을 때 北韓에서는 1948년 9월 9일 金日成이 소위 朝鮮民主主義 人民共和國을 만들어 獨裁政治를 단행하였다. 이들은 赤化統一이라는 야욕을 달성시키기 위해 平和政策을 표면으로 내세우면서 南侵 준비를 게을리 하지 않았다.

北韓에서의 UN 韓國委員團의 활동을 거부한 그들은 군사력에 의하여 소위 赤化統一이란 몽상을 획책하고 軍隊를 강화하였다.[1]

다음의 表에 본 바와 같은 韓國軍과 北韓軍과의 병력이나 장비는 비교가 되지 않을 정도로 침략 전쟁을 도발키 위해 암암리에 이렇게 대대적으로 양성하였다. 韓國은 李承晩 대통령에 의해 北進統一을 주장되었음에도 불구하고 兵力이나 裝備面에서는 보잘 것이 없었다. 우리가 한때 北韓의 침입으로 작전상 후퇴를 결의한 것도 이 때문이었다.[2]

---

1) 國防部戰史編纂委員會刊. 韓國戰亂 1年誌～5年誌 (1951～1959).
2) 1969年 10月 1日 國防部 報道特輯.

韓國軍과 北韓軍의 兵力 및 製備比較

-1950. 6. 25.-

區　　　分	韓國軍	北韓軍
陸　　　軍	97,000명	154,000명
戰　　　車	-	522대
裝　甲　車	27대	-
各　種　砲	840문	1,540문
海　　　軍	6,956명	13,700명
警　備　艇	30척	71척
空　　　軍	1,897명	2,000명
飛　行　機	22대	211대

호시탐탐 南侵의 好機를 노리고 있던 北韓은 韓國의 社會 秩序와 民心을 교란시키기 위하여 게릴라를 보내 暴動을 일으키고 반란과 유언비어를 조작하여 治安과 民心을 어지럽혔다. 그러나 이것이 뜻대로 되지 않자, 北韓은 軍備를 확장하고 훈련을 강화하여 마침내 1950년 6월 25일 日曜日 새벽을 기해 중무장을 한 10개 師團 兵力이 38선을 넘어 일제히 南韓에 불법 침입을 감행하여 全面 戰爭을 도발하였다.3)

그런데, 이보다 앞선 그 해 5월 제2次의 平和로운 總選擧가 실시되었는데 與黨이 56席 밖에 획득하지 못하여, 民國黨 등 野黨系가 26席이고, 無所屬이 128명이라는 절대 다수의 議席分布를 보였다. 이는 麗順叛亂 등 정치적인 혼란과 함께 國權이 確立되지 못하였다는 증거도 될 수 있었다.

이때, 이 같은 狀況 속에 있던 우리의 10만 國軍은 불의의 습격을 받고 미비한 준비임에도 용감히 대적하였으나, 조직적인 기습작전에 作戰上 洛東江 저지선까지 後退할 수밖에 없었다.

한편, 北韓의 불법적인 南侵이 있자, UN은 즉각 安全保障理事會를 열고 이들을 침략자로 규정하여 大韓民國을 위기로부터 구하기 위한 援助를 결정하였다.4) 이에 美國을 비롯한 英·佛·加·濠·比

---

3) Thomas. R .C. W., *The War in Korea* 1954.

등 友邦 16개국은 UN군으로서 韓國戰에 참가하였고, 기타 평화를 애호하는 많은 나라가 軍需品을 보내어 北韓軍의 침략 전쟁을 분쇄하는 데 一致團結하였다.5)

우리 국군은 UN군의 協力으로 洛東江까지 내려갔다가 즉시 反擊作戰을 가하였고, 9월 15일에는 맥아더 장군의 지휘로 仁川에 上陸하여, 3個月만인 28일 서울을 탈환하였다.

9월 30일에 國軍과 UN군이 38선을 넘어 계속 北進하여 10월 19일에는 平壤을 탈환하고 東海岸으로는 淸津까지 가고, 中部戰線에서는 楚山과 惠山鎭의 압록강까지 진격하였으며 西部 전선에서는 宣川까지 진격하여 가는 곳마다 太極旗를 높이 걸었다. 그리하여, 宿願이던 國土統一을 눈앞에 둔 우리 民族은 喜悅에 가득 차 있었다.6)

다음 表에 보이는 바와 같이 事變에 의한 學校의 피해는 막대하였다.7)

事變에 依한 學校被害

區分＼學校	6·25 前 狀況		被 害 狀 況		殘留完全建物	
	教 室	延建坪	教 室	延建坪	教 室	延建坪
國 民 學 校	34,992	1,078,335	25,461	662,147	8,631	416,188
中 · 高 校	13,631	408,974	5,833	172,002	7,798	236,972
師 範 校	525	28,700	351	17,760	174	10,940
大 學	2,943	132,000	1,370	84,800	1,573	47,200
計	51,191	1,648,009	33,015	936,709	18,176	711,300

－文敎部 統計資料－

---

4) Fehrenbach, T. R., *This Kind of War*, 1963.
5) Oliver, Robert T., *Verdict in Korea*, 1952. 金鳳鎬 譯 韓國動亂史, 1959.
6) Rees, David, Korea: *The Limited War*, 1964.
7) 文敎部 統計資料.

産業上의 被害

種　　　　類	被害額(弗)
金 屬 工 業	652,850
機 械 工 業	792,555
織 維 工 業	62,721,744
化 學 工 業	15,412,404
窯 業 工 業	1,643,739
食 品 工 業	1,593,808
印 刷 工 業	2,444,400
計	115,361,502

그러나, 뜻하지 않은 침략자 中共軍의 介入으로 다음해 1月 4日 서울을 버려야 했으며, 京畿道 平澤 근처까지 가서 추운 겨울을 보내야 했던 것이다. 그러나 3月 14日에는 서울을 다시 탈환하고 그 기세로 鐵의 3角地인 鐵願, 金化, 平江까지 진격하여 北韓 共産軍을 북으로 擊退해 버렸다.

産業上의 피해는 다음 表와 같이 1億弗을 초과하였다.

2. 休戰成立

侵略戰爭을 도발한 北韓共産軍은 수차에 걸친 總力戰에도 아무 성과 없이 결정적인 피해만 받게 되자, 1951年 6月 소련의 UN 代表 말리크(Malik)를 통해 全面休戰을 제안하였다.8)

이에 UN군은 膠着狀態에 놓인 戰線을 休戰시키기에 앞서 이를 받아들이고 休戰線의 문제, 捕虜 交換 등 자세히 실질적인 안건을 논의한 뒤, 1953년 7월 27일 板門店에서 休戰協定을 締結하였다. 따라서 UN군과 共産軍 사이에는 中立地帶가 생겨 中立國 監視委員團이 조직되어 양측의 休戰協定을 監視하였던 것이다.9) 그런데 우리

---

8) Berger, Carl, *The Korea Knot,* 1957.
9) 神谷不二, 朝鮮戰爭.

民族은 休戰決死反對를 외치고 國土統一을 UN에 호소하는 한편 北
進을 주장하였으나 別無成果였다.10)

　6. 25사변은 3年이란 짧은 기간이었으나 死亡 15만, 부상 25만,
行方不明 25만, 拉北 10만 명 정도로 희생을 동반하였고 모든 산업
시설은 황폐해 졌다. 이때 釜山에 있던 정부와 각지에 산재한 각 기
관과 국민이 환도하여 戰災 복구에 총력을 기울였고 특히 警察은 이
같은 단계와 절차에서 用心함이 많았다.

3. 서울特別市 警察의 活動

　서울特別市 警察局은 이때 國軍을 지원함에 심혈을 기울였으며 管
下 全警察의 兵力은 7,105名에 小銃은 7,890정, 自動車가 겨우 132대
였다. 6.25가 突發하였을 때 서울特別市 警察局에서는 北韓 공산군을
격퇴시키기 위하여 약 1개 대대의 警察力을 抱川 방면으로 보내 交戰
防禦하고 超非常 경계를 편 뒤 臨戰태세에 突入하였다.

　서울이 적의 수중으로 들어갔을 때 전투에 참여한 警察은 거의가
渡河치 못하고 水原까지 南下한 警察力은 4,500명에 불과하였던 것
이다.11)

　警察은 작전상 후퇴하는 國軍을 따라 天安警察署에 집결하였다가
7月 3日 573명은 忠北에, 570명은 大邱에 각기 배치되어 직접적 전
투로서의 협력보다는 地方治安에 충당하였다.

　그 뒤 다시 大田市內 경비어 힘을 기울였으며 서울 警察은 7月
17日 永同을 지나 大邱에 집결, 본부를 일단 大邱市內 慶北道廳에
두고 7月 25日까지 警察總力을 재정비 강화하여 탈환 및 적군 섬멸
에 기울일 것을 다짐하였다.

　警察은 최후로 大邱를 死守하는 데 기여함이 컸고 9月 15日 仁川

---

10) 李炫熙 著, 韓國文化史概論, 1971. 5. pp.390～391.
11) 前揭, 서울特別市史, pp.748～749.

上陸작전이 성공하자 서울警察隊는 10月 1日까지 6,518명이 서울에 들어왔다.

이들은 서울治安확보, 殘敵소탕, 人心수습, 附逆者 색출, 서울 再建 등 눈부신 활동을 전개하였다. 또한 警察官들은 北進해 가는 UN軍·國軍을 따라 수복지구에서의 治安, 좌익악질분자 색출, 검거, 정보 수집, 간첩검문검색에 參與하여 軍作戰을 측면에서 조력하여 보다 신속하고 정확한 작전을 전개할 수 있었다.

1951년 1月 4日 1.4후퇴가 있자 1月 3日 서울 全 警察官은 다시 大邱로 내려가 서울 市警을 본부로 삼고 계속 治安유지, 後方人心수습, 復舊사업 등에 動員되기도 하였다. 그해 2月初 漢江 이남 永登浦가 다시 수복되자 美8軍 명령에 따라 警察官 1,360명은 15日 大邱를 떠나 水原에 도착 비행장과 平澤 비행장의 경비, 주변 보급로의 경비, 인심 수습, 피난민 啓導 등 쉴 사이 없이 對民奉仕까지도 전개하여 民主 警察의 참된 모습과 자세를 躍如히 보여 주었다.

3月 14日 서울이 再 收復되었을 때 15日 水原을 출발하여 16日 서울에 들어와 治安 확보와 戰災 복구에 앞장섰다.

서울에서는 警察을 各경찰서별로 배치하여 戰時體制下의 경찰 행정에 就務케 하였다.[12)

4. 職制改正과 戰時體制

6.25事變이 突發한 이후 同年 7月 27日에는 非常事態가 계속 중 임시직제로 治安局 副局長 제도를 新設하였으며[13) 同日 治安局에 補給課도 설치하였다.[14) 8月 10日에는 內務部 職制改正으로 다음과 같이 治安局機構를 變更하고(査察, 搜查 兩課를 統合) 警務課, 教育課, 保安課, 情報搜查課, 鑑識課, 通信課, 補給課 등을 두었다.

---

12) 前揭, 서울特別市史, pp.749~751.
13) 大統領令 第379號.
14) 大統領令 第378號.

同年 12月 29日에는 警察病院을 設置하고 警察官 및 그 家族의 疾病을 診療케 하였고[15] 1951年 12月 2日에는 國會警備와 國會議員 護衛事務를 一元 管掌케 하기 위하여 서울特別市警察局 隸屬下에 國會特別警備隊를 設置하였다.

1952年 3月 4日에는 衛生警察事務를 保健部에 이관하였으며 1953年 4月 18日에는 西南地區 戰鬪警察隊司令部를 南原에 設置하고 智異山을 中心한 慶南, 全北, 全南 一帶에 蠢動하는 殘匪를 討伐케 하였다.[16] 同年 7月 8日에는 內務部職制改正으로 治安局機構를 警備課新設, 情報搜査課를 搜査課와 特殊情報課로 分離하고 警務課, 警備課, 保安課, 特殊情報課, 搜査課, 鑑識課, 通信課, 補給課를 설치하였다.[17]

同 9月 26日에는 鐵道警察隊를 解體하여 各市道로 하여금 鐵道警察業務를 管掌케 하였다.[18] 그와 동시에 同 9月 30日에는 鐵道警察隊解體에 따라 各市道에 警備課를, 慶南에는 警備課外에 消防課를 신설하였고, 同 12月 14日에는 共産軍對南工作隊와 其他 第5列分子의 海上浸透, 特히 密輸出入 및 隣接海洋權 境界線內의 不法漁撈를 團束하기 위하여 海洋警察隊를 設置하였고[19] 同日 청소 및 접객영업업무가 경찰에 이관되었다.[20]

---

15) 大統領令 第428號.
16) 法律 第282號.
17) 大統領令 第804號.
18) 大統領令 第823號.
19) 大統領令 第844號.
20) 大統領令 第843號.

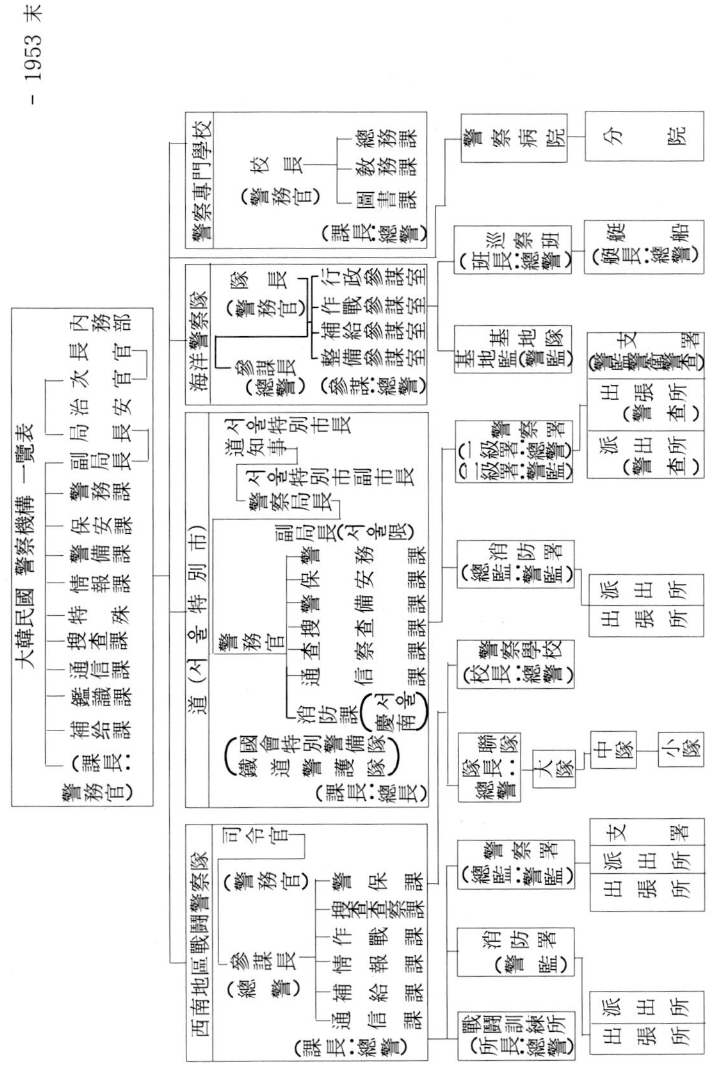
大韓民國 警察機構 一覽表
- 1953 末 -
內務部
治安局長
次官
副局長
警務課
保安課
警備課
情報課
特殊課
搜查課
通信課
鑑識課
補給課
(課長：警務官)
警察專門學校
校長(警務官)
敎務課
圖書課
總務課
(課長：總警)
警察病院
分院
海洋警察隊
隊長(警務官)
參謀長
行政參謀室
作戰參謀室
補給參謀室
整備參謀室
(參謀：總警)
巡察班
班長：總警
基地監視隊
(隊長：警監)
艇船
(艇長：總警)
搜査警察署
(署長：警監)
出張所
派出所
道(서울特別市)
道知事(서울特別市長)
警察局長(서울特別市副市長)
副局長(서울特別市)
警務官
保安課
警備課
搜査課
通信課
信課
防課(消防課)
(慶尚南道서울)
鐵道警護隊
國會特別警備隊
(課長：總警　隊長)
一級警察署
(署長：警監)
派出所
出張所
消防警察署
(署長：警監)
派出所
出張所
警察學校
(校長：總警)
聯隊
(隊長：總警)
大隊
中隊
小隊
西南地區戰鬪警察隊
司令官(警務官)
參謀長(總警)
保安課
搜査課
作戰課
情報課
補給課
通信課
(課長：總警)
警察署
(署長：警監)
支署
派出所
出張所
消防署
(警監)
戰鬪訓練所
(所長：總警)
派出所
出張所

1953年末 현재 개정된 警察機構를 보면 다음 (p.218)의 圖表와 같다. 1954年 3月 3日에는 地方警察學校를 廢止하고 中央(警專校)에서 一括敎育實施하고 從來 警務課에서 分掌하여 오던 敎育行政事務를 警專에 移管하였으며 校長은 治安局長이 兼任하고 學監은 警務官으로써 補任케 하고21) 5月 4日 治安局 副局長制는 폐지하였다.22) 1955年 3月 5日에는 犯罪搜査에 關한 科學的 技術을 向上發展시키고 歐美先進國家의 例에 따라 從來의 鑑識課를 廢止하고 內務部長官直屬下에 國立科學搜査研究所를 設置하였으며23) 1956年 11月 26日에는 從來 補給係가 警備課에 隷屬되었던 것을 警務課로 移管하였다.24) 1955年末 현재 개정된 그 밖의 細部的인 警察組織機構는 다음 (p.220)의 圖表와 같다.

1956年末 현재의 경찰기구는 1955年末 현재의 機構表와 비교하건대 警察機動隊관계의 기구가 폐지되었으며 市警 및 道警산하에 서울 慶南에 한하여 交通課가 새로 설치된 점이 특이하고 나머지는 前年末 기구와 대략 同一하였다.25) 그 기구를 一覽表로 작성해 보면 다음의 圖表와 같다.

5. 海洋警察隊의 設置

계속되는 日本의 領海侵犯, 敵5列 및 對南工作隊의 海上浸透, 戰時禁制品의 輸出入 等 各種 海上犯罪가 不斷히 惹起되자 海洋警察隊의 設置를 計劃推進中 1353年 12月 14日 海洋警察隊 編成令을 公布, 同年 12月 23日 釜山에서 發隊式을 擧行하고 基幹警備艦艇으로서 A. M. C 掃海艇 6隻을 海軍으로부터 引受하였다.26)

---

21) 大統領令 第875號.
22) 大統領令 第896號.
23) 大統領令 第102號.
24) 大統領令 第1188號.
25) 前揭, 警察10年史, p.27.
26) 大統領令 第844號.

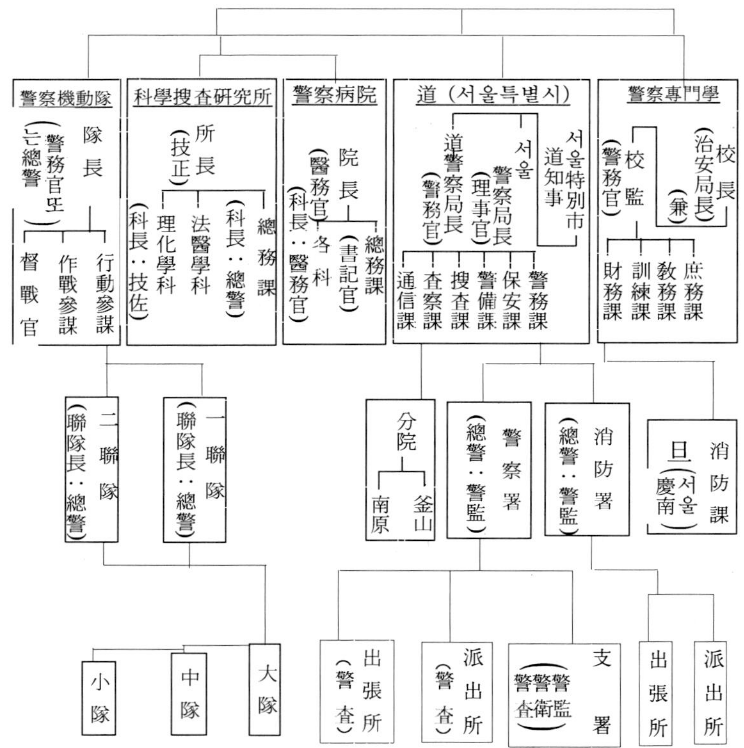

警察機動隊
隊長
（警務官또는總警）
行動參謀
作戰參謀
督戰官
二聯隊
（聯隊長：總警）
一聯隊
（聯隊長：總警）
小隊
中隊
大隊
科學搜査研究所
所長
（技正）
總務課
（科長：總警）
法醫學科
理化學科
科長：技佐
警察病院
院長
（醫務官）
總務課
各科
（科長：醫務官）
（書記官）
道（서울특별시）
서울特別市
道知事
서울
警察局長
（理事官）
道警察局長
（警務官）
警務課
保安課
警備課
搜査課
査察課
通信課
分院
釜山
南原
警察署
（總警：警監）
消防署
（總警：警監）
出張所
（警査）
派出所
（警査）
支署
（警監
警衛
警査
警察）
出張所
派出所
警察專門學
校長
（治安局長兼）
校監
（警務官）
庶務課
教務課
訓練課
財務課
消防課
（서울
慶南）
旦

大韓民國 警察機構 一覽

-1956年 末-
內務部
長官
次官
治安局長
治安局長
警務課
保安課
警備課
搜査指導課
特殊情報課
通信課
(課長‥書記官)
科學搜査研究所
所長
(技正)
總務課
(課長‥總警)
法醫學科
理化學科
(科長‥技佐)
警察病院
院長
(醫務官)
總務課
(書記官)
各科
(科長‥醫務官)
分院 — 釜山
道 (서울 特別市)
서울特別市 道知事
서울 警察局長
道警察局長
(理事官)
警務官
(警務官)
警務課
保安課
警備課
搜査課
査察課
通信課
警察署
(總警‥警監)
消防署
(總警‥警監)
出張所
(警查)
派出所
(警衛警查)
支署
(警衛警查)
警察專門學校
校長
(警務官)
學監
(理事官)
庶務課
教務課
訓練課
教材課
消防署
서울
京畿
忠南
出張所
派出所

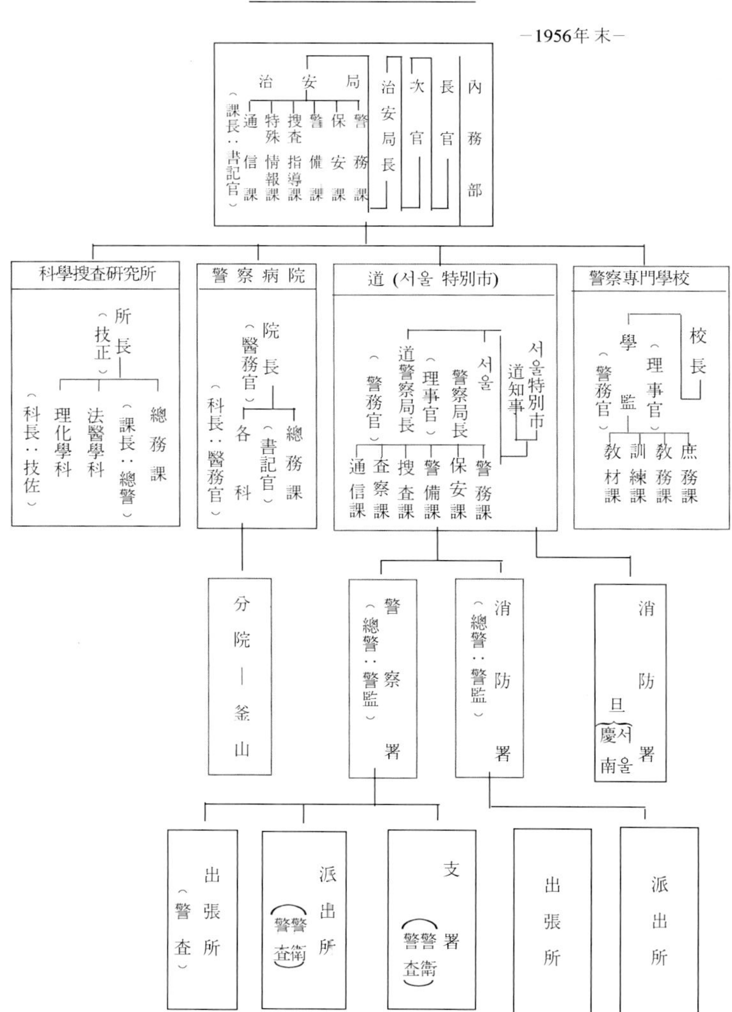

主權線 警備에 임한 이후 不法領海를 侵犯한 日本 船舶 37隻, 同 中共船 2隻, 都合 39隻을 拿捕함을 비롯하여 對敵哨戒와 其他 各種 海上 保安에 걸쳐 爀爀한 業績을 쌓았다.

그러던 중 1955年 2月 7日 政府組織法改正에 따라 海洋主權線 警備任務가 商工部 所管으로 編入케 되었음으로 同年 2月 7日을 期하여 同隊의 任務 및 編制 等 一切는 商工部海務廳에 移管되었었다.27)

그 뒤 1961年 10月 2日 정부조직법 개정에 따라 內務部에 편입 警察權의 一元化를 보았다.28)

1962年 4月 3日 海洋警察隊 설치법의 公布 시행으로 관할 水域의 경비임무 외에 海上警察에 걸친 本然의 임무를 띠고 民主警察의 役軍으로 臨하게 되었다.29)

第2節 戰鬪警察隊의 活動

1. 太白山 智異山地區 戰鬪警察隊의 創設

太白山地區 및 智異山地區에는 이미 6.25事變前에도 金日成이 그네들의 侵略을 充足시키기 위하여 多數의 遊擊隊를 南下시켜서 麗·順叛亂事件以後의 地方共匪와 結托下에 各地區에 蠢動하면서 赤化를 꿈꾼 蠻行을 敢行하던 지역이었다.

1950年 9月 15日 以來의 國軍 및 UN軍의 戰史上 未曾有의 빠른 進擊으로 敗走路를 잃은 北韓軍 敗殘兵에 부화뇌동하여 오던 民族反逆 逃避分子들은 最後發惡으로 殘命을 維持하고자 萬人이 저주하는 이곳에 散居하였다.

---

27) 法律 第354號.
28) 法律 第734號.
29) 法律 第1048號.

　　그들은 險峻한 山岳地帶와 太白山地區 및 智異山地區 一帶에 散居
하였다가 中共의 韓國戰 介入으로 我軍의 統一達成은 瞬間에서 全面
後退作戰을 斷行하여 마침내 37度線까지 撤收하게 되자 共匪들은
이에 呼應하여 그 組織을 再收拾强化하고 人的·物的 兩面에 걸쳐
抗爭 戰力確保에 狂奔하는 同時에 警察官署 및 重要機關의 襲擊, 軍
補給路遮斷 等을 企圖하여 後方治安을 攪亂함으로 그 敵을 殲滅하기
위하여 경찰은 부심하였다.

　　1950年 12月에 第200, 第207 兩大隊로서 太白山地區警察戰鬪司令
部를 編成하고 다시 第203, 第205 兩大隊로서 智異山地區戰鬪司令部
를 編成, 前者를 慶北道 榮州에, 後者는 全北道 南原에 各各 設置하
여 同年 12月 16日字로 各各 建國者의 입장에서 共匪討伐作戰業務
를 開始하였다.30)

2. 兩司令部의 解體

　　이와 같이 兩地區에 投入配置된 各警察部隊는 軍部隊와 協同하는
同時 地方警察과 共同協調下에 討伐作戰을 遂行하였으나 共匪의 完
滅을 보지 못하고 다음과 같은 諸般 隘路와 難關에 逢着, 兩司令部를
解體하는 同時 短時日內에 共匪完滅을 위한 革新的인 措置가 必然的
으로 要求되었으니

　　　㉠ 人事行政의 矛盾
　　戰鬪警察隊員의 구성 또한 地方 警察로부터 필요한 人員을 轉用
하는 것과 자체 내에서 募集 채용하는 방법을 취하였는데 前者는
地方警察이 戰鬪警察로 轉入됨을 기피하는 경향이 있었고 後者는
戰鬪警察에 入隊하여 共匪토벌에 종사함은 軍隊에 入隊함이 보다
좋은 방법이라고 생각하여 兩者 다같이 兵力 보충책으로는 난처한
국면에 봉착하였다.

---

30) 前揭, 警察10年史, pp.27~28.

한편 6개월 이상 공비토벌 作戰에 종사한 者는 후방 警察과 交替를 실시하였으나 新規舊入者는 매일 戰鬪보다 후방 地區에의 교체를 더 원하고 있는 형국임으로 상당한 지장을 招來하였다.

ⓛ 經費不足

전투에 필요한 裝備의 보충 정비 관리는 國庫支拂에만 의존할 수 없을 뿐 아니라 근소한 액수로는 所期의 成果를 거둘 수 없음으로 兩地區 司令部 및 예하 戰鬪警察隊는 隊員의 박봉과 給食 등 一部로 充當支拂하여 온 현실이기에 더 이상 지탱할 저력이 없었던 것이다.

거기에 補給上의 애로는 戰鬪警察力을 弱化시키는 결과를 가져왔던 것이다.31)

ⓒ 命令系統의 不一致

智異山을 中心으로 慶南 全北 全南 각 지역 내의 軍部隊와 地方警察 戰鬪警察 각기 所屬 및 指揮系統의 一元化를 기할 수 없음으로 作戰機能을 발휘할 命令系統이 不一致하였다.

ⓔ 軍警合同作戰의 隘路加重戰鬪警察의 사명감으로 軍과 同一한 임무를 단독으로 遂行하기에는 거쳐야 할 난관과 애로가 중첩되었다. 따라서 軍警合同作戰上에는 곤란과 애로가 지휘계통의 不一致로 加重되어 업무 수행상 차질을 가져왔다.

ⓜ 地方警察과의 協助不及

戰鬪警察 警察署에는 소속 警察本局의 명령만을 준수하고 戰鬪司令部의 작전을 위한 명령은 무시하는 경향이었으며 현지 民衆의 協助가 미치지 못하여 업무수행에 큰 효과를 보지 못하고 말았다.

이와 같은 理由로 兩戰鬪司令部는 1952年 9月 15日 해체하고 作戰指揮權을 장악하게 治安局 西南地區 前方司令部를 全北 南原에 설치하였고 戰鬪警察은 各地方警察局에 예속시켰다.

---

31) 前揭, 警察 10年史, p.29.

3. 西南地區戰鬪警察隊의　發足

그러나　共匪의　준동으로　治安에　위협을　받자　前記　兩戰鬪警察隊가 안고　있던　諸般矛盾과　缺陷을　除去하고　戰鬪警察의　基本組織을　革新 하여　合理的이고　有機的인　運營으로써　短時日內　後方地區의　治安確 保를　期할　수　있는　强力한　機構의　設置가　必要하게　됨으로써　마침내 1953년　4월　6일　全北의　南原, 長水, 任實, 淳昌, 全南의　順天, 昇州, 光陽, 谷城, 求禮, 慶南의　咸陽, 居昌, 山淸, 河東　等　1市　12個郡의 警察行政과　戰鬪一切를　管轄하는　西南地區戰鬪警察隊　設置法案을　國 會에　提出, 마침내　同法案이　國會의　通過를　보아　同年　4月　18日　公 布되었고32)　同　5月　1日　西南地區戰鬪警察隊는　正式發足하게　되어 司令部를　全北　南原에　設置하고　隷下　4個戰鬪聯隊와　1市　12個郡의 警察行政을　管轄함으로써『戰鬪와　行政』이란　特殊任務를　띄고　討伐史 上　類例　없는　討匪業務를　開始하였다.

4. 西南地區戰鬪　警察隊의　解體

不斷한　봉사와　질서유지라는　사명감에　불탔던　韓國警察은　責務　수 행에　여념이　없었다.　그런데　同地域內　共匪를　完全掃蕩한　西南地區 戰鬪警察隊는　8個星霜에　걸쳐　智異山　討伐作戰에　勇戰奮鬪하다가　戰 沒한　軍・警・官・民　6,333柱를　모시는　忠魂閣을　全北　南原의　廣寒 樓境內에　建立하고　1953年　6月　2日　大統領의　諭示와　副統領, 國會 議長, 各部長官, 外國使臣　等　國內貴賓과　遺家族을　모시고　忠魂閣除 幕式을　擧行함으로써　民族의　宿願인　智異山　一帶의　討伐作戰完全遂 行을　告하고　1955年　7月　1日　解隊式을　擧行함으로써　歷史的　사명을 다하였다.33)

---

32)　法律　第282號.
33)　東亞日報　1955年　7月　2日　3日.

5. 警察機動隊 設置

智異山地區 一帶는 共匪를 完全掃蕩하였으나 智異山外廓地帶에 潛在 또는 蠢動中인 共匪의 再集結이 憂慮될 뿐 아니라 續續 赤化의 야욕을 버리지 않은 共産軍의 南下하는 對南工作隊 等의 最南端根據地로 利用할 心算이 濃厚함으로 西南地區戰鬪警察隊에 代置할 機動兵力 活動의 必要性이 加重되어 1955년 6월 30일 公布된 警察職務應援法 第4條에 依據, 警察機動隊가 設置케 된 바[34] 駐屯區域은 全南·北 및 慶南一圓으로 하여 共匪討伐 및 後方警備를 主任務로 司令部를 全羅北道 南原에 設置하고[35] 西南地區戰鬪警察隊를 解隊할 때 自進殘留를 希望한 隊員 510名과 各道로부터 轉入된 2,263名으로써 司令部 隷下 3個部隊를 編成

第1聯隊는 南原, 王峠
第2聯隊는 谷城
第3聯隊는 富平

에 各各 配置 編成하여 1955年 7月 1日字로 任務를 開始하였다.[36]

6. 警察機動隊의 解體

본래 當隊는 兩戰司의 傳統을 繼承하여 殘存共匪 討伐 및 對南工作隊의 智異山地區 侵入防止를 主任務로 하고 警察職務應援法에 規定된 緊急事態 및 突發事態의 鎭壓任務를 맡고 있었다. 그러나 國內 治安狀態의 好轉에 따라 1956年 7月 9日字로 解體하고 그] 兵力을 各市道에 轉配措置하였다.[37]

---

34) 法律 第358號.
35) 朝鮮日報 1955年 6月 30日, 7月 1日.
36) 東亞日報 1955年 7月 2日 3日 4日.
37) 朝鮮日報 1956年 9月 8日 9日.

7. 警察武器狀況

警察武器廠은 6·25戰亂 以後를 通하여 劃期的인 警察裝備의 增强을 보게 되어 130,200餘挺의 莫大한 數量의 武器를 확보하였으나 고장률이 많음으로 자체적으로 補修再生의 기술 업무를 담당하였으며 警察裝備 확보에 萬全을 기하기 위하여 1954년 7月 15日 武器廠을 설치하였다.

同 武器廠은　　　坌地 5205坪
　　　　　　　　建坪 805坪

등의 규모로 서울 下往十里洞에 자리 잡고 고장무기의 完全修理와 交替 등을 담당하였다.

8. 警察被服

治安局被服廠은 6·25事變으로 破壞된 이후 民間業者에게 청부 제조하여 조달하였으나 粗品이 많아 1956年 6月 18日 착공하여38) 同 10월 31일 준공한 피복창에서 조달트록 하였다.39)

이로서 警察被服廠은 1957년 3月 21일부터 警察官被服補給策을 수립하고 피복제조업무를 개시하였다.

同 피복창 내부시설의 규모는 다음과 같다.

西獨製裁縫機	204臺	西獨穴掛機	8臺
西獨釦付機	2臺	西獨貫拔機	2臺
西獨千鳥機	2臺	合計	218臺

등으로 구비되었고,

---

38) 東亞日報 1956年 6月 17日.
39) 東亞日報 1956年 11月 1日.

裁 縫 工	197名	補助工	143名
特 種 工	15名	다림工	20名
纏　　工	20名	裁斷工	3名
同補助工	5名	機械士	3名
電氣士	2名	機關士	1名
機關夫	1名	雜　役	5名
警備員	1名	總　計	437名

등의 거창한 규모의 종업원을 확보하고 다음과 같은 警察官員이 그 혜택을 받았다.[40]

警察官定員 一覽表

	計	警務官	總警	警監	警衛	警査	巡警
1950년 8월	48,010	19	179	595	2,005	6,369	28,842
1951년 말	63,427	22	205	730	2,610	8,366	51,494
1952년 말	63,427	23	209	767	3,299	8,480	50,649
1953년 말	50,731	22	189	655	3,545	8,061	38,259
1954년 말	50,731	23	189	655	3,545	8,061	38,228
1955년 말	47,250	11	172	642	3,418	7,116	35,891

그리고 1952년 말에서 1955년 사이의 女子 警察官은 다음 表와 같다.[41]

女子警察官定員 一覽表

(各年末)

	計	總警	警監	警衛	警査	巡警
1952	12	1	3	4	4	
1953	621	2	6	25	71	517
1954	621	2	6	25	71	517
1955	620	2	5	24	71	518

---

40) 前揭, 警察10年史 重要警察統計, p.384.
41) 前揭 資料, p.385.

한편 1952년 말에서 1955년 말까지의 消防官 定員은 다음 表와 같다.42)

消防官定員　一覽表

(各年度末)

	計	總警	警監	消防監	消防士	消防士補	消防員
1952	248	4	4	4	8	36	192
1953	691	8	6	21	47	94	515
1954	669	13	25	14	47	100	474
1955	669	13	24	13	44	100	475

1949년 이후 1955년까지의 警察官署 一覽은 다음 表와 같다.43)

警察官署　一覽表

(各年度末)

	警察署			計	支署	派出所	出張所	消防署			計	派出所	出張所
	計	1級	2級					計	1級	2級			
1949	170	54	116	2,145	1,614	323	94	19	8	11	39	34	5
1950	169	54	115	2,185	1,023	320	202	20	8	12	33	28	5
1951	169	62	107	2,210	1,625	324	236	20	8	12	26	21	5
1952	169	66	103	2,278	1,632	328	250	20	9	11	26	21	5
1953	169	69	100	2,353	1,642	362	274	24	12	12	34	32	2
1954	169	60	100	1,842	1,644	491	218	24	13	11	27	26	1
1955	167	67	100	1,967	1,432	361	49	24	13	11	39	37	2

한편 경찰복은 各市道에서 바부하였다.44)

---

42) 註 41과 同

43) 前揭 資料, p.383

44) 警察官夏制服 73,135着 同夏內衣 86,234枚 警察官 冬制服 17,183着分을 조제 완료하였고 이를 各市道 警察기관데 배부하여 察警업무를 지원하였다.

第5篇
民主警察의 諸施策

第1章 自由黨 政權下의 警察

第1節 再建運動과 警察

1. 復興運動

6·25事變으로 미증유의 被害額인 20億弗의 피해와[1] 住宅도 거의 파괴 손실되어 폐허가 된 大韓民國을 再建하기 위한 國民의 熱望과 總力은 UN에도 반영되어 韓國復興을 위한 원조가 보장되었다.

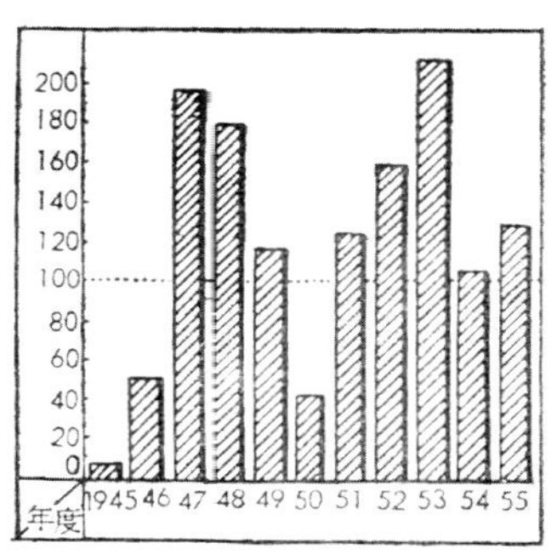

미국 원조 통계

따라서, 美國을 비롯한 友邦 국가로부터 物質的 援助로 파괴된 道路, 橋梁, 鐵道, 건물 등이 복구되고, 敎育施設, 復興住宅, 醫療機關, 水利

---

1) 工業 42%, 發電 41%, 炭鑛시설 50% 被害.

事業, 土地개량사업 등이 활발히 진행되어 활기를 띠었고, 産業 시설이 충실히 再建되었다.

이리하여, 民族的 시련을 겪은 大韓民國은 事變 전보다 훨씬 큰 규모와 시설로 눈부신 發展을 거듭하게 되었으니, 모두 국민들의 再建을 위한 熱望의 결실 때문인 것이다. 거기에 환도한 警察은 서울에서의 再建사업에 동원되었으며 파괴된 主要都市에서도 警察은 復興運動을 측면에서 도와왔다.

또한 우리의 태도를 주시하여 경계심이 강화되고 間接侵略을 방어하려는 民族的 적개심이 고조되어 다음과 같이 식량문제도 해결되어 갔다. 이 운동은 각 분야별로 크게 파급되어 다음과 같은 年度別 各級 교육기관도 재건되어 갔다.

人口와 食糧(米殼 · 麥類)

年　　　度	人　　　口	米　　　殼	麥　　　類
1945	未詳	12,835,827	2,482,820
1948	20,027,393	15,485,716	3,914,951
1952	20,526,705	9,283,572	4,365,150
1955	20,202,256	15,515,109	5,449,489
1960	24,994,117	15,949,000	6,682,575

年度別　各級敎育機關

<1964. 12. 31>

區分 / 學校	1945		1955		1964	
	學校數	指數	學校數	指數	學校數	指數
總　　計	3,183	100	5,905	186	7,430	233
幼稚園	165	100	192	116	380	230
國民學校	2,834	100	4,205	146	5,004	177
中 · 高校	165	100	1,427	865	1,857	1,125
初大 · 大學	19	100	81	426	189	995

2. 自由黨政權의 成立

6·25動亂의 피해는 무엇보다도 統一에 대한 가능성을 外面한 민족적 과업의 커다란 낭패였던 것이다. 따라서 休戰 이후에도 이에 대한 노력은 不斷히 관계자간에 대두하였는데 휴전협정 권유에 따라 1954년 2월 제네바 會議에서 논의되었다. 여기서 韓國은 UN의 權能을 인정하고 그의 감시하에 自由선거를 하자고 주장하였으나 이 統一論은 끝내 北韓의 武力침략을 고집함에 끝내 실현을 보지 못한 채 1972년 7·4南北共同聲明의 단계에까지 이르게 되었다.

한편 안으로는 大韓民國이 樹立된 뒤 李承晩 대통령은 韓國民主黨의 지지를 받았으나 이를 반대함으로 그들은 民主國民黨을 조직하였다. 이로서 行政府와 國會는 서로 대립되어 있었는데 6.25사변으로 共産黨과의 투쟁과 시련을 통해 李承晩 정부는 獨裁化하기 시작하였다.2)

이에 李承晩은 1952년 5월 임시 수도 釜山에서 野黨이 內閣責任制로 改憲하려고 하자 國會를 탄압하는 5.26政治波動을 일으켜 大統領 直選制로 고쳤다.3)

마침내 大統領은 1954년 5월 총선거로 득세한 自由黨을 배경으로 終身制 改憲案이 찬성하고 四捨五入의 拔萃改憲案을 통과시켰다. 이에 견제정책을 쓴 것이 護憲同志會가 발전한 民主黨을 中心으로 하는 野黨이었다. 그러나 自由黨의 院內外 세력은 1958년 12월 24일 武術警察로 하여금 野黨議員을 국회지하실에 不法 감금하고 國家保安法과 地方自治法을 날치기 통과시키는 2·4파동을 일으켰다.

3. 新興財閥의 擡頭

獨裁정권은 一部 特定阿附財閥들에게 特別融資 特惠配給을 주어 中小企業은 커가지 못하고 소수의 私企業이 변칙적으로 肥大해 갔다. 따라서 막대한 外國원조를 효율적으로 建設 復興 사업에 투자하지 못하여 경제성장은 기대할 수 없었다.4)

---

2) 韓太壽, 韓國政黨史, 1961.
3) 趙孝源, 韓國政黨의 性格糾明, 社會科學 2, (1958).

한편 外援에 의한 잉여 농산물의 도입은 農村 穀價에 악영향을 미쳐 米穀價는 생산비보다 더 낮아져 그들의 생활은 영세성을 면치 못하였으며 農業은 점차 비중이 적어져 6.25事變前에는 國民總生産의 50%를, 1958년에는 37%를 占有하는 정도에 지나지 않았다.5)

따라서 건설사업에의 投資보다는 消費財 생산에 박차를 가하였기 때문에 國民의 생활은 사치와 낭비로 전락하고 社會的 不信 不正 不安의 소용돌이가 몰아치고 있었다.6) 警察도 이때는 政治的인 와중으로 휩싸여 警察本然의 업무를 수행함에 있어서 장애가 많았다. 온 국민은 自由黨치하의 독재정권으로부터 떨어져 나가는 반면 自由와 平等 新氣運을 찾으려는 움직임이 현저하게 나타났다.7)

4. 6·25動亂中의 職制變遷

6.25事變이 突發하자 7月 22日 非常時 警察官 特別懲戒令을 公布하였으며8)戰鬪警察隊가 조직되었다 함은 이미 論及한 바와 같다.

1950年 3月 18日 大統領令으로 內務部 職制中 治安局機構는 警務課, 敎育課, 保安課, 査察課, 搜査課, 鑑識課 및 通信課로 되었다가 同年 8月 15日 또다시 變更되어 敎育課를 廢止하고 搜査, 査察의 兩課를 廢合하는 同時에 補給課를 新設함으로써9) 6·25事變으로 因한 戰鬪警察의 補給에 萬全을 期하였으며 警務課, 保安課, 情報搜査課, 鑑識課, 通信課, 補給課의 6課로 整備改編되었고 同年 7월 31일 철수 警察力으로 大邱, 防衛, 高靈 地區 방위 玄風 地區 八公山 地區 방위부대를 편성하였다. 10月 1日에는 치안국경찰력 2,048名이 仁川 상륙을 하였고 수복지구의 치안확보를 위해 15,417명의 增員함과 동시에 서울特別市 警察局, 경기도·충청북도·전라북도 警察局 및 鐵

---

4) 夫琓爀, 美國의 對韓援助史, 思想界 4月號(1960).
5) 崔文煥, 農土를 두고 10年, 思想界 1月號(1960).
6) 成昌煥. 韓國 인플레이숀의 分析, 高大 開校 50周年記念論文集(1955).
7) 徐南源, 韓國에 대한 外國援助의 管理, 亞細亞研究 6~2 (1963).
8) 憲法에 의한 大統領 緊急命令 第8號.
9) 大統領令 第378號 (1951. 7. 25.)

道警察本隊 등이 수복되었다.

　한편 同 11月 1日에는 第1回 警衛 警監의 승진시험을 실시하였고 同 12月 2日에는 京畿道騎馬警察隊가 재건되기도 하였다. 12月 29日에는 警察病院의 설치로 警察官 및 그 가족의 질병을 진료함과 동시에10) 警察病院직제를 公布하였다.11)

　1951年 2月 8日에는 철도경찰이 督察隊를 편성하고 철도경비를 일층 강화하였으며 3月 21日에는 鐵道警察本隊事務分掌規程을 발표하였다.

　同年 6月 1日에는 全南警察病院을 新設하였으며 다음날 警察援護法施行令을 제정 공포하였고12) 警察署 등급제도도 제정하였다.13) 同 9月 1日에는 警察會計監査規程을 제정하였으며14) 12月 2日에는 國會警備와 국회의원 護衛사무를 一元化하기 위하여 서울市警 산하에 國會特別警備隊를 설치하였다. 12月 7日에는 警察專門學校 규정과15) 警察學校 규정을 제정16) 및 警察官 승진시험규정도 제정하였다.17)

　이렇게 하여 1951년을 보낸 韓國警察은 動亂中 모든 난관과 애로를 극복하고 民主警察 본연의 자세를 취해 오다가 1952年 3月 1日 査察職務手當支給규정의 제정 공포로 약간의 도움을 받았고18) 10日에는 警察官 승진시험규정을 公布하기로 하였다19) 그리고 5月 1日에는 職場防空團 시행세칙 제정 실시와20) 燈火管制規則을 제정하여21) 戰時中의 전후방 治安 및 勝戰을 위한 제반시책을 충실히 뒷

---

10) 大統領令 第428號.
11) 大統領令 第428號 1951년 3월 24일, 大統令 第463號 一部 개정함.
12) 大統領令 第503號.
13) 內務部 訓令 第30號 同 12月 1日 一部 改正으로 寧越警察署가 승격됨.
14) 內務部 訓令 第32號.
15) 內務部令 第23號.
16) 內務部令 第24號.
17) 內務部 訓令 第33號.
18) 內務部 訓令 第38號.
19) 大統領令 第613號.
20) 內務部令 第28號.

받침해 주었다.

6월 18일에는 警察官遺族記章令을 제정 공포하였고[22] 8月 6日에는 경찰관 교양규정을 제정하였으며[23] 16日에는 消防署職制가 公布되었고[24] 25日에는 警察署 職制가 制定 公布되었다.[25] 10月 13日에는 警察官署都給經費取級 규정이 제정 실시되었고[26] 12月 26日에는 경찰서 소방서 등급區分에 관한 件이 制定 公布되었다.[27]

1953년 1月 27日에는 警察官賞與규정이 制定되었고[28] 同年 7月 6日 警備課가 殘匪掃蕩의 任務에 呼應新設되고 情報搜查課는 다시 分離되어 搜查課와 特殊情報課로 改編되었고 敎育課를 삭제하였다[29]

同 7月 7日에는 大統領警護特別原則이 제정되었고[30] 23日에는 民兵隊令을 制定 公布하기에 이르러[31] 休戰條約이 체결할 때까지 기구와 직제가 수차 바뀌게 되었다.

---

21) 大統領令 第636號.
22) 大統領令 第648號.
23) 內務部 訓令 第42號.
24) 大統領令 第670號.
25) 大統領令 第680號.
26) 內務部令 第32號.
27) 大統領令 第730號 大統領令 第731號.
28) 內務部 訓令 第49號.
29) 大統領令 第804號.
30) 內務部 訓令 第52號.
31) 大統領令 第813號.

第2節　國立警察의　組織과　機構變遷

1. 中央組織

中央에는　內務部長官을　首班으로　하는　治安局　警專, 國立科學搜査研究所,　警察病院이　있고　治安局長은　理事官,　各課長은　書記官, 각係長은　總警,　各班長은　警監이　배치되었다.

① 治安局

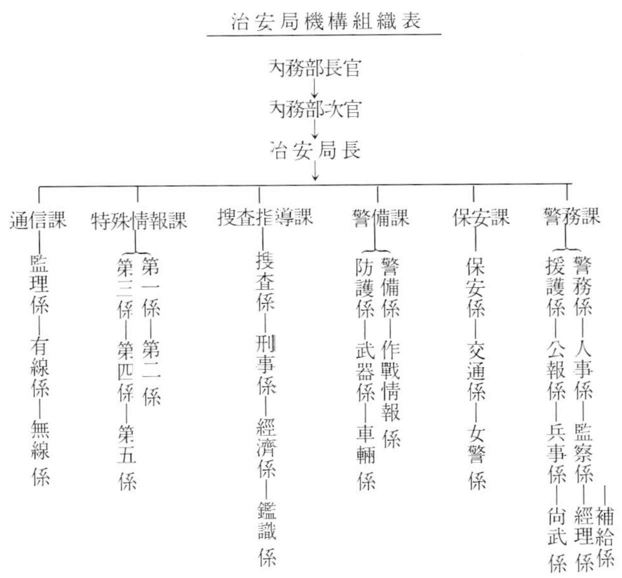

治安局의　機構組織과　事務分掌　상황은　다음과　같다.32)

---

32) 內務部治安局刊, 警察10年史.

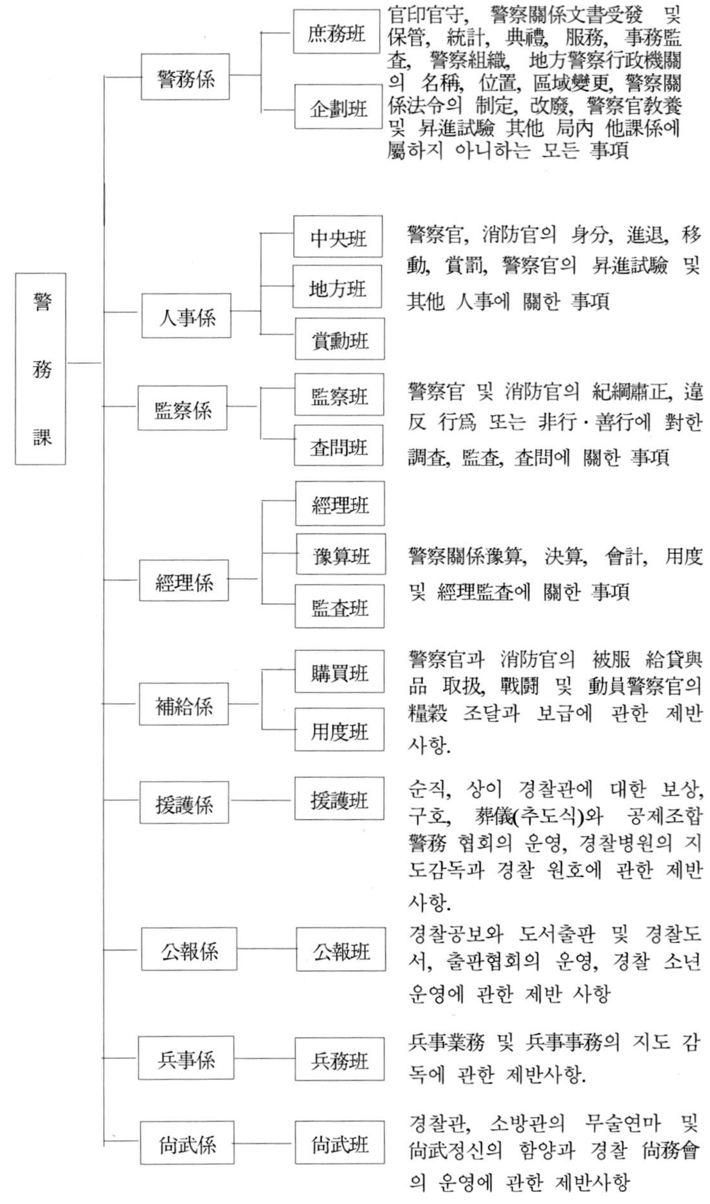
警務課
警務係
庶務班
企劃班
官印官守, 警察關係文書受發 및 保管, 統計, 典禮, 服務, 事務監査, 警察組織, 地方警察行政機關의 名稱, 位置, 區域變更, 警察關係法令의 制定, 改廢, 警察官敎養 및 昇進試驗 其他 局內 他課係에 屬하지 아니하는 모든 事項
人事係
中央班
地方班
賞勳班
警察官, 消防官의 身分, 進退, 移動, 賞罰, 警察官의 昇進試驗 및 其他 人事에 關한 事項
監察係
監察班
査問班
警察官 및 消防官의 紀綱肅正, 違反 行爲 또는 非行·善行에 對한 調査, 監査, 査問에 關한 事項
經理係
經理班
豫算班
監査班
警察關係豫算, 決算, 會計, 用度 및 經理監査에 關한 事項
補給係
購買班
用度班
警察官과 消防官의 被服 給貸與品 取扱, 戰鬪 및 動員警察官의 糧穀 조달과 보급에 관한 제반 사항.
援護係
援護班
순직, 상이 경찰관에 대한 보상, 구호, 葬儀(추도식)와 공제조합 警務 협회의 운영, 경찰병원의 지도감독과 경찰 원호에 관한 제반 사항.
公報係
公報班
경찰공보와 도서출판 및 경찰도서, 출판협회의 운영, 경찰 소년 운영에 관한 제반 사항
兵事係
兵務班
兵事業務 및 兵事事務의 지도 감독에 관한 제반사항.
尙武係
尙武班
경찰관, 소방관의 무술연마 및 尙武정신의 함양과 경찰 尙務會의 운영에 관한 제반사항

治安局事務分掌

警務課는 警察組織 地方警察行政의 名稱, 位置, 區域의 變更, 警察官, 消防官의 服務教養 및 統計, 昇進試驗, 警察公報와 警察關係豫算, 經理監查, 警察援護, 警察官 消防官의 武術鍊磨, 警察官 消防官의 被服給與, 動員警察官의 糧穀 調達 및 局內 他課에 屬하지 아니하는 諸般 事項을 分掌한다.

保安課는 風俗警察, 交通警察, 銃砲火藥類, 婦女老幼者保護團束 및 綠化, 衛生警察에 關한 諸般 事項을 分掌한다.

警備課는 警備, 警察戰鬪, 警察武器彈藥, 車輛, 資財의 補給 其他 裝備와 防空 및 消防에 關한 諸般事項을 分掌한다.

搜查指導課는 特殊犯罪의 搜查, 防犯에 관한 企劃硏究, 經濟警察 및 鑑識에 관한 事項을 分掌한다.

特殊情報課는 政治文化, 民情의 查察, 外事警察 및 特殊情報, 對北 特殊查察에 관한 諸般事項을 分掌한다.

通信課는 警察警備施設의 企劃, 維持 및 有無線警備通信에 關한 諸般事項을 分掌한다.

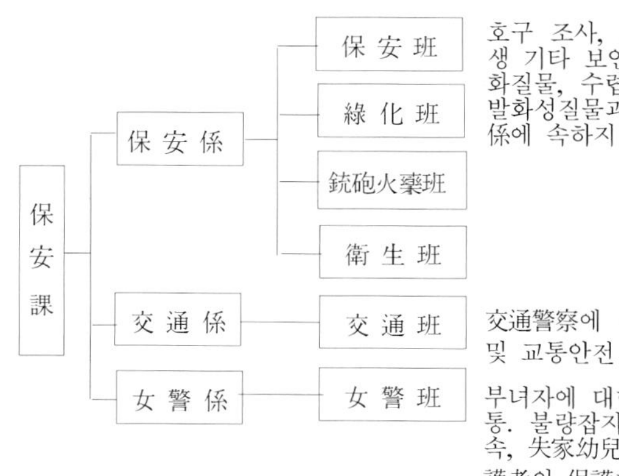

호구 조사, 고물상, 전당포, 청소위생 기타 보안 행정과 풍속 경찰, 인화질물, 수렵금수의 보호, 총포화약 발화성질물과 압축 瓦斯 및 課內 他係에 속하지 아니하는 사항.

交通警察에 관한 지도 감독과 연구 및 교통안전 협회 운영에 관한 사항.

부녀자에 대한 선도와 불량소년의 계통. 불량잡지 출판물의 단속, 풍기단속, 失家幼兒 노인의 보호 기타 要救護者의 保護계몽에 관한 사항.

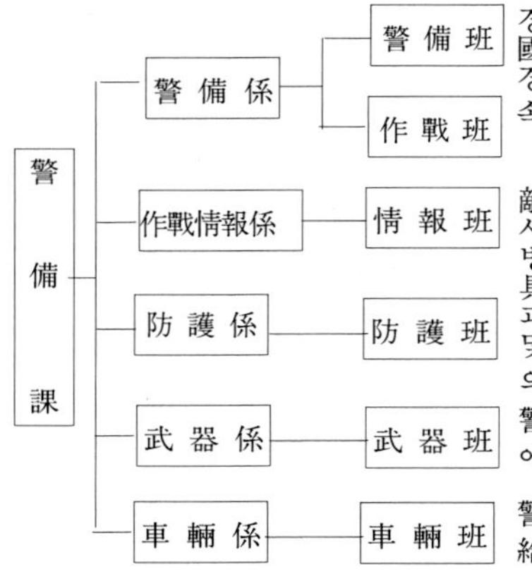

경비, 경호, 토벌작전과 기마경찰 國聯軍 配屬警察官의 지도 감독, 경찰 항공기 관리 및 課內他係에 속하지 아니하는 사항.

敵情査察 및 기타 작전정보에 관한 사항. 소방과 防空에 관한 企劃, 소방과 방공 사상의 계몽선전 防護器具와 약품성능 조사연구, 防護施設과 그 유지의 연구 防空 통신정보 및 防空委員會와 民防空團의 운영의 지도 감독에 關한 제반사항.

警察銃器彈藥의 補給整備 및 修理에 關한 事項

警察車輛 및 油類의 確保管理와 補給에 關한 事項.

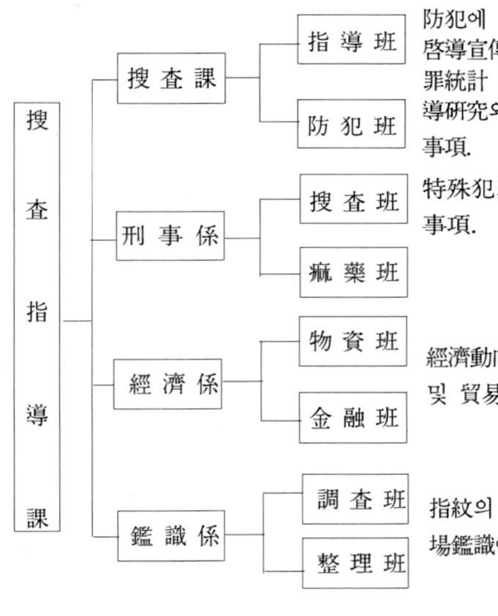

防犯에 關한 企劃과 硏究, 防犯思想의 啓導宣傳 一般刑事犯의 保護團束 一般犯罪統計 搜査情報의 通報 및 搜査의 指導硏究와 課內他係에 屬하지 아니하는 事項.

特殊犯罪의 搜査와 痲藥事犯에 關한 事項.

經濟動向의 硏究, 統計와 物資, 物價 및 貿易 其他 經濟警察에 關한 事項.

指紋의 採取, 鑑定, 整理, 保存 및 現場鑑識에 關한 事項.

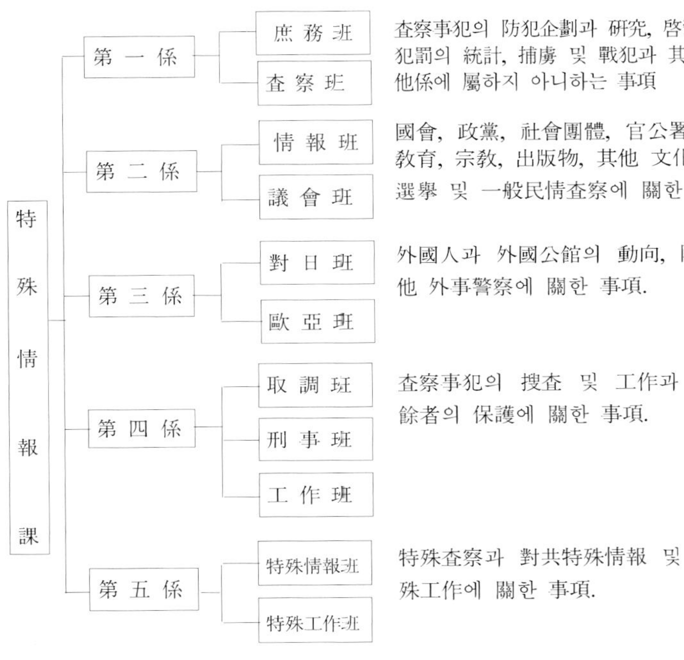

特殊情報課
第 一 係
庶 務 班
査 察 班
查察事犯의 防犯企劃과 研究, 啓蒙, 查察
犯罰의 統計, 捕虜 및 戰犯과 其他 課內
他係에 屬하지 아니하는 事項
第 二 係
情 報 班
議 會 班
國會, 政黨, 社會團體, 官公署, 言論,
敎育, 宗敎, 出版物, 其他 文化團體와
選擧 및 一般民情查察에 關한 事項.
第 三 係
對 日 班
歐 亞 班
外國人과 外國公館의 動向, 防諜 其
他 外事警察에 關한 事項.
第 四 係
取 調 班
刑 事 班
工 作 班
查察事犯의 搜查 및 工作과 查察刑
餘者의 保護에 關한 事項.
第 五 係
特殊情報班
特殊工作班
特殊查察과 對共特殊情報 및 對共特
殊工作에 關한 事項.

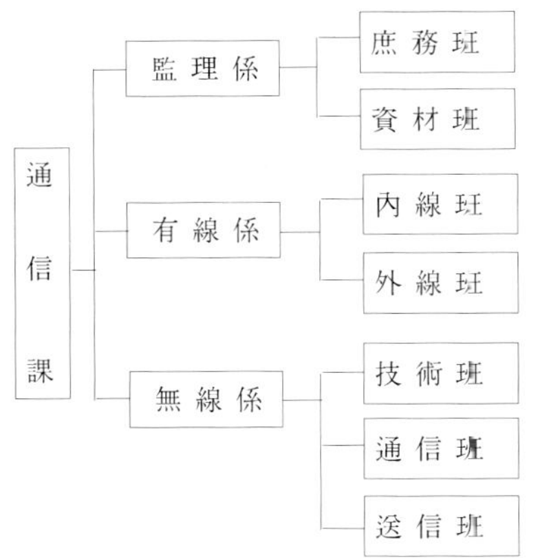

通信課
監 理 係
庶 務 班
資 材 班
通信의 企劃, 通信資材의 保管, 出納과
通信技術協會의 運營 및 課內 他係에
屬하지 아니하는 事項.
有 線 係
內 線 班
外 線 班
有線警備通信施設의 企劃, 維持와 修
理, 研究指導 및 監查에 關한 事項.
無 線 係
技 術 班
通 信 班
送 信 班
無線警備通信施設의 企劃, 維持와 修
理, 警察無電의 受發, 通信의 暗號와
其他 警察無線通信에 關한 事項.

② 警察專門學校

警察의 교양과 人格陶冶 및 現職警察官의 재교육훈련을 맡는 사명
이 있다.

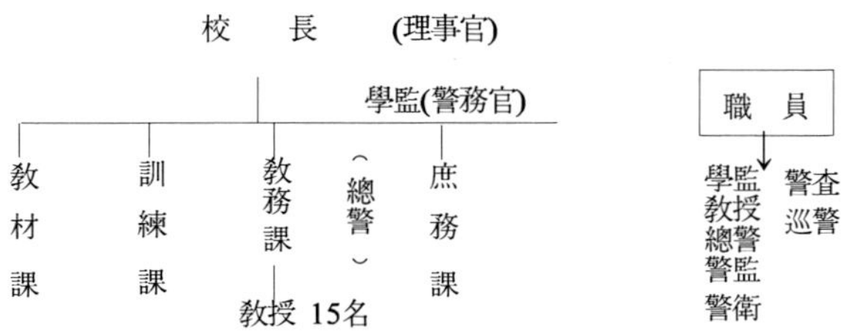

③ 國立科學搜査研究所

犯罪搜査에 關한 科學的 研究와 諸般 犯罪證據物의 鑑識事務를 擔
當시키기 위하여 다음과 같은 國立科學搜査研究所職制에 의하여 內務
部長官所屬下에 國立科學搜査研究所를 設置하는 同時 同所에는 法醫
學科와 理化學科를 두고 同所長에는 技正을, 各科長에는 技佐를 配置
하고 있다.

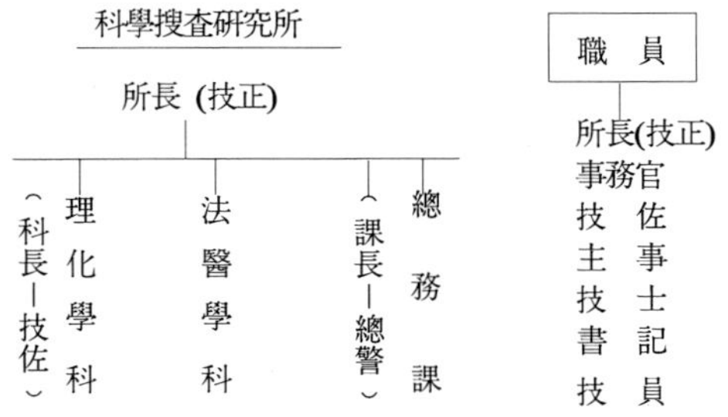

④ 警察病院

警察官 및 그 가족의 진료 사항을 담당하는 임무를 띠었다.

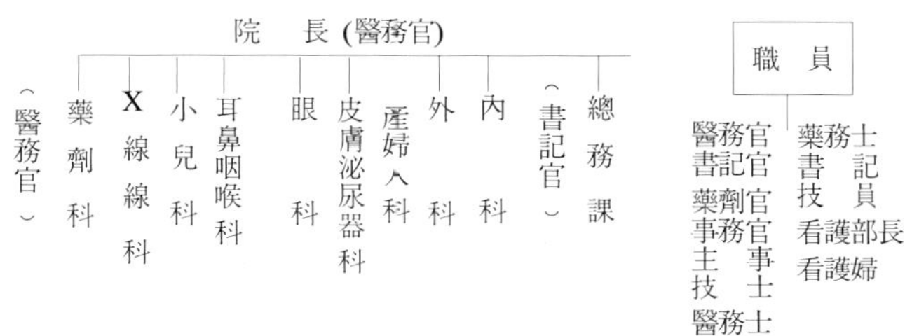

2. 地方組職

① 市 道警察局

地方自治法 第116條 및 第117條에 의하여 地方警察行政事務를 分掌키 爲하여 地方市, 道에 市, 道警察局을 設置하고 同局內에 市, 道職制에 의하여[33] 警察課, 保安課, 警備課, 搜査課, 査察課, 通信課, 消防課(서울, 慶南道에 限함) 단지 濟州道는 第1課, 第2課를 各各 두고 各課內에는 係, 班을 두되 서울市警察局長에는 理事官을, 其他 警察局長에는 警務官을, 各課長은 總警을, 各係長은 警監을, 各班責任者는 警衛로 配置하였다.

② 警察署

地方自治法 第150條에 依하면 原則上 市, 區, 部에 警察署를 設置할 수 있어 警察官職制에 依하여 理在 全國에

---

33) 1956年末 現在 기준.

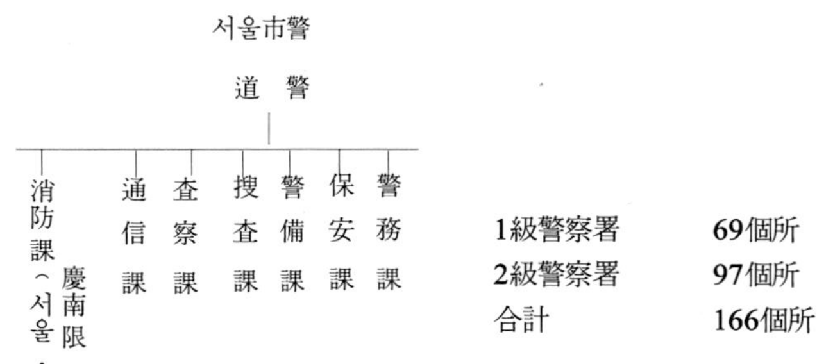

1級警察署	69個所
2級警察署	97個所
合計	166個所

를 設置 運營中에 있는 바 一般警察署에는 警務係, 保安係, 警備係, 搜查係, 查察係 5係를, 2級警察署에는 警務係, 經理係, 保安係, 警備係, 搜查係, 查察係, 通信係 7係를 各各 두고 1級地警察署長은 總警으로, 2級地警察署長은 警監으로 各各 補하고 一級地警察署 各係長은 警監으로, 2級地警察署 各係 責任者는 警衛를 配置하고 있으며 各警察署 傘下에는 大略 一面一支署制主義로 支署, 派出所, 出張所를 設置하고 同責任者로서 警衛 또는 警查를 配置하여 平均 8名 程度의 人員이 勤務하고 있는 바 1956년 現在 全國支署 以下 官署數는 다음과 같다.

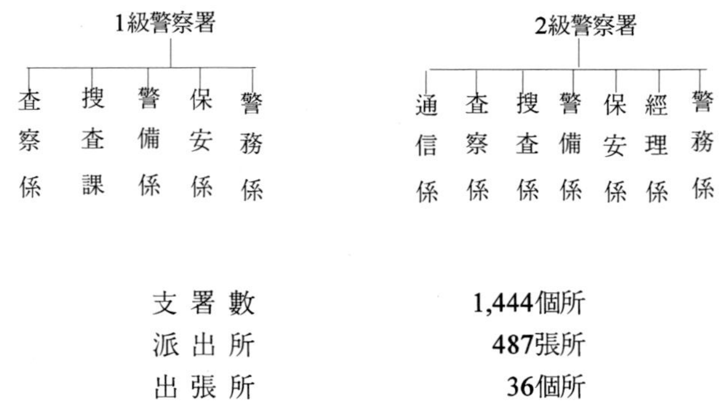

支署數	1,444個所
派出所	487張所
出張所	36個所

3. 消防署職制

消防署직제에34) 의하여　全國에35)

1級消防署	13個所
2級消防署	11個所
合　　計	24個所

를　設置하여　運營中에　있는　바　各級消防署에는　總務係, 防護係를　두고　1級地消防署長을　總警으로, 2級地消防署長은　警監으로, 補任配置하고　1級消防署　各係長은　警監　또는　消防監을, 2級消防署　各係責任者는　消防士를　配置하고　있으며　各消防署　傘下에는　若干의　消防官派出所, 出張所를　두고　其責任者로　消防士補를　配置하고　있으며　其官署數는　다음과　같다.

消防官派出所	37個
消防官出張所	2個所

參考로　경찰관　및　소방관　정원(1956年)을　보면　다음과　같다.36)

㉠ 警察官		㉡ 消防官	
警 務 官	10人	總　　警	13人
總　　警	163人	警　　監	24人
警　　監	593人	消 防 監	13人
警　　衛	3,329人	消 防 士	37人
警　　査	6,825人	消 防 士 補	84人
巡　　警	28,080人	消 防 員	378人
計	39,000人	計	569人

---

34) 地方自治法.
35) 1956年末　現在　기준.
36) 前揭, 警察 10年史, p.41.

4. 機構變遷

1953年 7月 27日 休戰協定이 調印된 후 9月 15日 公務員 3割 5分 감원 실시에 따라 警察官도 13,256명을 감원 단행하였다. 細部內容을 보면 左와 같이 감원하였다. 26日에는 鐵道警察隊도 해체하여 各市道로 하여금 철도경찰 업무를 管掌토록 조치하였으며37) 이에 따라 各市道에 警備課를 서울 慶南에는 警備課 外에 消防課를 新設하였다. 12月 14日에는 警察官職務執行法을 制定 公布하였으며38) 간첩침투, 밀수범 검색, 不法漁撈 방지를 위해 海洋警察隊를 設置하였다39)

警務官	2名
總　警	26名
警　監	188名
警　衛	618名
警　查	1,411名
巡　警	11,011名
計	13,256名

海洋警察隊 → 基　地　隊 → 航　空　隊

　　동시에 12月 14日에는 保健部에서 관장해 오던 淸掃 및 接客營業事務가 경찰에 이관되었다.40)

　1954年 3月 3日에는 地方警察學校를 폐지하고 中央(警專)에서 통합 敎育을 실시하였으며 20日에는 戰死戰傷警察官補償金規程을 제정하였다.41) 그리고 30日에는 儒城警察署를 폐지하고 西大田警察署(1級警察署)를 신설하였으며 瑞山 警察署를 2級警察署로 降級하였다.42) 同 4月

---

37) 大統領令 第823號.
38) 法律 第299號.
39) 大統領令 第844號.
40) 大統領令 第843號.
41) 大統領令 第877號.
42) 大統領令 第884號.

20日에는 경찰관 신분카드 作戎備置制를 실시하였고43) 5月 4日에는 治安局副局長制를 폐지하였다.44)

8月 26日에는 海洋警察隊員 特別勤務手當규정을 制定 公布하였으며45), 戰死戰傷警察官補償金규정 시행세칙을 제정하였다.46) 12月 2日에는 京畿道 漣川警察署를 新設하였으며 未收復지구 警察署를 폐지하였다. 8日에는 未收復地區인 開城消防署를 폐지하고 釜山消防署를 新設하였다.47)

1955年 1月 5日에는 警察官職務執行法施行令을 制定公布하였으며48) 2月 28日에는 全南 警察儀仗隊를 설치하였고 同年 3月 5日 社會混亂에 便乘하는 犯罪의 知能的인 發達과 人權의 尊重에 따르는 犯罪搜查의 科學的인 發展이 要請되므로써 鑑識課는 發展的인 廢止를 하고 歐美先進國家의 制度를 본받아 內務部長官直屬下에 國立科學搜查研究所를 設置하여 科學的인 搜查技術의 向上과 發展을 도모하였다49)

또 3月 29日에는 消防官給與品 및 貸與品 規程을 制定하였으며50) 4月 5日 警察巡閱규정을 制定하였다.51) 6月 8日에는 警察官携帶品규정을 制定하였고52) 警察官職務應援法을 公布 實施하였다.53)

7月 4日에는 筏橋 警察署를 폐지하였고54) 9月 19日에는 警察機動隊員에 대한 服務昇進 상벌과 특수수당을 규정하였다.55) 10月 10日

---

43) 警察10年史, p.493.
44) 大統領令 第896號.
45) 大統領令 第934號.
46) 內務部令 第40號.
47) 大統領令 第966號.
48) 大統領令 第972號.
49) 大統領令 第1021號.
50) 內務部 訓令 第67號.
51) 內務部 訓令 第68號.
52) 內務部 訓令 第73號.
53) 法律 第358號.
54) 大統領令 第1058號.
55) 大統領令 第1088號.

에는 警察專門 學校處務규정을 제정하였고56) 12月 2日에는 江原道
注文津 警察署를 폐지하고 江陵 原州 慶州 統營 鎭海 等 市昇格에
수반한 警察署 명칭 위치 관할 구역을 변경하였으며57) 종전 警査級
山形階級章을 無窮花葉式으로 개정하여 肩部에 佩用케 하였다58)

5. 서울 特別市警察局 機構變遷

1951년 말 현재 서울특별시 警察局 기구를 보면 다음과 같다.

서울特別市 警察局 機構一覽表(1951年度)

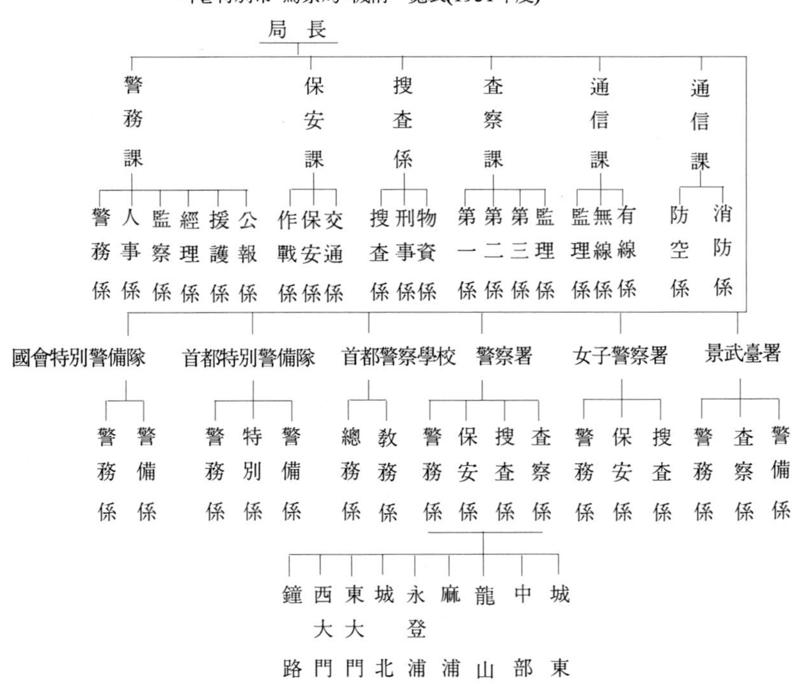

---

56) 內務部 訓令 第79號.
57) 大統領令 第1115號.
58) 大統領令 第1112號.

1951년 6월 28일 警察局 消防課內에 防空係와 12月 2日 市警산하에 國會特別警備隊를 설치하였으며 1952년 1월 27일 경무과 경무계 兵事班을 係로 승격하여 景武臺 女子警察署를 제외하고 각 警察署에 兵事係를 신설하였다.59)

1952년 4월 4일 警察課警務係車輛班을 經理係 소속으로 개정하고 경무과 경리계에 食糧被服班을 신설하였으며 保安課 보안계에 銃砲火藥 및 公安情報班을 신설함과 동시에 保安課 作戰係에 機動隊班을 새로 설치하였다.60)

1952년 6월 30일 首都特別警備隊 기구를 개정하였는데 경무계內에 經理班을 同係로, 무기 경비 및 警護班을 新設하고 內勤班을 폐지하였으며61) 共匪침투 방지, 간첩 색출을 신속 정확히 처리하기 위하여 산하 각 警察찝車에 固定無電機를 시설하였다.

1953년 4월 20日에는 警務課 경무계 내에 敎育班을 설치하고62) 경찰 교육 훈련에 필요한 제반 도서 잡지 간행물 관계는 이곳에서 一括取及하였다63) 同6월 30일에는 警務局消防課의 명칭을 防護課로 고쳤고64) 同 10월 15日에는 內務長官의 승인을 얻어 防護課를 消防課로 환원조치하고 警備課는 警備警察작전과 전투정보 警察총기와 탄약 鐵警 및 防空에 관한 사항을 관장하였다.

1954년 12월 환도 이후 警察行政도 안정되어 감에 따라 市警에서는 처음으로 警察儀仗隊를 설치하였으며 1957년 7월 20일 女子警察署를 폐지하였다.65)

---

59) 內治警 第94號.
60) 서울 警秘 第760號.
61) 서울 警秘 第1596號.
62) 서울 警秘 第116號.
63) 公友, 警友, 民主警察誌, 受驗研究 등을 취급하였다.
64) 서울特別市 規則 第24號.
65) 大統領令 第1298號.

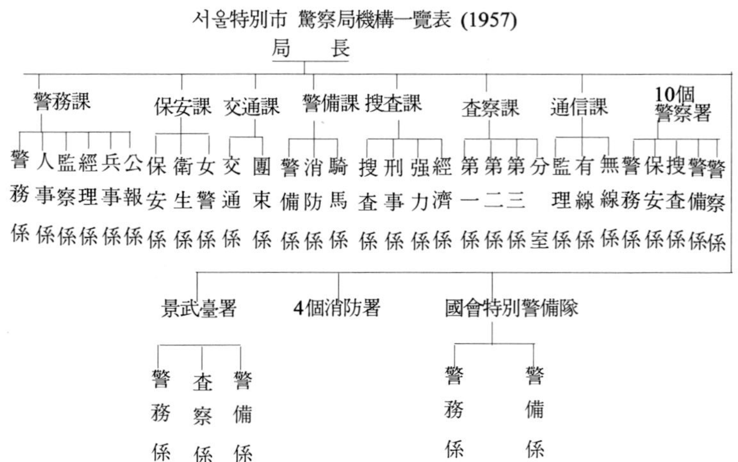

　　1957년 11월 9日 서울특별시 職制中 一部를 改正함에 따라 警察局에 경무 보안 교통 경비 수사 사찰 통신의 7개 課와 國會特別警備隊 경무대 경찰서 4個 消防署 10개 경찰서로 개편하였는데 그 자세한 서울特別市警察局 機構一覽表(1959년 말 현재)는 前面의 一覽表와 같다.

　　1959년 3월 27일 서울特別市警察局 各課隊 및 警察署文書編纂保存 규정을 定하였고 同 10月 21日 中部 경찰서 관할 구역을 일부 변경하여 西大門 경찰서로 이관 실시하였다.66) 南大門警察署는 同 11月 25日 開署式을 盛了하였다.

---

66) 大統領令 第1522號.

第2章 第三共和國의 民主警察

第1節 4·19革命과 警察

1. 不正選擧와 警察參與

一黨獨裁를 長期化할 갖은 계획과 智謀를 짜낸 自由黨은 신성한 警察을 私兵化하여 警察國家의 도습을 띠게 되자 民主國民의 빈축을 샀는바 이를 구체적으로 실현시키기 위하여 第2次 改憲으로 大統領의 重任制限의 철폐를 단행하여 第4代 大統領 선거에 臨한 自由黨은 그들의 私兵이 된 警察을 利用하여 選擧결과를 造作 날조하였던 것이다[1]

그런데 희망과 의욕에 부풀어 출발한 韓國의 新生 國立警察은 1948年 11月 8日 壓制警察의 象徵인 帶劍을 警察棒으로 代替하는 同時에 制帽와 制服을 비롯한 諸標識을 一新하여 國立警察로서의 第一步를 힘차게 내뻗은 以來 奉仕와 秩序를 指導理念으로 하는 名實相符한 民主警察을 指向하여 數多한 內煩과 陶汰 및 試練의 機構改革변천 等을 거듭하였다. 解放 以來, 亂舞와 같이 混亂한 治安의 收拾과 찬연히 빛나는 對共鬪爭 特히 9·28收復後의 殘匪掃蕩, 治安확보, 民心收拾 等 建國史에 燦爛한 業績이 許多하였다. 그러나 急進的으로 發展에 發展을 거듭하는 스스로의 勢力에 陶醉되어 一時에 拂拭할 수 없었던 警察萬能的 殘滓思想이 다시 대두하고 감염됨에 이르러 執權 自由黨의 前衛

---

[1] 韓國革命裁判史 第1輯.

的 尖兵으로서 忠實을 다할수록 民主를 標榜하던 警察은 漸次로 民衆과 流離되며 獨裁化하여 마침내는 民主主義의 基本인 選擧에까지 關與함에 이르렀음은 無限한 恨인 同時에 汚點이 아닐 수 없었다2)

더욱이 警察高位 책임자는 自由黨에 충성을 다하는 자를 등용하고 4割사전 投票 開票의 조작 등 최대 최악의 不正腐敗의 選擧를 자행하였다. 그들은 自由黨의 正·副統領입후보자 當選에 있어서 85%의 투표를 계획하였고 충실한 心服을 선정하여 警察署長 査察課長 등 각급 官署長에 임명함과 동시에 이에 反對하는 강직한 警察官은 高下를 막론하고 左遷 또는 豫備役으로 돌게 하였다.

警察이 관여한 不正選擧에 관한 秘密指令은 다음과 같은 것이었다.3)

1. 正·副統領선거에 있어서 8割 5分 득표를 목표로 한다.
2. 投票區 單位로 組를 편성하여 査察警察官으로 하여금 組長으로 삼아 選擧를 관여한다.
3. 各組長은 有權者의 성분조사와 自由黨 入黨을 권유, 全員 포섭한다.
4. 各組長은 市, 邑, 面 관계직원과 연계하에 3人組, 5人組, 9人組의 單位를 編成한다.
5. 選擧人 명부에는 事前 1割 5分의 幽靈有權者를 조작, 그 以外에 2割 5分의 기권자를 조작하여 4割 사전투표를 감행한다.
6. 公開投票로 득표를 유리하게 한다.
7. 이를 달성하기 위하여 自由黨 완장을 有權者 전원에게 배부하고 투표구선거관리위원을 포섭한다.
8. 査察係長 主任 支署主任과 各組長의 辭表를 미리 받아둔다.
9. 이것이 不如意할 때는 開票區選擧委員長으로 하여금 8割 5分線의 득표를 宣布케 한다.4)

---

2) 警察統計年報 1965년 제9호.
3) 이를 不履行할 때를 대비하여 事前一括辭表까지 받아두는 치밀성, 계획성, 조직성을 보였다.
4) 韓國革命裁判史 第1輯.

등 모두 9가지의 指令에 따라 1960년 3월 15일 選擧에서 自由黨의 正·副統領 立候補者가 不正不法으로 當選되었다.

2. 4·19 革命과 警察

獨裁政權下에 있던 뜻있는 大韓民國 국민은 民主政治를 되찾기 위한 抗拒精神으로 가득 차 있었다. 그럼에도 불구하고 自由黨의 독재와 부패는 극에 달하더니 1960년 3월 15일 正·副統領 선거에 이르러서는 그 양상이 더욱 짙게 나타났다. 公明 自由選擧를 통해서는 승산이 없음을 간파한 自由黨은 一部 몰지각한 警察과 不良輩를 조종하여 불법과 탄압, 폭력 등 수단과 방법을 가리지 않고 부정 선거로 大統領에 李承晩, 副統領에 李起鵬(1896~1960)을 당선시켰다. 그러나 선거를 앞둔 2월 28일 大邱의 高等學校 學生들은 학원을 간섭하는 경찰과 충돌하고, 선거일인 3월 15일에는 馬山에서 불법에 항거하는 데모를 일으켰다. 이때 명령을 받은 警察의 무차별 발포로 100여명의 義擧 시민이 殺傷되었고, 4월 11일에는 처참하게 죽은 金朱烈의 시체가 발견되자 온 國民은 격분했다5)

그리하여 4월 18일 오후 서울의 高麗大 學生 3,000餘名은 不正選擧를 규탄하고 學園의 自由와 民主主義의 역적을 몰아내자고 절규하면서 프랙카드를 들고 거리로 나가 데모를 감행하니, 그 다음날 19일에는 서울의 각급 학교 男女學生들이 아침부터 총궐기하여 獨裁政權에 抗拒하였다. 그들은 不正選擧 다시 하라, 民主主義 死守하자, 李承晩 政府 물러가라 등의 격렬한 口號를 외치며 대대적인 데모에 突入하였다.6)

서울 시내는 警察의 총성과 불길로 가득 찼고 100여명의 學生과 市民이 피를 흘리는 사태로 악화되자, 당황한 自由黨은 戒嚴令을 선

---

5) 金聖泰, 4.19 學生蜂起와 動因에 關한 硏究, 成均館大學校 論文集 5, 1960.
6) 曺華永, 四月革命鬪爭史, 1960.

포하고 革命을 진압하려 하였다.7) 이때 動員된 군대는 침묵으로 學生과 市民을 옹호하는 움직임을 보였다.8) 그러자 25日 서울의 大學敎授들은 時局宣言文을 발표하는 등 국민들은 이에 굴복치 않고 주검으로써 독재에 항거하므로 26일 李承晚은 할 수 없이 大統領職에서 下野하였으니, 10년 독재의 자유당 아성은 무너져 시민 혁명은 성공적으로 끝난 것이다. 이로써 우리나라는 民主主義의 국가로 희망찬 한걸음을 힘차게 내디디게 되었다.9)

3. 民主黨 治下의 警察機構

1960년 4월 19일 4月 市民革命으로 大悟覺醒한 바 있는 警察은 自家肅淸을 거듭하여 잃었던 民衆의 信任을 되찾기에 苦心을 다하는 一方 恨많은 政治 査察의 前身을 完全히 意識的으로 脫皮하기 위하여 6月 1日 特殊情報課를 情報課로10), 各市道警察局의 査察課도 情報課로 各各 改稱하는 同時 各警察署의 査察係도 이에 마침내 情報係로 改稱하고11) 眞實한 民衆의 公僕이고 治安의 役軍으로 出發하게 되었으나 事實에 있어서는 4·19革命으로 因한 自由黨政權의 沒落과 더불어 國立警察은 支離滅裂狀態에 이르러 法과 執行者로서의 權威는 喪失되고 無氣力과 不信의 警察로 頹廢되었던 것이다. 더욱이 4·19以後에 社會的 混亂은 每日같이 接踵하는 各種 데모 示威로 말미암아 警察 本然의 任務는 제쳐놓고 거리와 公共建物을 守備하기에 不安스러운 視線으로 이들 데모와 活動을 制止하기에 寧日이 없었음으로 社會秩序의 混亂은 날로 加增되고 警察의 士氣는 民主黨

---

7) 4.19로 희생된 人員은 學生死亡 144名 負傷 1,000여명이었다.

8) 現役一線記者同人編, 四月革命, 1960.

9) 閔錫泓, 現代史와 自由民主主義 —四月革命의 理解를 爲하여—, 思想界, 6月號, 1960.

10) 大統領令 第1583號.

11) 市規則 第182號, 同課에서 취급하던 選擧事犯 搜査事務는 搜査課에서 취급하고 情報課는 對共面에 치중하는 등 査察업무만 처리하도록 改正하였다.

政權의 無能과 또한 無原則的인 人事行政과 倂行하여 低下一路에 있었으며 民主的 發展이나 國民에 對한 奉仕를 위해 合理的인 體制를 갖출 여유도 없이 警察機能이 저하되는 위기를 맞이하였다.

4·19 이후 6월 15일 內閣責任制改憲案(第3次憲法改正)이 국회를 통과하여 政府組織法의 改編(第562號)을 보았는데 7월 1일 第4次 개혁12)에서 警察의 中立을 위하여 國民基本權의 强化, 憲法裁判所의 設置, 大法院長과 大法官 선거제의 채택, 中央選擧管理委員會의 憲法機關化, 地方 自治團體의 長의 選擧制 採擇 등이 그 內容이었다.13)

自由黨治下에서 警察이 집권당의 私兵化 내지는 心腹化하는 경향을 제도적으로 防止하고 경찰 본연의 임무인 「國民의 生命 身體 및 財産의 保護와 犯罪의 예방과 鎭壓 및 搜査와 交通의 단속, 消防 기타 公共의 安寧과 질서유지」를 직무로 하기 위해서는 政治的 中立이 必要하였고 이것이 先行되어야만 신성한 의무를 과감히 遂行할 수 있는 것이다.14)

따라서 이를 制度的으로 뒷받침하기 위해 설치코자 한 것이 公安委員會였다. 이 제도는 國民을 대표하는 者에게 警察을 管理케 하는 民衆管理의 원리에 의한 것으로 行政委員會 제도를 참고한 것이다.

한편 그해(1960) 7월 29일 民·參議員總選擧를 실시하여 民主黨이 壓勝함과 동시에 8월 23일 民主黨新派의 張勉內閣이 성립되어15) 自由黨 관계 인사들을 다스리는 각종 特別法이 제정 공포되어 일벌백계주의도 처리하였다.

同 6월 27일에는 國會特別警備隊를 폐지하고 議事堂警備사무는 서울市警 警備課에서 담당하도록 기구를 개편하였다. 다음날(6月 28日)에는 自由黨시대의 景武臺警察署를 폐지하고 靑瓦臺 경비는 保安

---

12) 1964年 8月 14日까지 모두 17次의 改革이 있었다.
13) 金雲泰. 行政機構 20年, 解放 20年, 1965. 7. pp.92~95 參照.
14) 警察公務法 第2條(1969. 1. 7. 公布 法律 第2077號).
15) 民主黨 舊派는 8월 4일 新派와 訣別하고 1961年 2月 20日 新民會를 결당하였다.

課에서 管理 담당하였다.

그리고 1960년 12월 6일 서울特別市警察局 各課事務分掌內規中 保安係에 保安班, 銃砲火藥班을 두고 綠化班欄관계 全文은 同日字로 삭제하였던 것이다.16) 同日 警察局 경찰장비 관리규정을 정하였는바 그에 따르면 强力犯을 비롯한 각종 犯罪의 예방 검거 交通團束 기타 警察업무의 능률화조직화를 위하여 필요한 장비의 적당한 운영관리를 기함을 목적으로 하고 있다.

警察車輛의 用度는

㉠ 國內外 著名人士 및 要人 警護
㉡ 犯罪搜査
㉢ 交通 및 同 위반자 수송
㉣ 機動巡察
㉤ 人命救急
㉥ 警備電話 架設 및 補修
㉦ 罪囚 護送
㉧ 警察官 및 消防官의 敎習
㉨ 屍體 운반과 解剖
㉩ 事故車輛引索
㉪ 犯罪現場鑑定
㉫ 兵力輸送
㉬ 補給物資의 輸送17)

등이었다.

한편 同年 6月 16日에는 內務部에 警察行政審議會를 두고 警察法案을 건의한 바 있으며 美國의 경찰관계전문저명인사인 앵글, 로오 두 사람의 警察制度에 관한 자세하고도 전문적인 건의를 받은 바도

---

16) 서울特別市警各課事務分掌內規 第16條의 改正.
17) 前揭, 서울特別市史, 解放後 市政篇, p.757, 1965. 11. 서울特別市史 編纂委員會 發行 參照.

있었다. 이에 民主黨 정부에서는 同 警察法案을 심의하였고 그 후 5·16 이후에도 警察을 政治的으로 中立시키기 위하여 1962년 國家再建最高會議 方針에서도 시사한 바 있었다고 한다.[18]

第2節 5·16 軍事革命과 警察

1. 5·16 軍事革命

4·19 市民革命으로 인해 과도정부 이후 野黨인 民主黨이 정권을 인수하여 第2共和國이 성립되었다. 그들은 7·29 총 선거에 의해 全國的으로 壓勝하자 內閣責任制로 정치체제를 改編 확립하고, 內閣總理에 張勉이 선출되어 새 정치를 시도하였으나, 新舊派의 대립으로 政治的 安定과 政策을 所信대로 펴가지 못하였다. 더욱이 4·19 革命이라는 시련을 겪은 우리나라는 獨裁에서 갓 벗어났기에 개방된 自由를 요구하고 지나친 데모로 安定을 찾지 못하였다. 따라서 혁명기의 무정부적 상태하에서 무질서한 데모와 罷業의 연속으로 經濟秩序 또한 혼란해지기 시작하였다.

무력한 政府가 어떠한 험악한 분위기가 造成될지 모를 상태에 있을 때, 정치적인 中立을 지켜 온 國軍 가운데 國政을 바로 잡아 보겠다는 陸軍少將 朴正熙 등 現役 일부 高級將校들은 단결과 조직 및 이념을 통하여 1961년 5월 16일 未明을 기해 軍事革命을 일으켰다.

이로써 분열 속에 進路를 찾지 못하던 民主黨은 무너지고 대신 軍部가 정권을 인수한 뒤 戒嚴令의 선포 및 國會解散과 함께 모든 政治行爲의 금지를 명하였다. 이들은 급격히 國家再建最高會議를 조직하여 革命公約 등을 실천하는 등 과감한 혁명정치를 하여 舊習 舊惡

---

18) 蔡元植, 警察行政學, p.264, 1971. 6. 三亞出版社 發行 參照.

打破와 國家再建을 외쳤다.

　이와 같이, 모든 면에 걸쳐 革新的인 정신 밑에서 體系的이고 組織的인 관리로 이루어져 第3共和國의 희망찬 터전이 전개되었다.

2. 民主警察의 機構發展

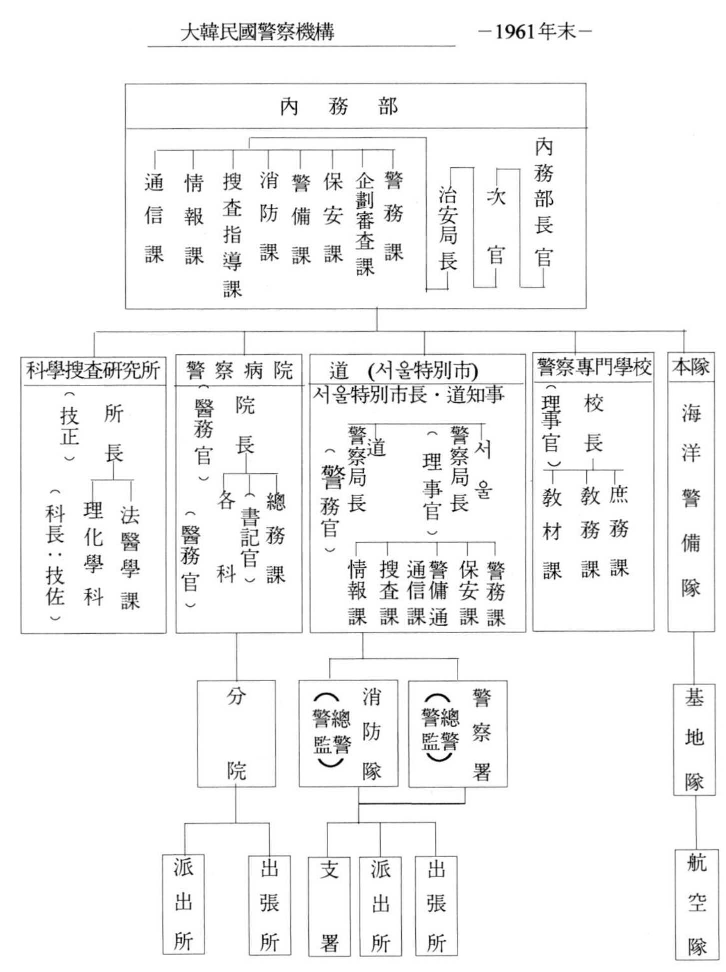

1961年 5月 16日 過去의 모든 不正과 腐敗를 一掃하고 새로운 歷史를 創造하려는 5·16 軍事革命을 起點으로 國立警察도 이제는 政治에서 中立하여 警察 本然의 任務로 還元 情實人事를 排擊하고 科學的 人事管理, 口號와 形式에만 흐르는 反共體制의 再整備强化, 暴力輩 및 모든 우범분자의 一齊團束으로 明朗한 社會秩序確立 및 交通事故로 因한 모든 不幸을 事前 防止하고저 交通行政에 關聯된 모든 不正을 是正하며 國民의 憲法精神 昂揚 等 그 面目을 一新하여 갔다.

1961年 10月 2日 治安局의 企劃 및 消防業務의 機能을 强化하기 위하여 다음 機構表와 같이 內務部 職制를 警務課, 企劃審査課, 保安課, 警備課, 消防課, 搜査指導課, 情報課, 通信課 等 8課로 改編하고 局長은 治安理事官으로 補하며 課長도 治安書記官으로 補하였다.19)

이를 1956年末 당시의 기구와 比較한다면 警務課 保安課 警備課 通信課 搜査指導課 등 5개과는 1961년 말까지 그대로 유지 존속되었고 새로이 企劃審査課 情報課 消防課 등 3개과가 개정 또는 新設되었다. 그리고 市道警察局에는 1961年 7月 19日과 10月 31日의 개정으로 警備課와 通信課가 합병 警備通信課로 개편되었고 同 11月 14日 情報課가 들어간 것 등 5個課로 개편되었다20)그 밖의 기구는 대체로 同一하게 유지되었으며 자세한 내용은 앞의 표와 같다.21)

서울市 各道警의 各課의 事務分掌을 보면 다음과 같다.

㉠ 警務課一局所官行政의 조정, 警察行改의 企劃調査, 警察消防조직, 警察문서·公報·公務員의 人事定員·給與·利·褒賞表彰· 服務·募集·試驗·敎養·訓練·警察官의 직무에 협력한 者의 災害·給付·警察統計·감찰·차량관리·會計 등.

---

19) 閣令 第166號.

20) 內務部長官의 承認으로 서울特別市職制가 公布되었다(1961. 11. 14.).

21) 警察統計年報 제9호 1965년 警察機構의 變遷 參照.

  ⓛ 保安課少年犯罪團束, 未成年者의 喫煙·飮酒의 團束, 家出人·迷兒
   의 手配, 風俗事犯·賣春事犯·風俗營業의 團束, 銃砲刀
   劍·火藥類의 團束, 전당포영업·古物영업·遺失物취급, 道
   路交通의 安全團束, 車輛운전면허 其他 交通警察 운영에 관
   한 사무
  ⓒ 警備通信課—警備情報의 分析조사·긴급사태 計劃實施·경비경호의
   方針의 책정과 실시·警察機動隊의 관리·重要시설의 경
   비·武器 탄약의 관리·消防 계획의 立案실시· 消防시설의
   강화, 消防用설비 機械·器具·資料의 알선, 消防委員의 훈
   련, 危險物團束, 同思想의 보급·선전, 義勇消防隊 지도 조
   성, 火災통계 民防空 계획 수립 실시, 災害정보, 경찰통신업
   무의 통제, 교통통신요원의 교육, 警察通信機材의 정비계획,
   警察 有線·無線 통신 시설의 運用·補修·新設과 改修업무
  ⓔ 搜査課—特殊범죄의 수사 同 合理化 지도육성, 留置場 犯罪鑑識, 防
   犯계획수립 실시·지도, 犯罪통계와 刑事자료의 조사 수집
   업무.
  ⓜ 情報課—國家安全에 관한 情報의 수집·정리·기록·분석·연구·
   조정·연락, 外國人의 出入國 및 登錄에 관한 업무

등이었다. 그 밖에 자세한 서울特別市 警察局機構一覽表는 다음 面
의 表와 같다22)

3. 警察業務의 民主化

 5·16軍事革命 이후 우리의 警察은 정치적으로 中立化를 지향해
나가는 동시에 民主化로서의 業務는 점차 多樣化해 가기 시작하였다.

---

22) 前揭, 서울特別市史, 1965. p.762.

서울特別市　警察局　機構
表
－1962年末－

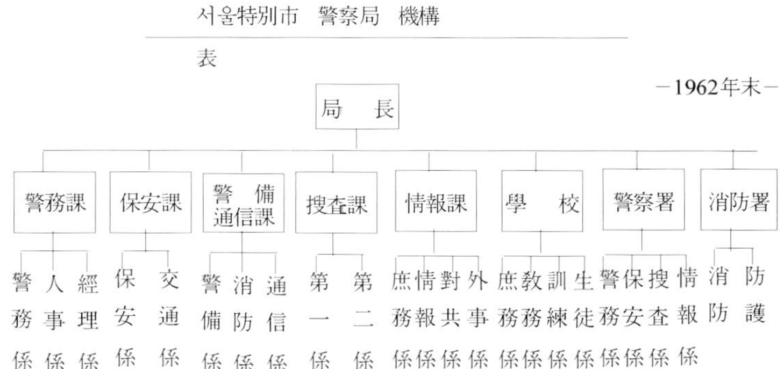

　1961年12月 9日 警察文書統制規程을 제정하여 실시하였는데23) 警
察局 警察署(消防署 포함) 支署 派出所에서 취급하는 文書를 一元的으
로 통제하여 行事의 조정 및 事務를 간소화함으로서 신속 정확한 사무
처리와 체계적 執務·運營을 바라는 데 주요 목표가 있다. 이를 구체
적이고 制度的으로 후원하기 위하여 警察局, 警察署의 警務係에 文書
統制班을 새로 설치하였다. 이 文書統制班의 업무를 보면 文書의 접
수·배부, 各種 行事의 조정·통제, 起案文·成案文의 통제, 對外 및
上級官廳에서 온 應信文書의 독촉, 所屬官署來翰文書의 통제, 應信文
書의 독촉, 文書施行方法의 分類, 成案文의 調製 復寫, 文書發送 및 遞
送 回報發刊 등 경찰문서에 관한 제반업무를 민주적으로 분야별 전문
별로 분류 시행케 하였다.
　1962年 1月 19日에는 外勤警察勤務業績考課規程施行細則을 제정하
였다. 이 考課는 警察局의 수사 정보 기마대 순찰대의 外勤 및 警察署
의 支署·派出所, 交通 搜査 情報의 外勤警察官(경사 순경)에 대하여
실시함을 대상으로 하였다. 同 2月 1日에는 各警察署長 산하의 情報係
를 警察局 정보과에 移屬시켜 情報分室로 운영케 조치하였다. 이는 各
警察署의 정보계가 市警 정보계로 轉屬되어 정보분실로 운영된 것이었

---

23) 訓令 第99號.

다24)

1962年 6月 18日에는 서울特別市警察署 및 消防署事務分掌規定을 改正 하였는데 內容은 다음과 같다25)

서울特別市警察局事務分掌(1962. 6.)

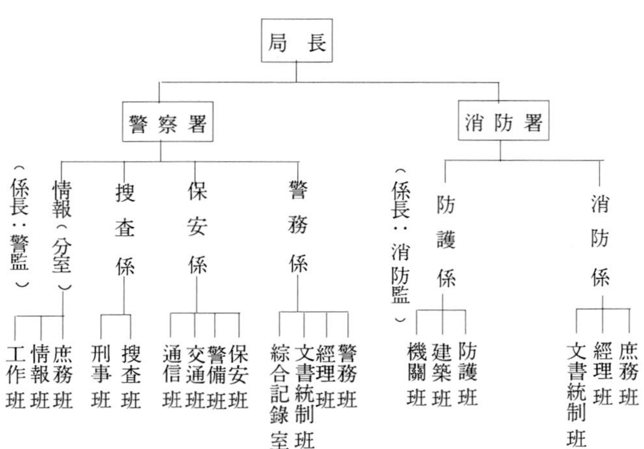

1962年 9月 26日에는 警察官配置 및 勤務規程을 개정하여 警察局 및 警察署에는 內勤 外勤 刑事 및 特殊勤務의 경찰관을 配置하고 各 支署에는 支署長에 警衛 또는 警察을 두는 外에 外勤巡警을 配置하였다. 內勤경찰관은 每日 8시간 이상 근무하되 一線行政官署의 경우에 準한다. 同 9月 28日 警察官監督規定을 개정하였는데 監督者의 감독상 유의해야 할 22가지 점은 다음과 같다.26)

1. 人員배치의 適否
2. 警察정신의 투철 여부

―――――――――――――――

24) 이는 1963年 2月 1日 從前대로 復歸 措置하였다.
25) 訓令 第116號.
26) 서울特別市史, pp.760~761.

3. 規律의 이완 및 品行의 正否
4. 勤務의 勉否 및 직무집행의 正否
5. 容裝의 단정 및 禮式의 流行與否
6. 환경정리 사항
7. 敎表 점검 훈련의 適否
8. 직원간의 융화단결 및 업무협조 여부
9. 豫防警察확립에 關한 對策강구 여부
10. 管內狀況精通與否
11. 法令, 指示, 命令이 實踐適否
12. 民願서류의 처리여부
13. 民衆처우의 친절적부 및 민폐행위 有無
14. 給貸與品의 보존관리 適否
15. 非常경제계획의 적부
16. 武器 탄약의 損失 및 保存관리의 적부
17. 文書簿冊 정리보존의 적부
18. 保安관리의 철저 確行與否
19. 諸調査 監察 및 視察의 確行與否
20. 消防, 水防, 防空 시설의 적부
21. 防犯 활동의 적부
22. 기타 감독상 필요한 사항

등이었다.

　1963年 1月 1日에는 警務課內에 企劃係·監察係를, 保安課內에 防犯少年係를, 保安係內에 安全保護班을, 警備通信課內에 裝備係를, 情報課內에 第5係를, 각기 새로 설치하였으며27), 同 9月 16日에는 搜査課內에 第1係 第5係 第3係 第4係와 鑑識係를 새로 설치하였다28)

　이보다 앞선 1963년 5月 7日에는 서울特別市 警察機動隊運營要綱

---

27) 서울市 訓令 第148號.
28) 서울市 訓令 第164號.

施行細則을 제정하였는데 이는 首都治安질서 및 확보 유지에 目的이 있었으며 本隊는 舊景武臺 警察署에 두고 형세에 따라 수시로 이동할 수 있게 하였다

警察機動隊의 編成 狀況을 보면 다음과 같다.

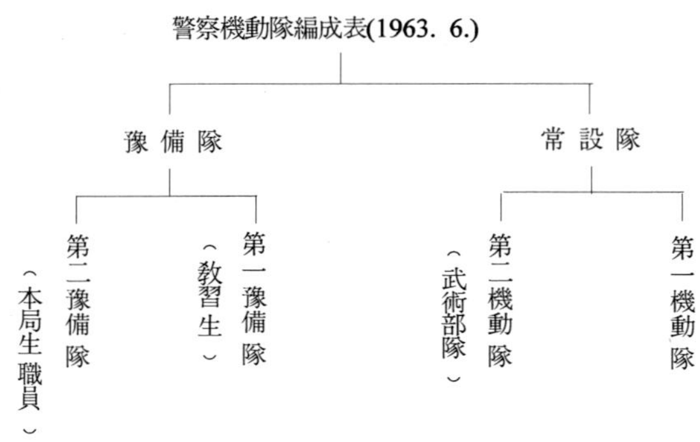

第3節 民主警察의 前進

1. 警察行政의 民主化

大韓民國 警察은 民警親善 도모라는 命題를 걸고 全警察이 民衆의 公僕이라는 관념을 보다 철저히 지켜 나가려는 결의를 굳혔다.

1965년 현재 內務部長官 밑의 治安局에는 警務課 企劃課 保安課 警備課 消防課 搜査指導課 情報課 通信課 8개 課에 警務係 등 29個 係와 警專海警 國立科學搜査研究所 警察病院을 가지는 기구로 개편 정리하였고 市道警察局에는 警務課, 保安課, 警備通信課, 搜査課, 情報課 5課와 22個의 係를 두고 10여개의 警察署와 그 아래 60여개 支署, 150여個 派出所, 40여개의 消防官派出所로 편성되었는데 이 숫자는 점차 늘어가는 추세에 있다. 1963년도에 50個 支署, 122個의

派出所, 2개의 出張所, 20개의 消防官派出所 등이 늘어났다.

　1965년 말 현재 全國警察官署數를 보면 警察署(1級 2級地 包含)는 163個(1級 55, 2級 108)이며 支·派·出張所를 보면 支署가 1,394個, 派出所는 642個, 出張所는 98個로 모두 2,304個所나 늘어났다. 消防官署數는 消防署가 26個, (1級 13, 2級 13) 派出所는 45個, 出張所는 4個, 合計 49個所가 되니 상당수가 증가한 것을 알 수 있다.29)

年代	名數
1960	33,035
1961	29,835
1962	29,910
1963	33,879
1964	33,882
1965	34,572

　警察兵力을 보면 上記와 같으며 다시30) 이를 階級別로 보면 다음 面의 표와 같다31)

　5.16 軍事革命 以後 경찰행정의 현저한 업적은 행정 간소화에 있다.

---

29) 경찰통계연보 제9호, 1965. p.98.
30) 경찰통계연보 제9호, 1965. p.99.
31) 경찰통계연보 제9호, 1965. pp.98－99.

年度別警察官定員一覽表

－1965年末－

年度別	計	警務官	總 警	總 監	警 衛	警 査	巡 警
1957	39,031	11	176	650	3,344	6,864	27,985
1958	39,007	11	176	650	3,344	6,864	27,962
1959	33,035	11	161	600	3,039	6,122	23,102
1960	33,035	11	161	600	3,039	6,122	23,102
1961	29,835	10	130	466	1,742	4,709	22,778
1962	29,910	11	134	424	1,806	4,606	22,934
1963	33,879	20	153	556	1,979	5,562	25,609
1964	33,882	24	153	556	1,978	5,562	25,609
1965	34,572	24	155	581	1,974	5,558	26,280

경찰행정의 능률을 향상시키기 위한 行政 간소화의 例를 들면 다음과 같다32)

1. 文書統制規程을 제정하고 文書처리의 迅速正確을 期하였다.
2. 戶口조사카드제 실시, 各種 基本 카드 작성, 업무 수행을 위한 협조업무한계를 제정 실시하였다.
3. 各種 警察行政 처리에 基本이 되는 例規를 정비하였고 운영 계획서작성을 촉구하였다.
4. 業務日誌의 統一, 文書簿의 整備 等으로 시간낭비를 억제하였다.
5. 本局에서 취급하던 事務를 일선 警察署에 이양하고 소방관 임검제를 폐지하였다.

이와 같은 간소화를 취급 담당할 경찰관의 인격도야, 규율확립, 교양연마, 심신 단련 등을 위하여 1961年 12月 5日字로 警察學校가 개설되었다. 同校에서 교육하는 內容은 경무, 보안, 수사, 정보, 경

---

32) 前揭, 서울特別市史, p.767.

비, 통신, 교양, 정신강화, 교련, 체육 등 警察 행정 전반에 걸쳐 346時間, 8週間의 課程을 이수하게 되어 있었다. 그밖에도 기초・보수과정이 있었다.

2. 交通秩序의 確立

5.16革命前의 교통질서는 혼란, 무질서, 정체, 지리멸렬의 연속이었으나 혁명 이후 확고부동한 교통질서의 확립으로 民主警察의 면목과 자세를 갖추었다. 5.16革命 以後 시행한 교통시설의 확충과 그 정비 개략은 다음과 같다.

1. 안전보행을 위하여 신호등을 十字路와 橫斷步道마다 설치하였다.
2. 도로 구분, 교통 표식을 실시하여 車線 지키기로 안전 운행을 장려하였다.33)
3. 보도상의 통행에 지장을 주는 各種 장해물을 除去하였다.
4. 미러 박스를 市內 要所에 설치하여 速度위반, 車線위반 차량을 적발 선도하였다.
5. 交通事故 게시탑을 市, 道 要地에 세워 事故發生狀況을 주지시켜 交通秩序確立의 경각심을 높였다.
6. 騷音방지 및 음향관제 구역을 설정하였다.
7. 交通통제구역(학교), 일방통행, 어린이 보호구역, 병원 등 공공기관을 설정하여 안전운행과 市民보호라는 民主的 秩序確立을 수립하였다.
8. 횡단보도의 표식을 선명히 하고 통행구분선은 페인트로 표시하였다.
9. 교통통행구역마다 행선지를 표시하여 유통질서를 확립하였다.
10. 육교와 지하도를 通해서 市民의 안전보행을 확립하였다.

이로써 교통사고량을 대폭 줄였는데 5.16革命前에는 서울의 경우 日平均 139件이 發生하였는데 5.16革命 以後에는 126件으로 줄어들었다.

---

33) 前揭, 서울特別市史, p.768.

3. 社會淨化의 寄與

5.16革命 前의 혼란하던 각종 社會惡이 5.16革命 以後에는 制度的으로 미연에 방지되었다. 即 불량배와 우범분자의 소탕, 비밀요정과 댄스홀 단속, 각종 유흥업소의 秩序 確立, 야외 유원지의 紀綱確立 및 美風良俗 침해 요인의 除去 等으로 퇴폐한 社會氣風을 진작하고 社會正義를 확립하였다. 그리고 사창가, 걸인, 폭력배를 단속하므로써 社會氣風을 바로잡고 가정의 明朗化를 期하였다. 6.25動亂 以後 發生한 戰爭孤兒가 社會問題化함에 따라서 청소년 범죄가 날로 증가하여 이를 방지하기 위해서 警察局에 少年防犯係를 신설하여 제도적으로 그 善導에 힘써 큰 成果를 거두었다. 그 밖에 부랑아, 넝마주의 等 社會에서 냉대받는 계층을 교육사업과 근로 재건대로 편입시켜 희망에 찬 再生의 길을 열어주었다[34]

4. 保安業務의 强化

警察은 市民生活의 安全을 보장하기 위하여 各 市·道警察局 保安課에 安全 保護班을 設置하고 1963年 1月 15日부터 업무를 개시하였다. 同年 3月 18日에는 서울特別市安全保護協會를 설립하여 서울에서의 保安業務를 제도적으로 운영해 나갔다. 보안업무의 구체적인 例는 主要都市의 역전안내소 설치, 각종 재해방지, 익사자 예방, 자살자 善導 等의 保安業務를 强化 전개하므로써 민중의 公僕이 되었다[35]

5. 犯罪 搜查와 豫防

5.16軍事革命 이전의 指令室은 영세하기 그지없었으나 그 이후 112電話신고제, 경찰정보의 送·受信, 移動無電車의 지휘 및 지령업

---

34) 前揭, pp.770~771.
35) 前揭, pp.771~772.

무가 일층 강화되어 서울의 경우 8局 284線으로 回線을 늘여 신속 정확을 기하였으며 超短波 各種 送受信機와 텔레타이프 시설의 完備로 犯罪捜査・예방의 업무는 정상궤도에 들어선 것으로 보인다. 따라서 각종 犯罪가 申告되었을 때 싸이카나 巡察車는 機動性을 발휘할 수 있었다36)

1962년 1월에는 서울에 首都警察巡察隊가 創設되어 각종 犯罪의 단속 색출검거 심문에는 더욱 기민성을 보였다.

그러나 아무리 捜査警察力이 强力하고 機敏하다해도 市民의 협조가 없이는 所期의 성과를 거둠에 있어서는 확실성이 덜한 것이다. 1961년 12월말 各洞과 職場單位로 하여 조직한 防犯委員會는 이리하여 생겨난 民警親善의 한 케이스인 것이다. 殺人・强盜・放火 등 强力犯사건의 검거율도 60% 이상의 실적을 올리고 있으며, 거짓말 탐지기 新型指紋採取器具 등을 導入 善用하고 있다. 뿐만 아니라 科學捜査에 전문지식을 갖춘 유위유능한 직원을 배치하여 각종 범죄의 의뢰를 처리해 주곤 하였다.

그밖에 特定外來品의 團束을 강화하여 서울의 경우 1961년 9월부터 同 12月까지 4개월간 2,889件을 적발하였고 2,927명을 검거 처리하였다.37)

6. 民主警察의 機構變遷狀況

한편 1962年 3月 10日 各市道警察局單位로 警察官, 消防官의 職務遂行에 必要한 補修敎育과 巡警으로 任命될 者의 敎育을 위하여 서울特別市 및 道警察學校職制를 公布, 地方警察學校를 設置하고38) 同年 4月 3日 漁業資源保護法에 依한 管轄水域內에 있어서의 犯罪搜査와 其他 海上에 있어서의 警察에 關한 事務를 管掌케 하기 위하

---

36) 前揭, pp.772~773.
37) 前揭, pp.774~775.
38) 閣令 第518號.

여 內務部長官 所屬下에 海洋警察隊를 設置하였다.[39]

1962年 11月 21日 釜山市行政의 健全한 行政能率의 向上을 圖謀하기 위하여 釜山市를 政府直轄로 두게 됨에 따라 1963年 1月 1日을 期하여 釜山市警察局이 慶南局에서 分難하여 새로이 發足하게 되었다.[40]

1964年 3月 24日 消防活動을 强化하기 위하여 消防署職制 制定으로 忠州, 濟州에 消防署를 各各 新設하고[41], 同年 5月 19日 警察行政指示 및 活動報道의 迅速化와 아울러 職場雰圍氣의 明朗化 造成을 期하고자 治安局에 警察放送局(P.B.S)을 設置하였다.

1964年末 현재의 大韓民國警察機構表는 前面의 圖表와 같다.[42]

한편 1963年末 현재 서울特別市警察局의 개정된 機構表를 보면 前前面의 表와 같다.

서울特別市警察局機構表

局　　長　　　　　—1963年 末—

- 警務課 — 警務係, 企劃係, 人事係, 監察係, 經理係
- 保安課 — 保安係, 少年防犯係
- 警備通信課 — 交通係, 警備係, 裝備係, 消防係, 通信係, 其他係
- 搜査課 — 第一係, 第二係, 第三係, 第四係, 鑑識係
- 情報課 — 第一係, 第二係, 第三係, 第四係, 第五係
- 警察學校
- 警察署 — 警務係, 保安係, 搜査係, 情報係 → 支署, 派出所, 出張所
- 消防署 — 消防係, 防護係 → 派出所

---

39) 法律 第1048號.
40) 法律 第1173號.
41) 大統領令 第1737號.
42) 경찰통계연보 제9호, 1965. p.35.

大韓民國警察機構表(1964)

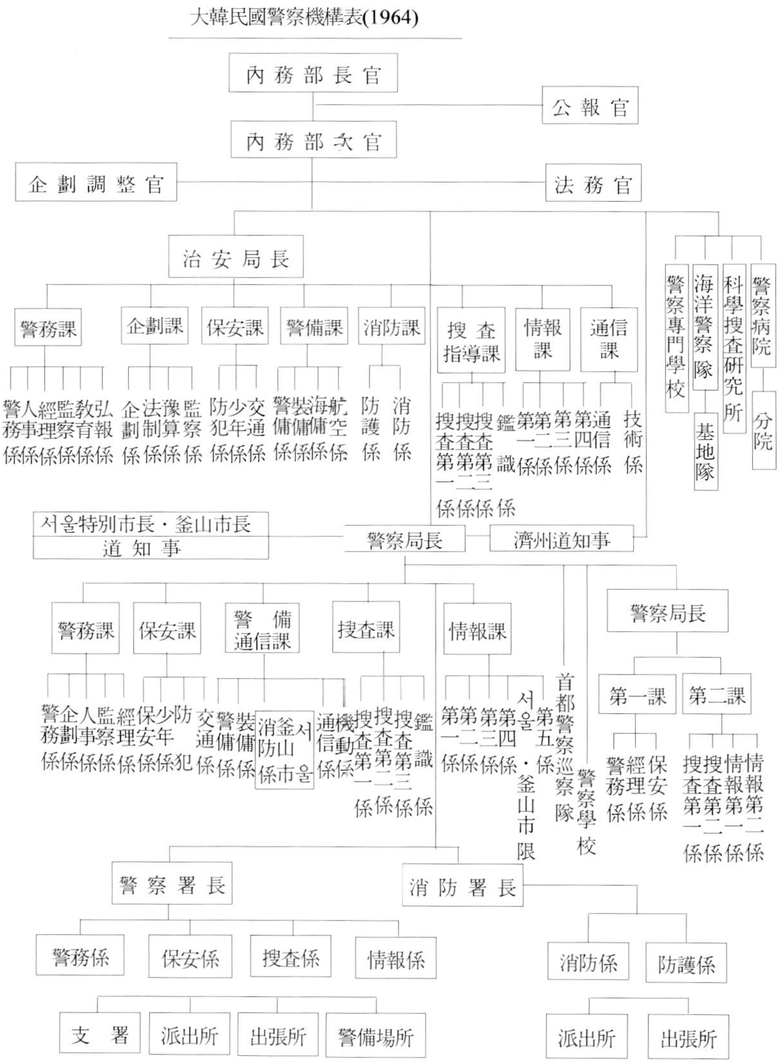

第4節 民主警察의 現況과 施策

1. 職制의 改正과 兵力

1965年 4月 21日 治安局에 第三係를, 서울特別市警察局에 交通課
를 새로이 設置하는 한편43), 各市·道廳所在地 警察署에 警察係長을
警監으로 配置하여 이에 所要人員 700名을 增員하였으며, 1965年 8
月 3日 安東邑이 市로 昇格된 以來 人口의 增加와 消防對象物擴大
等 消防活動을 强化하기 위하여 消防署(2級地)를 新設하였다.44) 그
리고 1965年 9月 27日 炭都 長省邑의 人口膨脹과 아울러 增加一路
에 있는 犯罪發生 等 治安確保를 强化하기 위하여 새로이 警察署(2
級地)를 設置하였다.45)

서울市 산하 警察署는 1964년 현재 11개 署였으나 1972년 현재
露梁津警察署, 東部警察署, 西部警察署, 北部警察署 등 15개 警察署
로 확장되어 600萬 市民의 생명과 재산을 지키며 수도치안을 담당
하고 있다. 그리고 警察專門學校도 警察大學으로 승격하였다.

1969年 1月 7日 公布시행된 警察公務員法 第61條 附則 第9條46)와
同 1월 9일 公布된 警察公務員任用令 第38條 附則47) 同日 公布된 警
察公務員 昇進任用規程 第66條 附則48) 同日公布된 警察公務員懲戒令
第23條 附則49)에 의하여 警察의 직무수행이 보다 能率的·체계적·
조직적으로 발전하여 民主警察의 모습을 躍如히 보여 주었다.

警察公務員法에 의하여 警察官은 別定職 公務員으로 하고 다음과

---

43) 大統領令 第2110號.
44) 大統領令 第2186號.
45) 大統領令 第2222號.
46) 法律 第2077號.
47) 大統領令 第3721號.
48) 大統領令 第3722號.
49) 大統領令 第3723號.

같이 區分하였다.50)

　　㉠ 警察公務員
　1. 治安總監
　2. 治安監
　3. 警務官
　4. 總警
　5. 警正
　6. 警監
　7. 警衛
　8. 警査
　9. 警長
　10. 巡警
　　등으로 8계급에서 10계급으로 개정되었고
　㉡ 消防公務員
　1. 消防總警
　2. 消防警正
　3. 消防總監
　4. 消防警衛
　5. 消防士
　6. 消防長
　7. 消防員

등 7계급으로 개정 실시되었다.

　또한 內務部는 1969년 6월 6일 釜山市와 各道警에 消防課를 신설하고 警察局의 警備通信課를 警備課와 通信課로 분할했다. 第70回 國務會儀는 同 9月 9日 警察署職制改定案을 議決, 光州에 西光州警察署를 신설하고 서울과 釜山市警에 交通課를 두기로 했다.

　國務會議는 또 同年 9月 9日 三千浦市에 消防署를 新設하기 위한

---

50) 同法 第3條 警察官의 階級.

消防署職制改定案을 議決하였다.

1971年 6月 현재의 경찰기구표를 보면 治安局長下에 치안감사담당관, 행정연구담당관이 있고, 그 아래 警務課 企劃課 保安課 交通課 警備課 防衛課 裝備課 消防課 搜查指導課 情報課 外事課 通信課의 12개課와 警專, 海警, 科學搜查硏究所, 警察病院이 산하기관으로 구성되어 있다. 各市道警察局에는 警務課 保安課 交通課 警備課 防衛課 防護課(서울·釜山) 消防課(서울·부산) 搜查課(서울·부산) 刑事課 情報課 外事課 通信課의 14개과와 濟州警察局에 경무보안과 경비통신과 정보수사과의 3개과가 있고 서울 市警산하에 청와대경비대 국회경비대 기동대와 경찰학교가 속해 있다. 各警察署에는 경무과 보안과 교통과(서울·부산) 경비과 수사과(서울·부산) 수사과 형사과(서울·부산) 정보과 등 8·9개과가 지역적 특성에 따라 加減되고 있으며 消防署에는 消防課 防護課가 있다. 그밖에 各課 아래 係, 署 아래 支署 派出所가 있으며 자세한 기구는 本書 末尾의 表와 같다

警察官數는

1965年	34,572名
1966年	39,352
1967年	40,600
1968年	42,586
1969年(10月)	41,998
1970年(10月)	43,003

이렇게 약간 증원해 가는 현상인데[51] 1969년 10월말 현재 國立警察官 계급별 數字는 위와 같다.[52]

---

51) 合同年鑑 1970 1971年版.
52) 合同年鑑 1970年版 治安項目.

治安總監	1名
治 安 監	3
警 務 官	27
總　　警	244
警　　正	274
警　　監	866
警　　衛	2,389
警　　查	6,572
警　　長	5,814
巡　　警	25,808

國立警察 定員은 42,499명이나 501名이 부족하고 1968년 보다는 588명이 감소하였다.

2. 離職狀況

1968년에 2,584名의 警察官이 現職에서 퇴직하였는데 이를 內容別로 보면,

停年退職	997名
依願免職	2,120名
罷 免	191名
殉職·死亡	108名
職權免職	20名
轉 職	44名
其 他	2名

등으로 나타나고 있다.

治安局集計에 의하면 1969年 3月末 현재 停年退職 62명, 依願免職 812명, 罷免 115명, 殉職·死亡 33명, 職權免職 3명, 轉職 3명으

로 이미 1,028名의 警察官이 現職에서 물러났다.

警察署數는 1969年 10月末 현재 169個署, 支·派出所는 2,294개이고 消防署數는 31個署, 消防派出所 66個이다.

세계 각국의 警察의 對人口比率은 美國이 1對 565, 英國 1對 547, 西獨 1對 434, 日本 1對 679, 韓國 1對 784로 나타나 있다.[53]

3. 裝備와 指針

1969년 10월末 현재 警察이 保有하고 있는 車輛 가운데 消防用 차량은 338대로서 펌프車가 179대, 탱크車 94대, 사다리車 6대, 消防艇 3대, 救助船 2대, 輸送車 23대, 승용 및 선전차 58대 등이다.

航空機는 C-55 雙發機 2대, C-45 雙發機 3대, 헬리콥터 2대, 세스나-180 單發機 3대, 피버 180대, L-19 1대 등 모두 12대이다. 警備艇으로는 100톤級 快速艇 1, 30톤級 快速艇 1, 15톤級 快速艇 등 상당수가 있다.

治安局은 1969年 警察裝備現代化를 위해 AID 500萬弗로 FM-1 無電機 2,468대, 車輛 548대, 實彈 數百萬發과 그밖에 각종 情報·搜査裝備를 導入, 특히 警察의 機動力이 눈부시게 증강하여 막강한 실력을 자랑하게 되었다.[54]

또한 交通警察의 保有裝備는 速度測定機 19대, 酒酊檢定機 21대, 交通量調査機 10대, 知覺反應器 75대, 適性檢査機 9대이며, 1968년 12월 17일에 발족한 京仁間 高速機動巡察隊가 세단 7대와 사이카 26대, 레이카 2대를 새로이 갖추었다.

1969년에 와서 특히 현저히 달라진 것은 警察의 通信裝備로서 治安局은 警察의 對間諜作戰 수행 및 要人 경호 등을 위한 신속한 기동력 확보책의 일환으로 東洋 최초의 長距離自動電話의 개통에 이어 自動移

---

53) 合同年鑑 1970年版.
54) 東亞年鑑 1970年版.

動無電電話(IMTS)를 준공, 各級 警察幹部室과 차량 및 警察航空機, 船舶 내의 電話網을 架設함으로써 언제 어디서나 警察指揮官들의 電話를 가능하게 했다.

이 전화 方式은 「웨스트모얼랜드」將軍이 越南戰에서 처음으로 사용한 최신 通信施設이다.55)

그리고 警察官의 服務上의 指針을 보면 警察은 1969년도 服務지침으로

㉠ 완벽한 對共태세를 확립
㉡ 굳건한 社會秩序의 유지
㉢ 새로운 警察像의 구현 등 항목을 설정하고 특히 武裝共匪의 침투 봉쇄와 固定間諜의 색출, 그리고 對民奉仕 자세의 개선에 역점을 두었다.

4. 遊擊訓練

먼저 말한 警察公務員昇進任用 규정에 따라 警監 이상의 승진은 治安局에 總警級 이상으로 구성된 中央昇進審査委員會에서 결정하고 警査 이하의 승진은 각 市·道警察局에 警監級 이상으로 구성된 普通昇進審査委員會를 설치, 進級 해당자를 個別 審査하여 昇進 예정자를 선발하게 되었다.

1969년 들어 警察은 全警察官의 對間諜作戰能力을 더욱 강화하기 위해 戰鬪警察隊는 물론 4월 10일부터 全警察官에게도 遊擊훈련을 순차적으로 실시했다. 또한 國立警察의 오랜 고질인 民怨을 일소하고 紀綱을 확립하기 위해 民怨을 사기 쉬운 搜査·交通·保安部署의 長期勤續者를 단계적으로 교체하였다.

---

55) 中央年鑑 1970年版.

5. 專門化制度와 社會混亂防止

治安局은 警察을 精銳化하기 위한 한 措置로 技能制專門化制度를 創案, 警査級 이하의 全警察官에게 年 2回씩 情報·搜査·交通·保安 등 각 該當特技別로 技能試驗을 실시하여 合格者에게 資格證을 주고 昇進人事에도 크게 反映키로 했다.

警察은 大學生 및 高校生들의 3選改憲反對 데모를 社會 秩序 교란 행위로 보고 이를 강력히 저지했다. 6월 들어 서울을 비롯하여, 全國的으로 파급된 3選改憲反對 學生 데모는 人力不足에 허덕이는 警察에게 큰 試鍊을 안겨 주었다. 데모가 끝난 9月까지 데모 沮止에 動員된 警察兵力은 延 3萬여명으로 推算되는데, 이 期間 중 경찰의 정상업무 수행에 큰 지장이 있었다.56)

6. 警察幹部의 移動

內務部는 1969年 1月 10日 警察公務員法의 發效에 따라 國立警察 창설 이래 최대 규모의 警察幹部 승진 人事를 단행, 92명의 警監을 總警으로, 그리고 警監 277명(一般警察 265명, 海警11명, 航空1명)을 새 階級인 警正으로 각각 승진 發令, 이어 1月 14日 승진된 總警 92명을 포함한 總警 106名의 人事異動을 단행했다.57)

새로 임명된 總警은 거의가 1級地로 승격된 警察署의 署長으로 임명되었다.

또한 1月 16日에는 警正으로 昇進된 277名 중 276名을 轉補發令 하였다. 이 가운데 39名은 2級地 警察署長에, 나머지 237名은 治安局 각課·班長과 각 市道警係長級, 一線署 警備通信課長에 補任되었다.58)

이번 昇進人事는 새로 制定된 警察公務員 昇進任用規程에 따라 安

---

56) 合同年鑑 1970年版.

57) 東亞日報 1969年 1月 11日.

58) 朝鮮日報 1969年 1月 17日.

明洙警專校長을 委員長으로 하고 6명의 警務官을 委員으로 한 中央 昇進審査委員會에서 이루어졌다.

이어 2月에는 393명의 警衛가 警監으로 昇進되었고 治安局과 각 市·道警別로 행해진 警査·警長 昇進審査에서 總 3,600명의 巡警이 警査 또는 警長으로 昇進되는 등 警察史上 初有의 대규모 昇進 및 移動이 있었다. 다시 4월 12일~14일에는 警察首腦級異動이 단행되었다.59)

朴英秀治安局長이 內務次官으로 榮轉(12일), 崔杜烈 市警局長이 第25代治安局長에 昇進되었다(14일)

또한 4月 14日字로 鄭相千治安局情報課長이 서울市警局長으로 轉任, 姜斗鉉 治安局防衛課長이 治安局情報課長으로, 李圭貳 警專副校長이 治安局警務課長으로 각각 轉任되었다. 이보다 앞서 安甲濬治安局警務課長(警務官)이 忠南 副知事로 발탁되었다.

千鍾根 江原道警察局長과 車儀榮 全南道警察局長이 4月 25日字로 依願免職되고, 그 후임인 江原道警察局長에 朴用詮 治安局裝備課長, 全南道警局長에 朴萬永 全北道警局長이 任命됐고, 全北道警局長에는 張日勳 治安局保安課長, 治安局 裝備課長에 廉普鉉 治安局長補佐官, 治安局保安課長에 朴榮鎬 治安局長 補佐官이 각각 轉補되었다.

5月 10日 治安局은 서울市內 9個署長을 포함한 總警 70명의 人事移動을 단행, 主로 一線指揮官을 局內參謀로, 局內參謀를 一線指揮官으로 교체했다.

이어 7月 15日 일부 道警局長과 治安局課長 등 警察高位幹部 移動을 단행, 高東哲 慶北道警局長과 鄭石模 釜山市警局長이 國防大學院에 入校하고 李宗鶴 治安局警備課長이 釜山市警局長으로, 忠北道警局長 徐載根 警務官이 慶北道警局長으로 轉任된 것을 비롯하여 慶南道警局長에 朴萬鍾 治安局交通課長, 忠北道警局長에 金在淵 濟州

---

59) 東亞日報 1969年 4月 13日.

道警局長, 忠南道警局長에　崔錫元　慶南道警局長, 濟州道警局長에　權五暻　治安局消防課長, 治安局交通課長에　河三植　忠南道警局長, 治安局警備課長에　朴秉勳治安局長補佐官, 警專副校長에　金斗植　警務官(國防大學院修了), 그리고　治安局消防課長　職務代理에　治安局消防課防護係長　崔運澤　總警이 각각 임명되었다.

한편 3月 11日 消防警察官 가운데 消防警監 14名이 消防總警으로, 7名이 消防警正으로 각각 昇進되고 消防警衛 24名이 消防警監으로 昇進發令되었다.

7. 高位幹部全體會議　開催

治安局은 1969年 2月 11日에 와서 처음으로 京畿道 富平에 있는 國立警察專門學校에서 전국 市·道 警察局長 및 警察署長會議를 열었다. 이 會議에서는 1969년 警察行政의 기본방향과 당면한 일선治安對策이 협의되고 특히 北韓共産軍의 各種 挑發에 대처한 治安確保와 大統領特別指示에 따른 不正公務員團束策이 중점적으로 시달되었다.[60]

3月 20日 전국 警察局長 및 市·道警作戰擔當官會議가 江原道 注文津에서 긴급 소집되어 同月 16日의 注文津武裝共匪 침입사건을 분석하고 對間諜態勢 强化策이 시달되었다.

5月 22日 朴璟遠內務長官 主宰 아래 전국 警察防衛擔當官會議가 소집되어 豫備軍의 紀綱확립과 集體敎育强化方案, 豫備軍 동원의 한계, 地域別 특수 사정에 따른 동원 方案 등이 중점적으로 시달되었다.[61]

이어 6月 4日 市·道警務課長會議가 소집되었고, 7月 22日에는 금년 들어 두번째의 警察局長會議가 治安局에서 열렸다.

---

60) 警察統計年報 1970年.
61) 서울신문 1969年 5月 23日.

한편 9月 23日부터 10月 12日까지 國際警察官會議가 美國플로리다州 마이애미비치에서 열렸는데 韓國代表로는 金鳳均 外事課長과 朴培根 人事係長이 참석했다.

또한 10月 8日부터 10月 23日까지 멕시코에서 열린 제38차 國際刑事警察機構총회에는 安明洙 警專校長과 朴榮鎬 搜事3係長이 각각 代表로 참가했다.62)

8. 警察의 諸般施策

㉠ 暴力輩·치기輩 團束

警察은 1968年에 이어 1969年에도 두 차례에 걸쳐 暴力 및 치기輩에 대한 集中團束을 벌였다.

4月 20日부터 暴力소탕에 나선 警察은 5月 19日까지 한달간 組織暴力 및 치기輩 129派 415명을 포함, 총 14,824명을 검거, 5,884명을 구속하는 한편 2,500명을 國土建設場에 就役시켰다.

이들 國土建設團員들은 江原道 楊口 제1지구에 350명, 제2지구에 250명, 洪川에 140명, 麟蹄 260명, 三陟 400명, 長省 400명, 全南 智異山地區에 400명, 濟州 漢拏山地區에 300명씩 分散 就役했다. 8월 15일에는 1,013명의 模範隊員들의 就役이 해제되어 귀향한 것을 비롯, 9월 12일 250명, 10月 2日에는 마지막으로 남은 1,130명이 각각 解團式을 갖고 귀향했다.

그러나 1차로 解除된 濟州漢拏山隊員 250명이 귀향列車 안에서 술을 먹고 집단 패싸움을 벌이고 승객들에게 행패를 부리는 등 난동을 일으켜, 크게 물의를 빚었다. 警察은 亂動主謀者 16명을 검거, 暴力行爲等處罰에 관한 法律違反 혐의로 구속했다.

또 8月 15日~9月 14日 제4차 暴力輩 일제 團束을 실시, 組織暴力 96派 324명 등 모두 17,053명을 검거, 4,047명을 구속하고,

---

62) 合同年鑑 1970年版.

5,701명을 不拘束立件, 7,105명을 即審에 돌리고, 85명을 移牒, 23名을 家庭法院送致, 92名을 訓放했다.

　ⓛ 交通非常令의 宣布

　治安局은 5월 21일 交通量의 急增에 따라 해이해진 交通秩序를 바로 잡기 위해 서울·釜山·大邱·仁川·大田·光州 등 전국 6大都市에 交通非常令을 내렸다. 6월 9일까지 20일간 계속된 특별團束에서 警察은 총 43,672件의 交通違反 행위를 적발했다. 적발된 車輛은 54,190대, 이중 47,570대가 即審에 회부되고 10대를 刑事立件, 6,400대를 관계機關에 移牒, 712대를 行政處分했다. 또한 步行違反者와 交通障碍物 376,428件을 적발, 77,206件을 即審에 회부하고, 299,276件을 경고조치했다.

　ⓒ 鄕土豫備軍의 運營狀況

　政府는 1969年 2月 10日 서울郊外陸軍士官學校 강당에서 朴正熙大統領主宰로 豫備軍 창설 이후 최대 규모의 전국 豫備軍 관계관 中央會議를 열고 豫備軍의 裝備補給, 動員體制 확립, 敎育訓練강화 등을 중심으로 한 戰力化 方案을 광범위하게 논의했다.63)

　政府는 1969년을 『豫備軍完成의 해』로 정하고 전 豫備軍을 戰力化하기로 결정, 이들의 戰鬪能力을 향상시키는 방법으로 3월 5일부터 戰鬪警察隊와 豫備軍을 각 道單位로 소집, 實戰을 방불케 하는 대규모 野外機動훈련을 실시했다.64)

　또한 豫備軍강화의 일환으로 第1補充役壯丁들을 豫備軍에 편입키로 결정, 이들을 6週間 豫備師團에서 敎育召集하여 훈련시킨 후 98週間 防衛召集하여 豫備軍地域中隊에서 基幹要員으로 복무케 했다.

　治安局은 3월 22일 注文津武裝共匪侵透 사건을 계기로 脆弱地區와 海岸地區의 豫備軍을 常時動員하여 對間諜 警戒 임무에 당하도록 조치했다.

---

63) 京鄕新聞 1969年 2月 11日.
64) 合同年鑑 1970年版.

　　豫備軍 精銳化의 일환으로 전국 각 地域中隊 및 職場中隊에 30세 미만의 豫備軍으로 甲號部隊를 창설, 11월부터 豫備師團에서 5일간의 연습소집 훈련을 실시했다.

　　또한 제1補充役 중 27세 이상의 고령자들에 대한 集體敎育이 4월 21일부터 居住地 地域中隊에서 실시되었다.65)

　　治安局 集計에 의하여 이 같은 豫備軍敎育訓練實績은 7월말 현재 월평균 對象人員 166萬 5,836名 가운데 88.1%인 146萬 7,162명을 실시했다.

　　治安局은 1969년 10월말 현재 아직도 약 15萬명의 豫備軍未編成者가 있는 것으로 추정, 11월 10일부터 전국적으로 豫備軍編成忌避者 색출에 나섰다.66)

　　그밖에 세부적인 施策과 市民生活과 직결되는 團束狀況을 보면 다음과 같다.

　　6월 15일 전국 47개의 海水浴場을 비롯 55개소의 水泳地에 「여름警察署」신설하였으며 6月 18日 對間諜作戰과 豫備軍 운영 등에 있어서의 민간인 有功者를 표창하기 위한 「용감한 市民狀」制度를 창설하였다. 每月 첫 월요일을 交通安全의 날로 책정하였으며 8月 14日 전국의 각 警察署에 「어린이와 遺失物찾기 센터」를 설립 11월 1일부터 11월 15일까지 無籍車輛 일제 團束과 12월 1일부터 자동차 運轉免許 일제 點檢 11月 20~30日까지 煤煙車輛 일제 團束 및 전국 24個警察署에 등반 救助隊를 편성하는 실적을 쌓았다.

　　또한 內務部는 永登浦・全州・光州・議政府 등 4個 경찰서를 증설키로 하고(1. 6.) 경찰공무원법 발효에 따라 總警 및 警正 승진예정자 명단을 發表하였으며(1. 10.) 治安局은 사고운전사의 행정처분 요강을 대폭 강화 개정하였다(3. 18.) 그리고 서울市警은 연쇄 택시강도 사건 주범 빨간코 朴喆浩를 65일 만에 검거하였고(3. 18.) 치안

---

65) 東亞年鑑 1970年版.
66) 合同年鑑 1970年版.

국은 4월 15일부터 제2차 폭력배, 단속을 실시키로 하였다(3. 24.)

9. 間諜事件 狀況

㉠ 李穗根 사건

1967년 3월 22일 板門店에서 극적인 탈출로 越南歸順하였던 北韓 朝鮮中央通信 前副社長 李穗根(45제)이 다시 한국을 탈출, 敵性지역으로 도피하려다 1월 31일 사이공 空港에서 中央情報部員에 의해 체포되어 2월 1일 밤 군용기편으로 서울로 압송돼 왔다.

李는 僞造旅券을 所持, 假髮과 콧수염으로 변장해서 以北에 있는 本妻의 이질인 裵慶玉(남·29)과 함께 지난 1월 27일 CPA機편으로 金浦공항을 탈출했으나 31일 사이공에서 그를 추적한 中央情報部員에게 체포되었다고 2월 13일 中央情報部가 발표했다.67)

㉡ 漁夫間諜團 사건

東海岸에서 北韓 함정에 의하여 납북되었다가 얼마 뒤 송환된 漁夫를 가장하여 間諜활동을 벌여오던 金洪爕(59) 등 일당 6명과 이들에게 포섭된 閔利萬 등 9명이 25일 陸軍保安司令部에 의하여 일망타진되었다.

㉢ 金圭南 事件

中央情報部는 5월 14일 北韓의 지령에 따라서 우리나라의 政界와 學界에 대한 침투를 꾀하여 온 현직 國會議員을 포함한 대규모의 「유럽 및 日本을 통한 북한 對南間諜團 사건」을 적발하여 共和黨 소속 金圭南(40)의원과 朴櫓洙(37. 법학박사) 등 16명을 검거하여서 反共法위반혐의로 구속하고 관련자 60여명에 대한 수사를 벌이고 있다고 발표했다.

1967년 7월에 검거된 東伯林간첩단 사건에 이어 또다시 적발된 이 국제적인 규모의 간첩단은 在日僑胞출신인 김의원과 재일교포로서 英

---

67) 朝鮮日報 1969年 2月 14日.

國에 유학하여 博士학위를 받은 朴櫓洙 등을 중심으로 北韓공작원의 지시에 따라서 東伯林과 平壤을 왕래하면서 英國 등 유럽의 5개국을 무대로 한국인 유학생들을 포섭, 암약해왔었다. 金圭南은 1972년 7월에 사형 집행되었다.

ㄹ 南派間諜 2명

정계와 학원에 침투하여 지하당을 조직하려고 하던 北韓 노동당소속 남파간첩 2명이 경찰에 검거되었다.

치안국은 6월 26일 상오 남파간첩 金昌源(36)과 吳炯植(38) 등 2명을 지난 12일 하오 7시 40분 이들의 거동을 수상히 여긴 한 시민의 신고로 긴급 출동한 경찰과 격투 끝에 서울 시내 龍山 모처에서 검거하였다고 발표하였다. 이들은 6월 4일 간첩선으로 元山을 떠나 동해안을 거쳐 6일 새벽 경남 해안에 상륙, 10일 서울에 침투했다 한다.

ㅁ 武裝間諜 생포

陸軍保安司는 8월 17일 월북희망자를 대동하고 휴전선으로 월북하려던 北韓武裝間諜 1명을 工作끝에 자수시키고 간첩과 월북 희망자 등 2명을 경기도 坡州郡 汶山에서 총격전 끝에 생포하였음을 公表하였다.

체포된 무장간첩은 北韓 民族保衛省 정찰국 198군부대에 소속된 조장 李星三(23세)·李在淳(24세)과 이들에 회유 포섭되어 월북을 기도한 崔健錫(20세) 등 3명으로 李星三은 지난 1967년부터 서너 차례 서울에 침투한 적이 있는데 이번에 李가 자수하여 광명을 찾게 됨으로서 나머지 2명을 검거하게 되었다고 陸軍保安司는 언명하였다.
자수한 李는

1. 首都防衛공사의 진행 상황 탐지보고
2. 각 軍 본부 및 주요관공서 위치 파악
3. 후방 교란 및 각종 證明書 입수 등의 임무를 띠고 7월 19일 李在淳과 같이 경상북도 九龍浦 동북쪽 해안에 침투한 후 慶州·

浦項・釜山 등 도시에서 지령 사항을 수행하면서 前記 崔를 회유 포섭, 대동 월북하려다가 자수하였다는 것이다.[68]

ⓗ 忠南固定間諜

육군 보안사령부는 8월 1일 1965년 3월부터 忠南 舒川을 중심으로 암약해 온 고정간첩 李春澤(31세)・李春萬(33세)・金龍點(61세 女)등 3명을 오랜 공작 끝에 일망타진 다수의 증거품도 압수하였다고 발표하였다.

ⓢ 統革黨再建企圖

9월 30일 中央情報部는 개헌반대의 유언비어의 유포와 군사기밀 탐지 등의 임무를 띠고 南派되어 경상남도 일원에서 암약하던 北韓 간첩 林鍾永(29세)・金三淵(35세) 등 일당 12명을 체포하였다고 발표하였다. 同部는 앞서 9월 11일 경상남도 밀양군 三浪津邑에서 간첩 林을, 그 후 5일인 16일 부산시 中區 大橋路 1가에서 金을 각각 총격전 끝에 체포하였으며 이들이 가지고 있던 현금 48만원과 無電機 2대 亂數表 불온서적인「민족의 태양」등 2권을 압수하였다고 公表하였다.

그에 따르면 간첩 林은 지난 1960년 3월 고향인 密陽에서 외사촌형 李모의 주선으로 일본에 밀항, 외종형인 在日朝總聯 소속 김모의 소개로 북한 간첩과 접선, 北韓에 들어가 노동당에 입당한 후

1. 統革黨 재건
2. 改憲反對 유언비어의 流布 등

지령을 받고 南派되어 암약해 왔다. 또한 간첩 金은 고향인 慶南 固城에서 지난 1966년 日本으로 밀항, 北韓 간첩에 포섭되어 平壤으로 들어가 밀봉교육을 받은 뒤 南派되었다.

---

68) 合同年鑑 1970年版.

◎ 全南서 2명

대간첩대책본부는 10월 4일 全南光州일대에서 지하공작을 해오던 북괴무장간첩 李奉老(44)를 지난 7월 20일 全南 長興에서, 그리고 組員 吳基太(40)를 10월 1일 光州에서 각각 검거했다고 발표했다.

이들은 지난 7월 6일 平壤으로부터 長興郡 安良面 해안에 침투 光州에 잠입, 간첩 활동을 해왔다.

㉣ 晋樂鉉 사건

治安局은 10월 8일 全北일대를 무대로 地下黨을 조직하고 海上연락거점을 구축, 反政府蜂起를 꾀해오던 晋樂鉉 등 3명의 南派間諜과 이들에게 포섭되어 암약하던 7명 등 모두 10명을 검거했다고 발표하였다. 治安局은 이들 가운데 간첩 晋이 대한민국의 발전상과 北韓 지도원의 배신에 반감을 품고 자수함으로써 일당을 무난히 일망타진했다고 밝혔다. 경찰은 9월 21일 晋의 自首에 이어 치밀한 공작을 편 끝에 조직원 朴鍾葉(41)을 그달 23일 裡里에서, 그리고 海上연락거점책임자 崔萬春(49)을 28일 群山에서 검거했으며, 나머지 7명도 거주지에서 체포했다고 밝혔다.

간첩 晋과 朴은 全北 출신으로 6.25당시 부역하다 월북, 밀봉교육을 받은 후 南派되어 고향의 친척과 친지들을 상대로 포섭공작을 벌여 왔으며, 崔는 지난 1968년 6월 자기 배를 몰고 월북, 平壤에서 약 2개월간 간첩교육을 받고 남파되었다.

㉤ 無電間諜 2명

中央情報部는 소위 統一革命黨재건과 改憲反對지령을 받고 침투한 북한 무전간첩 韓榮植(42 北韓勞動黨連絡部)과 고정간첩 金春植(40) 등 2명을 10월 15일 서울 西大門區 모여관과 성북구 창동에서 각각 검거하고 이들에게 포섭된 金玥植(35) 등 17명을 일망타진했다고 발표했다.

中央情報部는 또한 이들로부터 공작금 120만원과 無電機 2대, 권총 2자루, 암호문 등을 압수했으며 中央情報部員 2명이 이들과 격투

하다 부상했다고 밝혔다.

10. 1970年代의 警察

㉠ 警察回顧

1970年 10月 21日은 國立警察 창설 25주년이 된다.

1945년 10월 21일 美軍政廳에 警務局이 新設됨으로써 治安維持의 前衛로 첫발을 내디딘 警察은 그로부터 4반세기동안 고난과 시련의 얼룩진 역사를 기록하면서 믿음직한 成年으로 성장했다.

해방 후의 혼란기로부터 시작 1950년대 전반은 공비토벌과 6·25 등으로 치열한 전투를 치러야 했고 후반기는 독재의 아성 속에 민중의 적으로 외면당하는 서러움을 겪었다. 1960년대는 政權이 두 번씩이나 바뀌는 진통을 겪었다. 4·19와 5·16혁명 속에 警察은 국민과 군인 사이에서 잠시 유리되기도 하였다.

1970년대는 새로운 警察像의 구현이라는 기치아래 치안의 기수로서 뿐만 아니라 국방의 일익을 담당, 전투경찰대와 함께 250萬 예비군을 관장, 명실공히 국가공복으로서의 위치를 굳히고 있다.

1950년 6월 25일 공산침략으로부터 조국을 수호하기 위해 여물지도 못한 뼈대로 총칼을 잡아야했던 警察은 공비소탕의 주역을 맡아 빛나는 전과를 올렸다.

지리산지구특별경찰대, 태백산지리산전투사령부, 서남지구전투경찰대 등은 1950년대 공비소탕작전의 주역부대들로 여수·순천반란사건, 제주4·3폭동, 태백·지리산의 북한유격대소탕 등에 혁혁한 전과를 남겼으며 우리 측 희생자만도 1만 명이나 되었다.

해방 후의 혼란 속에서 정보·수사경찰의 활약도 눈부신 것이었다. 南勞黨의 자금조달을 꾀한 정판사위조지폐사건(46년 2월), 용산역 철도파업사건(46년 9월, 남로당 특수 행동대 권오국 등 16명의 5·10선거방해사건(48년 5월), 국회프락치사건(49년 6월), 南勞黨 총책 金三龍검거(50년 3월), 古下 宋鎭禹의 암살사건(45년 12월), 雪山

張德秀 암살사건(47년 11월), 白凡 金九 암살사건(49년 6월) 등을 해결, 안정을 유지했고 좌익·우익의 충돌 가운데 질서회복에 안간 힘을 다했다.

1950년대 말기 李政權의 앞잡이라는 오명과 함께 잠시 국민으로부터 모멸과 냉대의 시선을 받아야했던 警察은 1960년대 초 李政權의 몰락과 함께 과도기를 맞아 부정부패로 뒤덮였던 과거를 털어버리고 자질향상과 자체개혁, 복지향상 등에 힘쓰겠다고 국민 앞에 약속했었다.

싼 이자로 대부해주는 厚生金庫(기금 2억), 무주택警察官의 주택알선(68년 이후 2천동), 경찰병원의 확장, 전투·정보·인사 통신 등 警課制의 신설, 자매결연, 모범警察官 표창제도, 가정의 날 등 새로운 경찰상의 구현에 힘쓰고 내부안정을 찾기도 했다.

또한 警長과 警正의 두 계급을 늘리고 계급정년을 신설한 경찰공무원법(1969年 1月)을 제정, 신분을 보장하는 한편 사기를 높이기도 했다.69)

　　㉡ 戰鬪警察隊設置法案 通過

1970년대에 더욱 격렬해질 것으로 예상되는 대간첩작전에 대비, 이를 전담할 전투경찰대의 설치를 위한 「전투경찰대 설치법안」을 마련, 11월 13일 국회 내무위에서 만장일치로 통과됐으며 「전투경찰대 설치법안」의 골자는 일정한 기간 복무를 마치면 병역을 마친 자와 동등한 대우를 해준다는 것이다.

전투경찰대가 처음 발족한 것은 1967年 9月 1日로 현재 4,100여명의 대원이 있었으나 박봉과 격무 때문에 매년 8%씩이나 離職하고 있어 이를 효과적으로 보장하기 위해 戰警隊설치법을 마련한 것이다.70)

　　㉢ 國際活動의 機敏性

1960년대 후반부터 사회의 다원화와 함께 국제경쟁 추세 속에 警

---

69) 東亞年鑑 1971年版.
70) 合同年鑑 1971年版.

察기구도 세분화 되어 외사과가 신설(1966년 7월)되었으며 東京·사이공·홍콩·大阪 등지에 國立警察을 파견, 세계 속의 警察로 활약하고 있으며 1970년 3월부터 大阪에서 열린 만국박람회(엑스포70)에서는 조총련의 책동에 대비, 1만5,000명의 국내 관람자들을 단1건의 사고도 없이 무사하게 보호하기도 했다.

ⓔ 對間諜 섬멸작전

1968년 1·21사태를 계기로 북한의 도발이 격증하자 警察은 국내 치안유지에만 머물지 않고 대간첩작전의 중요한 역할을 담당, 戰鬪警察은 취약지, 해안선 등에 배치되어 대공임무를 수행하고 있으며 250萬예비군을 지휘 운영 대공방위에 앞장서고 있다. 治安局 집계에 의하면 1970년 한 해 동안 침투한 북한의 무장간첩은 그 80%가 예비군의 발견 또는 신고에 의해 섬멸되었다고 한다.

각 지역의 간첩 작전에는 으레 예비군과 전투경찰대가 투입되어 그때마다 전공을 세웠고 1·21사태 때 청와대를 사수한 故崔圭植 警務官(당시 鍾路署長)은 전 경찰의 귀감이 됐다.71)

ⓜ 人員과 裝備問題

1970년대에 들어 치안유지와 안보가 한반도의 주요한 과제로 등장, 경찰은 인원과 장비의 보강을 서두르고 있으며 전 해상에 경보망을 설치하는 한편 ○○척의 쾌속정을 1971년까지 건조할 예정인데 海洋警察隊는 함정요원의 확보를 위해 「전경대설치법」에 海警요원도 포함, 병역을 면제시키기로 했다.

治安局은 또 1971년에 5,000명의 警察官을 증원할 계획인데 현재 인구 870명에 1명꼴인 警察官數로는 외국의 경우와 비교해 볼 때 2배의 격무를 치르고 있으며 장비의 현대화와 보수의 인상, 警察의 지위독립 등도 시급한 문제다.72)

치안국의 1971년 계획에는 취약지 긴급통신망 운영, 통신점프·팀

---

71) 中央年鑑 1971年版.
72) 合同年鑑 1971年版.

운영 등도 들어 있었다. 내무부 산하 치안국경찰공무원의 수는 1970년 10월말 현재 43,000명으로 이는 1969년 같은 기간의 4萬 3,873명보다 870명이 줄었으나 1971년에는 5,000명을 증원할 계획이었다.73)

4萬 3,000명의 경찰관은 치안국에 835명, 경찰전문학교 175명, 해양경찰대 876명, 각 시도경찰국 8,189명, 일선경찰서 1萬6,430명, 支派出所에 1萬6,498명으로 구성되고 있다.

경찰업무별로 구분하면 외근이 1萬 9,178명으로 44.6%를 차지하고 있으며, 수사요원 5,482명(12.7%), 전투경찰 4,107명(9.6%), 대공요원 3,976명(9.2%), 통신요원 1,703명(4. 0%), 해양경찰대 876명 (2.0%), 기타행정요원 7,676명(17.9%)이다.74)

㉥ 戰鬪警察隊

경찰은 1970년대부터 격화된 北韓共産軍의 도발을 효과적으로 저지하기 위해 대간첩작전을 전담할 戰鬪 警察隊를 설치하고 그 대원을 귀휴병 중에서 임용할 수 있게 한 戰鬪警察隊 설치법안을 마련, 1970년 11월 3일 국회내무위에서 통과시킴으로써 戰鬪警察隊 운영에 혁신을 가져오게 했다.

이 법안의 골자는 ① 서울시장, 부산시장, 각도지사 및 海洋警察隊長 아래 戰鬪警察隊를 설치하고 내무장관 직속의 戰鬪警察隊도 둘 수 있게 하며 ② 이 대원은 소정의 군사훈련을 마친 귀휴병 중에서 임용토록 하고 일정기간 복무하면 군복무를 필한 것과 똑같은 대우를 하고 ③ 직무수행으로 사망 또는 부상했을 경우 軍人에 준하여 大統領令으로 정하는 급여금을 지급하도록 규정하고 있다.

이에 따라 戰鬪警察隊는 오직 대간첩임무 외에는 어떤 임무도 수행하지 않게 됐으며 그 인원과 장비도 현재의 배로 늘어나 효과적인 대공임무를 수행할 것으로 예상되고 있다.

---

73) 東亞年鑑 1971年版.
74) 合同年鑑 1971年版.

第5節 現行 警察制度의 展望과 課業

1. 公安委員會制度

警察의 政治的 中立 문제는 1960년 3·15不正選擧를 계기로 대두하였는데 그해 6月 15日 大韓民國憲法 改正時 그 制度의 설치가 구체적으로 明文化하였고75) 同 7月 1日 政府組織法76) 에도 警察의 정치적 中立機構로서 公安委員會를 두도록 결정하였다.

그러나 公安委員會制度는 堅持하지 못하고 말았는바 美國 警察制度에서도 委員會제도를 채택하고 있다. 日本에서도 中央에 國家公安委員會, 地方에 郡府縣公安委員會를 설치하고 警察은 전부 公安委員會의 관리하에 두고 있는 것이다.77)

英國의 경우 런던警視廳은 內務部長官예속하에 있으나 地方警察은 自治體警察로서 警察委員會下에 운영되고 있고, 프랑스는 國家警察로서 公安委員會 制度를 채택치 않았고, 西獨은 州 및 都市의 警察이 自治體警察이나 州憲法保護局 州犯罪警察刑事隊가 內務長官 예속하에 두었다.

우리나라의 경우 公安委員會制度 채택문제가 檢討되었으나 그 문제점을 보면,

  ㉠ 該委員會의 구성을 政黨別이나 職能別로 하느냐 純無所屬으로 하여 정치적 색채를 一切 배제하는가 하는 문제가 잔존되고 있다.
  ㉡ 該委員會와 정부와의 관계를 行政府로부터 完全 分離하느냐 예속시키느냐 하는 것이 있고

---

75) 同法 第75條.
76) 同法 第562號.
77) 蔡元植 著, 警察行政學, p.265, 三亞出版社, 1971. 6.

ㄷ) 該委員會의 권한을 어느 範圍로 하느냐 하는 문제의 未決論

ㄹ) 該委員會의 위원을 선출하는 데 있어서 그 자격과 選任방법을
어떻게 효과적으로 운영하느냐 하는 문제 등이 남아 있는 것
이다.

2. 警察官의 職務

警察의 職務는 治安 消防 海洋경비에 있다고 하고[78] 內務部長官,
市長, 知事 소속하에 있기에 사회안녕질서라는 任務보다 衛生, 山林
綠化, 자동차 검사, 高利債 정리 독려, 청소감독 등에 警察權이 濫用
된 바 있었다.

大陸法系의 警察制度에서는 警察活動職務를 生命 財産의 보호에
국한하지 않고 국가의 시책을 추진하는 광범위한 行政面에까지 비치
며 英美法系에서는 個人의 生命 財産의 보호가 警察職務의 中心이며
국가의 權威를 代表하기 보다는 地方 실정에 따라서 자연적으로 행
하는 제도였다.

大韓民國 수립 후에는 大陸法系 警察관념으로 시행되고 있는 것이
다.[79]

따라서 國家警察制下에서의 경찰관의 직무는 個人의 生命·身體·
財産의 보호와 公共의 安全 및 질서를 유지함으로 하고 職權濫用을
嚴重단속해야 할 것이다. 司法警察下에서의 경찰관의 직무는 경찰을
犯罪搜査의 第一次主體기관으로 인정해야 할 것이다.

3. 警察獎學金庫 設置

1972年 2月 1日 서울特別市警局은(局長 李健介) 기금 1億원의 경
찰장학금고를 새로이 마련 1972학년 신학기부터 진학은 했으나 經
濟事情이 어려운 警察官 子女에게 進學資金을 支給한다고 했다. 따

---

78) 政府組織法 策20條 第1項.
79) 蔡元植 著, 前揭書, p.270.

라서 同 2月 2日 1次로 김선희(16세, 漢陽中卒)등 63명을 선발, 이 가운데 이금원(13세, 오류國校卒) 등 26명의 中學 진학생에게 1萬원씩, 김춘희(16세, 城東中卒) 등 37명의 高校進學生에겐 15,000원씩의 장학금을 지급한 바 있다.

그 밖에도 서울市警은 30名의 中高校 영구장학생을 선발, 大學卒業 때까지 매월 3,000~5,000원씩의 學費를 보조키로 했다.

이번 설치된 경찰장학금고의 基金은 경찰관들의 보험가입수당으로 받은 금액과 自體 사업 이득금, 독지가의 희사금 등으로 마련되고 장학생선발은 市警局長을 委員長으로 한 運營委員會가 일선경찰서 등의 추천을 받아 審査決定짓도록 되어 있는 것이다.

서울市警은 이 밖에도 警察官들을 위한 警察厚生 金庫제도도 마련하였다. 同 후생 금고는 경찰관으로서

　㉠ 폐결핵 감염
　㉡ 심신 장애로 근무가 어려워 退職할 때 부조금으로
　　1. 巡警 警長에 20萬원
　　2. 警査 25萬원
　　3. 警衛 이상 30萬원을 지급토록 규정짓고 있는 것이다[80]

4. 全國警察署의 8等級 分割

治安局은 1972年 6月 15日 警察官 승진이 따르는 대규모 인사이동을 앞두고 甲·乙地로 區分되어 있는 173個 警察署를 8等級으로 나누어 경찰서 등급에 따라 課長 및 係長의 직위를 새로 조종하기로 하였다.

課長補職은

---

80) 朝鮮日報 1972年 2月 2日.

㉠ 1等級에서 3等級까지를 모두 警正으로
㉡ 4等級은 警務, 保安만 警正 기타는 警監으로
㉢ 5等級은 警務만 警正으로 기타는 警監으로
㉣ 6等級은 모두 警監
㉤ 7等級은 警務·保安만 警監 기타는 警衛로
㉥ 8等級은 警務만 警監 기타는 警衛로 補하기로 하였다.

係長은 1等級署는 警監으로, 2等級署는 최소 6名을 警監, 3等級은 5名까지를 警監으로, 4等級 이하는 警衛 이하의 계급에서 補하도록 결정하였다.

各等級別 全國警察署는 다음과 같이 區分되어 있다.

1. 1等級: 서울 16個 警察署
2. 2等級: 釜山 7個 警察署
3. 3等級: 仁川 大田 光州 大邱 南大邱 東大邱(6個)
4. 4等級: 東仁川 富平 水原 議政府 春川 原州 淸州 忠州 西大田 天
　　　　　安 全州 群山 裡里 西光州 木浦 麗水 浦項 慶州 安東 馬
　　　　　山 晋州 蔚山 鎭海 濟州(24個)
5. 5等級: 城南 江陵 束草 瑞山 井邑 順天 金泉 尙州 忠武 三千浦
　　　　　(10個)
6. 6等級: 坡州 三陟 堤川 江景 羅州 永川 金海(8個)
7. 7等級: 平澤 安養 砲川 長省 寧越 永同 洪城 公州 南原 扶安 長
　　　　　興 靈光 榮州 廣山 善山 漆谷 聞慶 密陽 西歸浦(19個)
8. 8等級: △京畿—安城 利川 廣州 江華 驪州 龍仁 金浦 楊平 加平
　　　　　高陽 漣川(11個)
△江原—洪川 麟蹄 橫城 平昌 旌善 高城 楊口 華川 鐵原(9個)
△忠北—槐山 報恩 陰城 沃川 丹陽 鎭川(6個)
△忠南—扶餘 舒川 保寧 靑陽 唐津 禮山 溫陽 鳥致院 錦山(9個)
△慶北—義城 榮州 醴泉 奉化 淸道 盈德 星州 達城 蔚珍 高靈 軍威
　　　　　靑松 英陽 鬱陵(14個)
△慶南—居昌 陜川 固城 昌寧 咸陽 河東 巨濟 南海 山淸 宜寧 咸安

梁山(12個)
△全北−高敞 任實 淳昌 鎭安 茂朱 長水(6個)
△全南−長城 潭陽 谷城 求禮 咸平 和順 光陽 靈岩 寶城 珍島 海南
康津 高興 莞島 光山 務安

(16個)등이었다.[81]

5. 昇進試驗制의 改正

治安局은 1972年 6月 17日 警監까지의 昇進제도를 公開경쟁 시험제도를 개정하고 第1次로 一定期間의 戰鬪警察隊 복무를 조건부로 한 승진시험을 同 7月 초부터 실시하였다.

그런데 개정하기 前까지는 警衛 승진만 試驗制를 실시하고 그 밖에는 審査制로 해왔다.

1次 승진시험은 警衛 이하 警察官에 대해 간부 3년 비간부 2년의 戰警隊 복무를 조건부로 하고 있었다.[82]

6. 8·3緊急命令과 沮害要因 團束

警察은 1972년 7월 4일 오전 10시 國內外的으로 발표된 南北共同聲明이후 유언비어, 속단, 경거망동 행위자를 단속 경계하고 있었으며 同 8月 3日 子正을 기하여 發表된 大統領의 긴급재정명령에 따르는 企業私債凍結에 따라 國內治安 확보와 민심선도를 위하여 유언비어 등을 强力히 단속하였다.

治安局은 同 8月 4日 8·3긴급명령의 시행에 沮害되는 각종 要因을 除去키 위하여 治安局에 緊急命令施行 沮害要因除去團束指揮本部를 설치하고 各道警에 團束本部, 警察署에 團束班을 두어 債務申告人의 신변보호, 申告場所의 警備 등에 臨하도록 지시하였다.

---

81) 朝鮮日報 1972年 6月 16日.
82) 朝鮮日報 1972年 6月 18日.

治安局은 特히

　㉠ 債務申告의 妨害
　㉡ 債權債務者의 談合에 의한 私債 은폐
　㉢ 公務員 신분인 債權者의 명의 변경 행위
　㉣ 8·3 이후의 債權으로 위즈변경
　㉤ 債權 아닌 株式으로 소급변경
　㉥ 각종 허위신고 또는 사전 변제
　㉦ 善意의 第3者에 대한 사기행위
　㉧ 긴급명령에 관련된 유언비어 등

을 철저히 색출하며 엄벌하도록 긴급지시한 바 있다.83)

7. 反國民事犯의 團束指針示達

　서울특별시 市警은 1972년 8월 12일 서울特別市 治安關係官 협의회에서 合意한 反國民的 직분 사범 단속에 관한 37개項에 달하는 細部지침을 마련하여 同 8월 14일 산하 各警察署에 示達하였다.
　단속 지침은 다음과 같다.

　㉠ 企業主의 妄動
　　1. 企業資金을 가공지출하는 등 은닉 私有化
　　2. 自己所有資金을 私債로 위장 차입한 후 利子 取得
　　3. 外國商事와 결탁, 事前에 信用狀을 開設케 하고 信用狀을 담
　　　보로 수출선수금을 貸付받은 후 輸出을 이행치 않고 대출금
　　　을 연체처리
　　4. 銀行과 결탁, 不實담보둘을 거짓 鑑定하여 不正貸出
　　5. 위장지출로 결손을 가장한 脫稅
　　6. 外國商事와 결탁, 國內貶産海外 逃避 행위

---

83) 東亞日報 1972年 8月 4日.

7. 수출용 원자재의 橫流

㉡ 流言蜚語

1. 以北찬양, 同調

2. 憲法機關 모독

3. 社會不安 조성

㉢ 集團抵抗

1. 亂動 示威 撤市 罷業 농성 성토 登校 및 수업거부 성명 진정 항의

㉣ 가짜事犯

1. 國産品에 외제 상표 盜用

2. 權威 있고 信用 있는 제조업자의 상표 盜用, 表示된 名稱이나 質量이 실제 내용과 다른 상품제조 판매

3. 許可 없이 商品을 제조 판매

4. 양주나 맥주에 물을 섞어 판매

5. 工業用 석회 등을 食用으로 섞는 行爲

6. 분유 설탕 메탄올 工業用 색소 등 가짜 원료를 써서 醫藥品을 제조 판매

7. 가짜 항생제 제조 판매 無認可 및 기타 不正 醫藥品 제조 판매

8. 不正流出되는 軍用 油類 등 不正취득 혼합 판매

9. 品質 規格 표시의 표시를 除去하거나 變造

10. 無檢査品의 판매 行爲

11. 不合格品의 판매 행위

12. 工産品 品質管理法 위반행위

13. 似而非 記者

㉤ 거리 질서 확립

1. 路店雜商人(特히 外來品商)

2. 路上 방치물

3. 不法 駐停車(특히 뒷골목 自家用駐停車)

4. 道路無斷 점용

5. 道路上 作業行爲

6. 停留場 질서 문란 행위

㉥ 퇴폐적 刊行物 行爲

　　1. 음란한 도서
　　2. 퇴폐적인 주간 월간 잡지[84)

　등의 일괄적인 퇴폐적 反民族的 행위 및 그 현황을 과감히 逐出하도록 하여 명랑사회 건설에 기여하도록 勉勵하였다.
　경찰은 當面한 課業으로 이밖에도 密輸輩의 根絶 폭력배 소매치기 들치기 등 각종 우범자의 團束善導, 娼女·포주의 단속善導, 부랑아의 처리 등 명랑사회 기풍진작을 위하여 솔선수범할 역사적 使命感을 새삼 인식하고 신뢰 받는 民衆의 公僕으로서의 의연 자약한 民主警察의 굳건한 자세를 견지해야 할 것이라고 촉구하였다.

---

84) 朝鮮日報 1972年 8月 15日.

參　考　文　獻

三國史記, 金富軾(1145)

三國遺事, 一然(1274~1308)

舊唐書, 新唐書, 周書, 隋書 등 24史

高麗史, 金宗瑞 鄭麟趾(1451)

高麗史節要, 金宗瑞(1452)

東國通鑑, 徐居正(1485)

東史綱目, 安鼎福(1724~1776)

海東繹史, 韓致奫(1776~1800)

朝鮮王朝實錄 官撰(1413~1865)

燃藜室記述, 李肯翊(1797)

承政院日記 (仁祖~1910)

日省錄

韓鮮經國典, 鄭道傳(1394)

磻溪隨錄, 柳馨遠(1659~1674)

經世遺表, 丁若鏞(1800~1834)

牧民心書, 丁若鏞(1800~1834)

萬機要覽, 沈象奎(1800~1834)

東國兵鑑 (1450)

芝峰類說, 李晬光(1614)

星湖僿說, 李　瀷(1724~1776)

王洲衍文長箋散稿, 李圭景(1834~1849)

增補文獻備考, 朴容大(1908)

朝鮮史大系(1927)

韓國史大觀, 李丙燾(1964)

韓國史新論, 李基白(1967)

韓國通史, 韓沾劤(1970)

韓國史槪論, 李炫熙(1971)

韓國史 全7卷, 震檀學會(1959～1965)

朝鮮古代社會研究, 李德星(1949)

朝鮮史, 旗田巍(1951)

高麗時代史, 金庠基(1961)

李朝建國의 研究, 李相佰(1949)

朝鮮政治史, 高權三(1949)

韓國官僚制度의 歷史的 展開, 朴東緒(1961)

李朝暗行御史制度의 研究, 張潤植(1959)

朝鮮最近政治史, 李瑄根(1950)

韓國政黨史, 韓大壽(1961)

韓國戰亂1年誌－5年誌, 國防部(1951～1956)

四月革命 記者同人(1960)

朝鮮刑政史, 尹白南(1948)

韓國法制史特殊研究, 朴秉濠(1960)

李朝法典考, 麻生武龜(1936)

朝鮮社會法制度史研究, 京城大法學會(1937)

朝鮮社會經濟史, 白南雲(1933)

韓國獨立運動史 全7卷, 國史編纂委員會

高宗時代史 全6卷, 國史編纂委員會

資料 大韓民國史 全5卷, 國史編纂委員會

日帝治下 韓國36年史 全8卷, 國史編纂委員會

內務行政治績史, 治安局(1958)

行政管理, 岡部史郎(1967)

行政學講義, 吉富重夫(1958)

行政學原論, 金雲泰(1964)

新訂 英國警察 制度論, 高橋雄豺(1955)

新行政學原論, 李相助(1964)

行政學大意, 朴文玉(1965)

行政學原論, 兪焄(1970)

首都警察發達史, 首都警察廳(1948)
韓國警察制度史, 玄圭柄(1955)
朝鮮警察法論, 車田篤(1931)
韓國警察10年史　治安局(1955)
경찰통계연보　治定局　各年度
警察行政學, 蔡元植(1971)
警察行政, 大津英男(1958)
監修警察法, 林信雄(1958)
民主主義政治學年鑑, 愼道晟(1953)
新行政法論, 李尙圭(1969)
新警務全書, 蔡元植(1967)
最新行政學, 愼斗範(1968)
解放20年(1965)
解放20年史　(1965)
大韓民國建國　10年誌
合同年鑑　各年度
東亞年鑑　各年度
中央年鑑　各年度
東亞日報　朝鮮日報　　서울신문　　京鄕新聞　自由新聞
世界日報　한국일보　　中央日報　　大韓日報　新亞日報
國際新報　釜山日報　　全南日報　　大田日報　大邱日報
嶺南日報　中都日報　　京畿每日新聞　木浦日報　大邱每日
每日新報　大韓每日申報　萬歲報　　皇城新聞　독립신문
제국신문　獨立新聞(上海版)　京城日報　大阪每日新聞　東京日報
民國日報　朝鮮新聞
朝鮮併合史
朝鮮併合10年史
韓國獨立運動之血史, 朴殷植, 1946.
明石元二郎　小森德治
伊藤博文傳元帥　寺內伯爵傳, 黑田甲子郎, 1920.
日韓外交資料集成　全8卷, 金正明, 1962～1965.

舊韓國外交文書, 亞細亞問題研究所 全24

韓國痛史, 朴殷植

京城府史 全3卷

서울特別市史 解放後市政篇, 서울市史編纂委員會

朝鮮總督府官報

朝鮮總督府統計年報

朝鮮施政25年史

朝鮮施政35年史

警務月報 各年度

高等警察要史 1929

第73回 日本帝國議會說明資料

3·1運動 50周年 紀念論集, 東亞日報, 1969.

武裝獨立運動秘史, 蔡根植, 1956.

四月革命鬪爭史, 曹華永, 1960.

田鳳德, 新羅의 律令改, 서울大 論文集 4, 1956.

朝鮮舊時의 刑政, 中橋政吉, 1936.

韓末近代法令資料集 全9卷, 國會圖書館, 1970~1972.

總監府 法令資料集 上·下, 國會圖書館, 1972~1973.

舊韓國官報 各年度

李炫熙, 3·1運動以前 憲兵警察制의 性格, 3·1運動 50周年 紀念論集, 東亞日報社, 1969. 3.

金承懋, 捕盜廳에 대하여, 향토서울 26, 1966. 5.

李延馥, 舊韓國 警察考(1894~1910), 서울教育大 論文集 4, 1971. 4.

李炫熙, 韓國警察史研究, 警察考試, 1971. 9.~1972. 3. 연재분

尹炳奭, 舊韓末 日本軍에 대하여, 향토서울 27, 1966.

盧貞鉉, 日帝韓國行政改革에 關한 研究, 延世論叢 4, 1967.

李瑄根, 日帝總督府의 憲兵政治와 思想彈壓 韓國思想 8, 1966.

統理機務衙門日記

顧問警察小誌, 岩井警太郎, 1910.

法規類編 內閣記錄課, 1908.

朝鮮駐箚軍歷史, 金正明, 1967.

韓國施政年報 統監官房, 1906～1907.

現行韓國法典 韓國度支部官房, 19_0.

統監府公報 1910.

Berger, Carl, *The Korea Knot,* 1957.

Oliver, Robert T., *Verdict in Korea,* 1952.

Rees, David, Korea: *The Limited War,* 1964.

Fehrenbach, T. R., *This Kind of War,* 1963.

Thomas, R. C. W., *The War in Korea,* 1954.

Mitchell, C, Clyde, *Land Reform in South Korea* (Pacific Affairs 22－2, 1949)

韓國近代外交史年表

韓國史 年表

韓國現代史年表, 1972.

東洋年表, 李鉉淙, 1972.

韓國史 大系 全12卷, 三珍社, 1972.

韓國現代史 研究, 李炫熙, 1972.

韓國警察史 內務部 治安局, 1972.

● 저자 ●

이현희　　　　● 약력 ●

고려대학교 사학과(한국사 전공) 졸업, 문학박사
미국 Harvard大 연구소에서 한국 근, 현대사 연구
東京女子大學校 초빙교수, 일본 法政大 객원연구교수,
中華民國中央硏究院 近代史硏究所에서 근대사와 한국독립운동사 연구
국사편찬위원회 편사연구관, 문화재전문위원
한국정신문화연구원 교수(역사연구실장)
한국민족운동사학회 회장 역임
서울특별시문화상(1985) 수상
5 · 16 민족학술상(1992) 수상
현재 성신여자대학교 사학과 교수

● 저서 및 역서 ●

「대한민국 임시정부사」, 「한국근대여성개화가」, 「일제시대사의 연구」,

「韓國現代史 散考」, 「東學革命과 民衆 上 · 下」, 「3 · 1운동사론」 외 다수

韓國警察史

● 초판 인쇄	2004년 8월 25일
● 초판 발행	2004년 8월 3□일
● 지 은 이	이현희
● 펴 낸 이	채종준
● 펴 낸 곳	한국학술정보㈜
	경기도 파주시 고하읍 문발리 526-2
	파주출판문화정보산업단지
	전화 031) 908-□181(대표) · 팩스 031) 908-3189
	홈페이지 http://www.kstudy.com
	e-mail(e-Book사업부) ebook@kstudy.com
● 등 록	제일산-115호(2000. 6. 19)
● 가 격	17,000원

ISBN　　89-534-1943-3 93910 (Paper Book)
ISBN　　89-534-1944-1 98910 (e-Book)